HORAS MAIS
FELIZES

HORAS MAIS
FELIZES

Como Vencer a
Distração, Expandir Seu Tempo e Focar
o que Realmente Importa

CASSIE HOLMES

Autora best-seller e especialista
em tomada de decisão comportamental

ALTA BOOKS
GRUPO EDITORIAL
Rio de Janeiro, 2024

Horas Mais Felizes

Copyright © 2024 STARLIN ALTA EDITORA E CONSULTORIA LTDA.

Alta Life é um selo da editora Alta Books do Grupo Editorial Alta Books (Starlin Alta Editora e Consultoria LTDA).
Copyright © 2022 Cassie Mogilner Holmes.
ISBN: 978-85-508-2132-0

Translated from original Happier Hour. Copyright © 2022 by Cassie Mogilner Holmes. ISBN 978-1-9821-4880-5. This translation is published and sold by Gallery Books An Imprint of Simon & Schuster, Inc., the owner of all rights to publish and sell the same. PORTUGUESE language edition published by Starlin Alta Editora e Consultoria Ltda, Copyright © 2024 by STARLIN ALTA EDITORA E CONSULTORIA LTDA.

Impresso no Brasil — 1ª Edição, 2024 — Edição revisada conforme o Acordo Ortográfico da Língua Portuguesa de 2009.

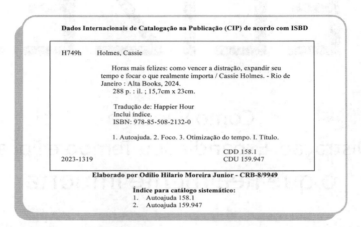

Dados Internacionais de Catalogação na Publicação (CIP) de acordo com ISBD

H749h Holmes, Cassie
        Horas mais felizes: como vencer a distração, expandir seu tempo e focar o que realmente importa / Cassie Holmes. - Rio de Janeiro : Alta Books, 2024.
        288 p. : il. ; 15,7cm x 23cm.

        Tradução de: Happier Hour
        Inclui índice.
        ISBN: 978-85-508-2132-0

        1. Autoajuda. 2. Foco. 3. Otimização do tempo. I. Título.

2023-1319
                                                CDD 158.1
                                                CDU 159.947

Elaborado por Odilio Hilario Moreira Junior - CRB-8/9949

Índice para catálogo sistemático:
1. Autoajuda 158.1
2. Autoajuda 159.947

Todos os direitos estão reservados e protegidos por Lei. Nenhuma parte deste livro, sem autorização prévia por escrito da editora, poderá ser reproduzida ou transmitida. A violação dos Direitos Autorais é crime estabelecido na Lei nº 9.610/98 e com punição de acordo com o artigo 184 do Código Penal.

O conteúdo desta obra fora formulado exclusivamente pelo(s) autor(es).

Marcas Registradas: Todos os termos mencionados e reconhecidos como Marca Registrada e/ou Comercial são de responsabilidade de seus proprietários. A editora informa não estar associada a nenhum produto e/ou fornecedor apresentado no livro.

Material de apoio e erratas: Se parte integrante da obra e/ou por real necessidade, no site da editora o leitor encontrará os materiais de apoio (download), errata e/ou quaisquer outros conteúdos aplicáveis à obra. Acesse o site www.altabooks.com.br e procure pelo título do livro desejado para ter acesso ao conteúdo..

Suporte Técnico: A obra é comercializada na forma em que está, sem direito a suporte técnico ou orientação pessoal/exclusiva ao leitor.

A editora não se responsabiliza pela manutenção, atualização e idioma dos sites, programas, materiais complementares ou similares referidos pelos autores nesta obra.

Produção Editorial: Grupo Editorial Alta Books	**Produtor Editorial:** Thales Silva
Diretor Editorial: Anderson Vieira	**Tradução:** Thaís Cotts
Editor da Obra: José Ruggeri	**Copidesque:** Carlos Bacci
Vendas Governamentais: Cristiane Mutüs	**Revisão:** Eveline Machado, Fernanda Lutfi
Gerência Comercial: Claudio Lima	**Diagramação**: Rita Motta
Gerência Marketing: Andréa Guatiello	**Capa:** Paulo Vermelho

Rua Viúva Cláudio, 291 — Bairro Industrial do Jacaré
CEP: 20.970-031 — Rio de Janeiro (RJ)
Tels.: (21) 3278-8069 / 3278-8419
www.altabooks.com.br — altabooks@altabooks.com.br
Ouvidoria: ouvidoria@altabooks.com.br

Para Rob, Leo e Lita —
por tornarem minhas horas mais felizes.

AGRADECIMENTOS

Um obrigada gigante para a equipe do meu livro, sem a qual *Horas Mais Felizes* não existiria. Margo Fleming, você é a agente mais perfeita e maravilhosa que eu poderia desejar. Apesar das minhas dúvidas, você me incentivou a escrever um livro e continuou a ser minha apoiadora tão apreciada durante o processo. Obrigada por me compreender e me ajudar a espalhar felicidade. À minha astuta e perspicaz editora, Karyn Marcus, agradeço por ver e compartilhar minha visão, e por me guiar tão sabiamente para transformá-la em realidade. Jane Isay, seu treinamento durante o processo de redação foi crucial e um prazer absoluto. Aprendi tanto com você, não apenas como contar uma história, mas como viver uma boa vida. Você é uma inspiração para todas nós mães que trabalham; obrigada por sua mentoria e amizade. À minha atenciosa e especializada equipe de publicidade, Aileen Boyle, Jill Siegel e Sally Marvin — obrigada por tudo o que vocês fizeram a fim de ajudar o livro *Horas Mais Felizes* a alcançar mais pessoas para que mais pessoas possam ser mais felizes... e por não me fazerem passar o tempo nas redes sociais. À minha multitalentosa guru do design e babá, Hannah Sander — obrigada por criar os gráficos para ilustrar tão perfeitamente as lições deste livro e por cuidar tão maravilhosamente de Leo e Lita para que eu pudesse passar o tempo escrevendo. Por sua causa, me sentia bem fechando a porta do escritório, continuando a ouvir risadas pela casa. À minha exigente assistente de pesquisa, Joanna Zobak, agradeço por ser minha leitora cuidadosa e por compilar as referências.

Sou profundamente grata a todos os meus colaboradores de pesquisa. Vocês tornaram o processo de criar conhecimento sobre a felicidade muito, muito mais feliz. Admiro cada um de vocês por seu intelecto e dedicação, e agradeço por tornarem minhas horas de trabalho muito mais prazerosas. Em relação aos projetos mencionados no livro, agradeço sinceramente a Jennifer Aaker, Sep Kamvar, Hal Hershfield, Marissa Sharif, Maria Trupia, Isabelle Engeler, Uri Barnea, Francesca Gino, Zoë Chance, Mike Norton, Rhia Catapano, Jordi Quoidbach, Cindy Chan, Amit Bhattacharjee, Jordan Etkin, Colin West, Sanford DeVoe, Tayler Bergstrom e Joey Reiff.

Estou muito agradecida a todos os alunos da UCLA Anderson que fizeram meu curso. Obrigada por compartilharem tão abertamente suas jornadas pessoais em direção a uma maior satisfação e conexão. Um agradecimento especial àqueles que compartilharam suas histórias para o livro — Justin Sternberg, Nicole Schwartz e Gaby Koenig — e àqueles de vocês cujas histórias ficaram na minha mente e no meu coração, permitindo que eu as compartilhasse em seu nome. E, quanto aos meus palestrantes convidados, agradeço muito ao Dr. Alon Avidan e a Sara Tucker por nos ensinarem sobre os significativos benefícios emocionais de dormir bem e praticar meditação, e a Jeff Buenrostro por nos ensinar como cultivar a felicidade dentro das organizações.

Para meus amigos incríveis, inspiradores e apoiadores — vocês confirmam reiteradamente as inumeráveis pesquisas que identificam ter bons amigos como a chave para a felicidade imediata e duradoura. Vocês têm melhorado meu tempo, enchendo-o de risos, aventura e compreensão. Além disso, agradeço àqueles que foram muito generosos, dando um pouco de seu tempo para compartilhar suas experiências nestas páginas. Obrigada pela amizade, Ashley Kaper, Shaolee Sen, Colette Bernard, Katy Milkman, Cullen Blake, Ian McGuire, Julie McGuire, Alison Mackenzie, Dan Levin, Ali Weinberger, Elsa Collins, Alana Kagan, Matt Kagan, Sue Tran, Charles Hsieh, Kim Tripp, Owen Tripp, Kristy Friedrichs, Jason Friedrichs, My Le Nguyen, Chris Adams, Matt Spetzler, Jackie Spetzler, Deanna Kehoe, Bianca Russell, Andy Russell, Dianna Sternberg, Karla Sayles, Linda Guerrero, Brett Berkowitz, Anna Gross e David Gross. Obrigada Eve Rodsky e Sarah Mlynowski, pela orientação e amizade ao guiar o processo do livro. E obrigada Matt Sayles, Alex Weinberger e Riley Ehrlich por compartilharem seu propósito profissional. É claro que cada um de vocês encontrou sua vocação e isso é uma inspiração para todos nós. E obrigada, Scott Fitzwater, por explicar seu ofício de fazer mosaicos.

E à minha família — obrigada por todos os bons momentos que compartilhamos ao longo dos anos e por desistir de alguns desses últimos para que eu pudesse terminar este livro. Agradeço a meu irmão e melhor amigo, Sam Mogilner, por me manter rindo desde nossa infância até agora. Agradeço à minha cunhada, Christina Gould, por participar das risadas e estar sempre presente para nós dois. Agradeço à minha mãe, Vickie Mogilner, por nos ensinar a importância de transformar todos os momentos (não importa quão comuns) em celebrações. Agradeço a meus sogros, Irene e Lock Holmes, e a minhas irmãs e cunhadas, Ann Holmes, Amelia Luna e Aaron Luna pelo apoio contínuo. E agradeço à minha sobrinha, Lolly Mogilner, e aos sobrinhos, P. J. Mogilner e Renzo Luna, por manterem as coisas bobas.

Acima de tudo, meu coração explode de gratidão pelo meu marido e filhos. Rob, Leo e Lita, vocês são maravilhosos. Não sei como lhes agradecer por tornarem as horas da minha vida tão divertidas e significativas. Rob, obrigada por escolher a felicidade comigo todos os dias, por me inspirar em tudo o que você faz e por me apoiar em tudo o que faço. Leo, seu sorriso gigante, sua gargalhada gostosa e seu humor me trazem alegria perene. Obrigada por me lembrar todos os dias de fazer uma pausa e sentir o cheiro das rosas. Lita, seu deleite com o mundo torna cada um de nossos dias mais brilhante. Vou guardar para sempre nossos "Encontros de Café da Manhã de Quinta-feira", não importa o dia da semana.

SOBRE A AUTORA

Cassie Mogilner Holmes é professora na Anderson School of Management da UCLA. Cassie fez doutorado na Graduate School of Stanford e bacharelado em Columbia como especialista em psicologia. Professora e pesquisadora premiada sobre tempo e felicidade, o trabalho de Cassie tem sido amplamente publicado em importantes revistas acadêmicas e apresentado em canais como *NPR, The Economist, The New York Times, The Wall Street Journal, The Atlantic* e *The Washington Post. Horas Mais Felizes* é seu primeiro livro.

SUMÁRIO

Um
POBRE DE TEMPO E EXAUSTO   1
A questão do tempo

Dois
TODO O TEMPO DO MUNDO   17
Os custos de ser pobre de tempo e como enriquecer

    Faça Exercícios de Movimento   29
    Exercício de Atos Aleatórios de Gentileza   32

Três
GASTAR MAIS SABIAMENTE   39
Como identificar formas válidas de gastar tempo em vez de desperdiçá-lo

    Exercício de Monitoramento do Tempo   44
        Parte I: Monitore Seu Tempo   44
        Parte II: Identifique Suas Horas Mais e Menos Felizes   52
        Parte III: Calcule Seus Gastos Atuais   67
    Exercício para Dormir   71

Quatro
GERENCIAMENTO DE DESPERDÍCIO   77
Como melhorar o tempo gasto em afazeres domésticos, trabalho e deslocamento

    Exercício dos Cinco Porquês   90

Cinco
PARE E CHEIRE AS ROSAS   **99**
Como fazer com que as horas que já são felizes se tornem mais felizes ainda
    Exercício do Tempo Restante   116

Seis
MOVIDO A DISTRAÇÃO   **127**
Como tornar felizes as horas potencialmente felizes
    Exercício de Meditação dos Cinco Sentidos   136
    Exercício de Detox Digital   142

Sete
O POTE DO TEMPO   **147**
A importância de priorizar seu tempo
    Exercício das Atividades Alegres   159

Oito
ELABORAÇÃO DO TEMPO   **167**
Estratégias para planejar uma semana ideal

Nove
O MOMENTO DE SUA VIDA   **207**
Deixando a vida guiar suas horas
    Exercício do Discurso Fúnebre   216
    Exercício de Aprender com Idosos Admirados   220
    Exercício da Carta de Agradecimento   225

NOTAS   **233**
ÍNDICE   **269**

POBRE DE TEMPO E EXAUSTO

*Este tempo, como todos os tempos, é muito bom,
se soubermos o que fazer com ele.*
— Ralph Waldo Emerson

Em 2013, estava sentada no trem da madrugada voltando de Nova York para Filadélfia e pensava em desistir... de tudo. Entre tentar ser uma boa mãe e parceira, a pressão incessante para publicar e cumprir meu trabalho, e a pilha interminável de tarefas — era tudo demais. Simplesmente não havia horas suficientes no dia para fazer tudo, quanto mais para fazer algo bem feito. Coordenar, preparar e fazer parecia exigir um nível de energia de super-herói entusiasmado e a minha acabou. Encostei a testa contra a janela gelada e via os borrões escuros das árvores e das casas passarem.

Eu havia dado uma palestra naquele dia na Columbia Business School, compartilhando minhas últimas pesquisas sobre como a qualidade de nossa felicidade muda conforme envelhecemos.[1] Minha apresentação tinha sido eficientemente encaixada na hora do almoço, rodeada por reuniões consecutivas seguidas de um jantar com colegas, no qual me contorci do início ao fim para ficar no ritmo das brincadeiras espirituosas dos caras e mandando cerveja para dentro. Apressada dentro do táxi até a estação, rezei para não perder o último trem para casa.

Embora meus dias normalmente não começassem em um quarto de hotel de Nova York, eles eram igualmente cheios e não menos frenéticos. Acordava de madrugada para dar uma corrida e voltava para um rápido aconchego com meu filho de quatro meses, Leo, antes de correr para me arrumar e disparar para meu escritório. Dentro dos salões movimentados da Wharton, eu tentava apressadamente fazer meu trabalho entre seminários e reuniões. Depois corria para casa a fim de render nossa babá às 18h. Entre arrumar as compras, preparar o jantar e limpar, até mesmo aquela preciosa hora antes da hora de dormir de Leo parecia apressada. Nenhuma dessas tarefas sozinhas levava muito tempo, mas em conjunto esses minutos de tarefas intermináveis eram demais — especialmente tendo em vista quão pouco havia desses minutos.

Já me sentia assim há algum tempo. Enquanto o trem acelerava pela escuridão, usei meu casaco como cobertor. Profundamente exausta, percebi que precisava realmente descobrir se fazer *tudo isso* era realmente sustentável. Para avaliar com precisão a viabilidade de continuar nesse rumo, eu sabia que tinha que contabilizar tudo. Não apenas minhas tarefas rotineiras, mas também as "exceções" imprevistas e extras que aconteciam regularmente (por exemplo, corte de cabelo, dentista, consulta médica do Leo, escolher um presente, fazer a manutenção do carro, comparecer ao serviço de júri).

Além disso, precisava incluir não apenas minhas listas de tarefas do trabalho e de casa, mas minha determinação em não deixar de ir a jantares de aniversário dos meus amigos e minha decisão de levar Leo para a aula de música infantil nas quartas-feiras de manhã. "Tudo isso" precisava envolver exercício e uma quantidade decente de sono, porque não sou agradável sem nenhum dos dois. "Tudo isso" precisava levar em conta se eu ainda teria energia suficiente no fim do dia para desfrutar os momentos que compartilhava com Leo e meu marido, Rob.

O verdadeiro problema com o qual lutava no trem naquela noite era que eu *queria* fazer tudo isso. Adorava meu trabalho. Nem tudo, mas tinha trabalhado pesado para chegar a este ponto e encontrei realização real na condução de pesquisas e na conexão com as pessoas por meio do ensino. Adorava meu bebê e meu marido, e não podia deixar nenhum desses relacionamentos sofrer. Queria permanecer saudável e ser uma boa amiga. E, mesmo não gostando de fazer tarefas domésticas, era importante para mim ser uma contribuinte competente para um lar e uma sociedade que funcionassem bem.

Eu já me senti sobrecarregada antes. Na verdade, não conseguia me lembrar de um tempo em que não me sentia como se estivesse correndo contra o relógio tentando realizar o máximo possível durante cada hora. Não estou sozinha nisso. Vivemos em uma cultura voltada para a produtividade — de tal forma que essa agitação se tornou um símbolo de status[2] que é tomado para sinalizar o valor de um indivíduo. Mas eu sabia, tanto pessoalmente quanto de acordo com minha pesquisa, que essa correria toda *nada tinha* de elegante.[3]

Sim, ter um bebê me encheu de responsabilidades. Não estava mais no controle apenas de mim mesma e de minha carreira. Agora era totalmente responsável pela sobrevivência e pelo bem-estar de outra pessoa. Mas era ainda mais do que as doses adicionais que vinham com um bebê. Vê-lo crescer me fez perceber como o tempo passava rapidamente. Ver o quanto Leo havia mudado em apenas alguns meses me fez perceber a rapidez com que tudo passava. Não queria perder nada disso só porque estava com pressa. Eu não queria acelerar e ultrapassar sua infância. Não queria acelerar minha vida.

Queria mais tempo, mas não apenas tempo para fazer mais. Queria mais para poder *diminuir a velocidade* a fim de realmente experienciar as horas que eu tinha. Ao olhar para minha vida, queria me sentir feliz e não apenas ver um borrão. Com minha testa na janela fria, vendo o mundo lá fora passar apressado, de repente parecia que desistir de tudo e me mudar para uma ilha ensolarada e preguiçosa em algum lugar seria a solução ideal. Convidaria Leo e Rob para irem comigo.

A Sabedoria dos Dados

Como psicóloga social, estou constantemente à procura de dados para encontrar respostas para quaisquer questões com as quais me deparo pessoalmente. (Então, na verdade, só estou brincando em parte quando explico meu trabalho dizendo às pessoas que faço uma "pesquisa de mim".) E eu sabia que, antes de entrar no escritório do chefe para lhe dizer que tinha decidido deixar meu estável emprego dos sonhos como professora, deveria considerar cuidadosamente a realidade de viver com muito mais tempo livre. Antes de pedir a Rob que se afastasse de sua carreira e fizesse as malas para a praia, precisava saber se seria realmente mais feliz trocando uma lista transbordante de tarefas por uma lista em branco. Com mais horas disponíveis no dia, de fato me sentiria mais satisfeita com a minha vida?

Para me guiar empiricamente nessa crise particular, recrutei alguns de meus colaboradores favoritos, Hal Hershfield e Marissa Sharif. Encontramos um conjunto de dados para analisar que captou, para dezenas de milhares de norte-americanos trabalhadores e não trabalhadores, todas as atividades que constituem um dia regular em suas vidas, bem como sua satisfação geral com elas. Esse tesouro de dados significava que eu não precisaria contar com o conselho de ninguém. Em vez disso, poderíamos identificar tendências significativas por meio de um grande grupo de pessoas, o que proporcionaria uma previsão muito mais confiável. Esses dados da American Time Use Survey[4] nos ajudariam a responder à pergunta urgente: qual é a relação entre a quantidade de tempo livre que as pessoas têm em sua vida diária e sua felicidade geral?[5]

Como um primeiro passo em nossa análise, calculamos a quantidade do tempo variável que as pessoas tinham disponível para gastar em atividades discricionárias — coisas que as pessoas *querem fazer*.[6] Isso incluía "não fazer nada", relaxar e assistir TV. Abrangia também atividades de lazer mais ativas, como praticar esportes, ir ao cinema ou a eventos esportivos. E continha atividades puramente sociais, como sair com amigos e familiares. É importante ressaltar que esse cálculo do tempo disponível *não* incorporava as horas do dia passadas em tarefas obrigatórias que as pessoas *têm que fazer*. Por exemplo, a longa lista de tarefas de trabalho, afazeres domésticos, consultas com dentistas e médicos, e compromissos foram todos agrupados como atividades não discricionárias, contando como tempo indisponível.

Em seguida, testamos como esse tempo discricionário calculado se relacionava com a satisfação das pessoas na vida. Os resultados foram esclarecedores. O gráfico a seguir mostra o padrão como um arco em forma de U invertido ou arco-íris. Essa forma é interessante porque aponta para baixo em direção à infelicidade em *ambas* as extremidades do espectro. Isso significa que não há uma, mas duas pedras de tropeço quando se trata de tempo discricionário. Mas vamos primeiro explorar o lado esquerdo deste gráfico, que reflete minha infelicidade em particular...

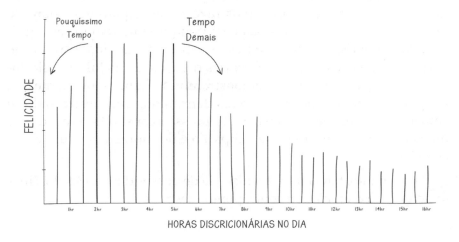

Pouquíssimo

O gráfico deixa claro que a felicidade é menor com menos de aproximadamente duas horas de tempo discricionário durante o dia. Esses dados confirmaram que eu realmente tinha pouquíssimo tempo. Eu estava *pobre de tempo* — o que é definido como sentir que tem pouquíssimo tempo disponível para fazer tudo o que precisa e quer fazer. Acontece que aqueles de nós que sofrem de pobreza de tempo não estão sozinhos.[7] Uma pesquisa nacional mostra que quase metade dos norte-americanos relata que não tem tempo suficiente para fazer o que quer.[8] Outra pesquisa mostra que aproximadamente metade dos norte-americanos diz que quase nunca sente que tem tempo em mãos, e dois terços dizem que sempre ou às vezes se sentem apressados.[9]

Mesmo que as mães tendam a se sentir mais pobres de tempo que os pais, e mesmo que os pais trabalhadores tendam a se sentir particularmente empobrecidos, *todas* as pessoas carecem de tempo.[10] E não são apenas os meus compatriotas norte-americanos. Pessoas em todo o mundo — inclusive Reino Unido, Noruega, Alemanha, Canadá, Austrália, Brasil, Guiné, Rússia, China, Japão e Coreia do Sul — também relatam ser apressadas e sofrer de um ritmo de vida agitado com pouquíssimo tempo.[11]

Validando minha aflição no trem naquela noite, esses resultados mostram uma das principais razões pelas quais ser pobre de tempo é um problema: pessoas com pouquíssimo tempo são significativamente menos felizes e menos satisfeitas na vida. Estudos de outras equipes de pesquisa em várias disciplinas (incluindo psicologia, sociologia e economia) demonstraram de forma semelhante que ser pobre de tempo nos torna mais deprimidos, mais estressados e emocionalmente mais exaustos.[12] A pressão constante imposta por uma cultura que reverencia a ocupação e nos apressa tem um custo emocional.

Entretanto, havia mais na história de nossos dados. O lado direito do gráfico oferecia um contraponto inesperado.

Demais

Além da infelicidade de ter pouco tempo, a inclinação descendente do outro lado do arco mostra que ter mais de aproximadamente cinco horas de tempo discricionário em um dia também está ligado a menos felicidade.[13] Acontece que existe isso de ter tempo demais!

Mas *por quê*? Dado o quanto eu ansiava por mais tempo livre, como poderia me fazer sentir pior ter dias desocupados? Uma vez que comecei a investigar isso, percebi que a história do meu amigo Ben, desmaiado na cama devido ao contato com um carvalho venenoso ["poison oak"] nas colinas do condado de Marin, na Califórnia, oferece uma pista.

Ben é um cara brilhante, analítico e tremendamente trabalhador que acabou concluindo que a dor da política de um escritório envolvido na administração de um fundo de hedge não valia o tempo longe de sua esposa e de seus quatro filhos. Também não valia a pena o estresse que ele levava para casa todos os dias do escritório. Feliz por ter recursos financeiros, Ben decidiu se aposentar aos 39 anos. Isso lhe daria tempo para fazer todas as coisas que sempre quis, mas havia negligenciado enquanto estava ocupado em seu trabalho: relaxar com a família, tirar férias, ler por prazer e fazer muito exercício.

No entanto, Ben é orientado por metas. Não gosta de se sentir ocioso e tem satisfação em ser produtivo. Apesar de sua intenção de relaxar, ter tanto tempo em suas mãos o fez ficar meio perturbado. Ele precisava de um objetivo, então definiu um.

Ben decidiu que correria na próxima Dipsea, que é a corrida de trilha mais antiga dos EUA, estendendo-se de Mill Valley até Stinson Beach, nas belas cabeceiras de Marin. Além de ser conhecida por sua paisagem, suas escadas e trilhas íngremes deram à Dipsea a reputação de ser uma corrida cansativa e traiçoeira.

Durante meses, Ben treinou diligentemente. Seguiu de perto o regime recomendado de exercícios em colinas, longas corridas, pesos, dias de descanso e dieta. No dia da corrida, sua família se reuniu com placas desenhadas à mão e lanches para recebê-lo na linha de chegada. Ele nunca chegou lá.

Ben tinha começado a corrida forte e rápido, desafiando-se a vencer o tempo de chegada que tinha calculado como seu alvo apropriado. No entanto, com cerca de 6km percorridos, ele não conseguia recuperar o fôlego. Sua intensidade, a desidratação e o dia quente tinham levado a melhor sobre ele. A próxima coisa que se lembra é dos paramédicos de pé sobre ele planejando como levá-lo para uma ambulância. Deitado nos arbustos, todo seu corpo coçava. As toxinas do carvalho venenoso que amorteceu sua queda tinham começado a causar dano.

Somente depois que se reencontrou com a família aterrorizada e recebeu a garantia do médico de que ficaria bem, Ben riu da situação ridícula em que se tinha metido. Ligado à realização, ele havia se sentido desconfortável com os dias que passou "sem fazer nada". Insatisfeito por não ter nada para fazer com seu tempo, havia transformado o que pretendia ser uma atividade agradável em uma perseguição extrema dirigida a objetivos. Quando se recuperou, percebeu o absurdo de quão duro tinha se esforçado para essa corrida.

Embora Ben seja excepcional em muitos aspectos, não é o único em seu impulso por realização. Em uma experiência de acompanhamento que Hal, Marissa e eu realizamos, descobrimos que a falta de um senso de produtividade é a *razão* pela qual pessoas com excesso de tempo disponível se sentem menos satisfeitas com suas vidas.[14] Se quando criança você começou a se sentir inquieto no fim de um verão preguiçoso, já experimentou algo semelhante. Assim como Ben, muitas pessoas têm aversão a ficar ociosas[15] e estão orientadas para a produtividade.[16] Há valor em estar um pouco ocupado, porque isso nos dá um sentido de propósito em nosso cotidiano.[17]

Vale ressaltar que ter senso de propósito[18] não requer ter um trabalho remunerado. Por exemplo, o trabalho voluntário (trabalho não remunerado) frequentemente proporciona um senso de propósito. Além disso, as tarefas necessárias para que crianças e lares sejam funcionais podem igualmente oferecer um senso de realização satisfatório; e quando realizado por alguém da família, esse trabalho também não é pago.[19] Por fim, algumas atividades explicitamente sem remuneração (por exemplo, a busca de hobbies e a prática de esportes) são consideradas por muitos como produtivas e significativas.[20] Contudo, reconheci que, no meu caso, o trabalho me dá uma fonte considerável de propósitos.

À luz dos dados e da experiência de Ben depois de decidir parar de trabalhar, me convenci que, para mim, deixar tudo para passar meus dias relaxando não era a solução.

O Ideal

O padrão em nosso gráfico foi instrutivo. Mostrou que ter regularmente menos de duas horas de tempo discricionário a cada dia é de fato pouquíssimo. É causa de estresse e de infelicidade, o que eu conhecia muito bem. Por outro lado, a partir dos dados, agora também sabia que ter regularmente mais de cinco horas de tempo discricionário no dia é demais, porque mina o senso de propósito de alguém. Nossa pesquisa sugeriu que, se eu deixasse meu emprego, provavelmente também me sentiria infeliz. Com tempo demais, certamente encontraria outra empreitada para satisfazer o desejo de me sentir produtiva, e tal atividade também acabaria me causando estresse. Mas o que quer que acabasse fazendo, não utilizaria as habilidades que passei anos desenvolvendo em um campo que realmente me interessava. Ter entre duas e cinco horas parece ser o ideal.

Esses resultados não apenas validavam minha experiência emocional; eles me ofereciam esperança e, por fim, orientavam uma decisão de vida. O ponto certo para a quantidade ideal de horas diárias disponíveis não estava completamente fora de alcance. Não era descabido o compromisso de ter algumas horas diárias para gastar no que me traz alegria. Um cálculo honesto de um dia típico mostrou que eu já estava bem perto:

- ♦ 15 minutos de aconchego matinal com Leo.
- ♦ 25 minutos conversando ao telefone com um amigo durante a caminhada do escritório para casa.
- ♦ 30 minutos tomando uma taça de vinho e jantando com Rob (o ideal seria mais longo, mas a agitação de Leo muitas vezes encurtava as coisas).
- ♦ 20 minutos tranquilos e calmos cantando para Leo dormir.

Eram 90 minutos (uma hora e meia) no dia que eu não queria passar de outra forma. Claro, eu preferiria conversar com meu amigo enquanto estivéssemos sentados juntos tomando uma xícara de café, e gostaria de não ter distrações com o bebê enquanto jantava com Rob. Mas essas pequenas imperfeições não desqualificavam aquele tempo como discricionário, até mesmo alegre. Foi revelador perceber que o objetivo de duas horas estava bem a meu alcance — *sem* que eu tivesse que fazer mudanças drásticas que alterassem minha vida. Sim, eu teria que ser atenciosa e fazer alguns ajustes em minha agenda para chegar lá. Mas poderia facilmente implementar algumas pequenas mudanças para me tornar mais feliz: resguardar as horas de trabalho do desperdício e da distração para poder produzir mais do que me parecia necessário durante essas horas; priorizar o tempo para atividades que *me* preenchessem em vez de apenas minha agenda; terceirizar algumas tarefas para que eu pudesse passar esse tempo brincando com Leo; saborear e celebrar os momentos do dia a dia enquanto os compartilhava com as pessoas que amava... talvez eu pudesse "fazer tudo". Rob poderia fazer as reservas para nossas próximas férias.

A Questão É o Tempo

Quando se tratava da minha felicidade, eu estava certa: o tempo provou ser meu maior desafio. Mas eu acreditava que tinha a ver com quantidade: se tivesse mais horas no dia, poderia fazer tudo o que quisesse, realizar tudo e me sentir melhor. Curiosamente, no entanto, a parte plana do gráfico entre duas e cinco horas sugere que, dentro de uma faixa bastante ampla, a quantidade de tempo que as pessoas têm disponível não está relacionada à sua felicidade. Isso é importante porque significa que, exceto nos extremos, desfrutar de maior satisfação na vida não é uma questão da quantidade de tempo que temos. Trata-se realmente de como *usamos* o que temos.

Portanto, a verdadeira resposta não se trata de ser rico em tempo; é sobre *tornar* rico o tempo que você tem. Esse gráfico me esclareceu o que muito da minha pesquisa sempre sugeriu: para maior felicidade, o tempo não é apenas um desafio, é a solução. O tempo é o único recurso que, se investido corretamente, pode produzir uma vida boa, talvez até ótima. Se você sabe como investir seu tempo *e* está investido nele, pode se tornar mais feliz. Trata-se de saber como alocar as horas que você tem para alcançar resultados que, em última instância, são importantes — aqueles que lhe permitirão olhar para trás em seus dias, anos e vida, se sentindo satisfeito e realizado. E trata-se de estar inteiramente comprometido durante esse tempo para deixar essas horas mais felizes.

O foco em investir tempo (em vez de dinheiro) pode parecer estranho vindo de alguém que passou sua carreira como professora de escola de negócios. No ensino de MBAs, o sucesso é tipicamente medido pelos lucros. Trata-se da quantia feita, e mais é melhor. A própria razão pela qual a maioria dos meus alunos faz MBA e segue uma carreira nos negócios é para ganhar dinheiro; e eles esperam que seja muito. Contudo, não são apenas os meus alunos de negócios. Em uma pesquisa na qual minha equipe perguntou a milhares de pessoas, representando uma gama de ocupações e níveis de renda de todo o país, se prefeririam mais dinheiro ou mais tempo, a maioria escolheu o dinheiro.[21] Entretanto, essa pode não ser a escolha certa.

Diz-se que o magnata dos automóveis Henry Ford comentou: "Os negócios devem ser administrados com lucro, caso contrário, morrerão. Mas quando alguém tenta administrar um negócio exclusivamente com fins lucrativos... o negócio também deve acabar, pois ele não tem mais razão de existir." Essa citação se aplica tanto a nós como indivíduos quanto às empresas. Apesar do foco generalizado no dinheiro, o verdadeiro determinante do sucesso e da satisfação na vida não é tanto o dinheiro ganho, mas o tempo gasto.[22] *Havia um propósito? Valeu a pena o investimento... de tempo?*

Ao longo dos anos, realizei mais de uma dúzia de estudos testando os efeitos do foco no tempo, em vez do dinheiro, como nosso recurso crítico. Os resultados são consistentes e claros: independentemente de quanto dinheiro ou tempo se tem, prestar mais atenção ao tempo prevê níveis mais altos de felicidade. Aqueles que dão mais valor ao tempo do que ao dinheiro relatam sentir-se mais positivos em seus dias e mais satisfeitos com suas vidas. Os benefícios de ser focado no tempo resultam da intencionalidade e do investimento em caminhos melhores — em atividades mais interessantes, significativas e alinhadas com os valores de cada um. Assim, não se afastando muito das raízes da minha escola de negócios, este livro *é* um guia de investimento. Mas não se trata de dinheiro. Trata-se de como investir seu recurso mais precioso.

Horas Mais Felizes

Cada um de nós tem exatamente o mesmo número de horas para trabalhar e lidar a cada dia. Todos temos 24 horas para distribuir o melhor que podemos, e os riscos são altos. Nossas horas e nossos dias se acumulam em anos e décadas, e, em última análise, em toda nossa vida. Como passamos o nosso tempo define quem somos, as memórias que acarinhamos e como seremos lembrados por aqueles que deixamos para trás.

E todos nós queremos ser felizes. Algo que as pessoas em todo o mundo consideram estar consistentemente entre suas principais aspirações.[23] Isso não é nem remotamente novo. Já no século XVII, o filósofo e matemático francês Blaise Pascal observou: "Todos os homens [e presumivelmente ele também se referia às mulheres] procuram a felicidade. Sem exceção. Quaisquer que sejam os diferentes meios que empregam, todos tendem para este fim."[24]

A felicidade (na qual a literatura de psicologia se refere como bem-estar subjetivo e é definida como o quanto se sente positivo durante seus dias e o quão satisfeito se sente com sua vida em geral)[25] é muito importante. E não é uma busca indulgente ou frívola. Não é egoísta, nem se trata de engessar um sorriso no rosto e fingir que tudo está maravilhoso.

Essa emoção básica tem um tremendo efeito cascata. Pode torná-lo mais resiliente, melhor em seu trabalho e mais generoso para com as pessoas à sua volta. Décadas de estudos demonstraram que o sentimento de felicidade nos beneficia tanto no escritório como nas nossas relações[26] (pessoais e profissionais). Por exemplo, a felicidade aumenta a motivação, a criatividade e a resolução adaptativa de problemas — tudo isso pode nos ajudar no trabalho e nos fazer superar tempos difíceis[27] fora dele. Faz-nos gostar mais das pessoas e sermos mais apreciados por elas. Ela nos torna mais simpáticos, mais propensos a dizer e a fazer coisas amáveis, e a ajudar os outros.

A felicidade também é *boa* para nós. Potencializa nosso funcionamento imunológico, aumenta nosso limiar de dor, ajuda nosso corpo a responder melhor aos estressores fisiológicos e é um indicador significativo de longevidade. Em conjunto, esses estudos fornecem provas empíricas inegáveis de que a felicidade é a chave para viver vidas mais longas e melhores. Assim, não só *queremos* todos ser felizes, como também *devemos* querer ser felizes.

A interação entre tempo e felicidade é o que impulsionou mais de uma década da minha pesquisa, meu recente magistério e agora este livro. Procuro informar a questão humana fundamental: como cada um de nós pode aproveitar ao máximo o tempo que tem?

Desde aquela fatídica noite no trem, continuo a conduzir pesquisas e apliquei as descobertas subsequentes para orientar meus próprios pensamentos e investimentos de tempo. Embora meus dias ainda estejam cheios, descobri finalmente como torná-los gratificantes. Por fim, decidi deixar a Wharton, mas não abandonei a carreira acadêmica. Apesar de gostar de meus colegas e da energia da escola, aproveitei minha pesquisa e escolhi a felicidade. Para dias mais brilhantes, acabei pedindo a Rob para nos mudarmos e aconteceu de haver um lugar com praia perto. Porém, exceto quando estamos de férias, não passamos dias inteiros relaxando. Estamos agora criando Leo e Lita em nossa casa na Califórnia.

Sou professora na Anderson School of Management, na UCLA. Determinada a passar meu tempo de forma mais intencional, mudei o que ensinava e agora ensino felicidade. Inspirada pela psicologia de Laurie Santos, pelo curso de licenciatura[28] Good Life [Vida Boa] em Yale e pelo curso Designing Your Life[29] [Planejando Sua Vida] de Bill Burnett e Dave Evans na escola de design de Stanford, desenvolvi um curso chamado Applying the Science of Happiness to Life Design [Aplicação da Ciência da Felicidade no Planejamento da Vida]. Ele mostra aos meus alunos de MBA como otimizar suas vidas pessoal e profissional. Consegui obter insights a partir da minha própria pesquisa, bem como de colegas das áreas de psicologia, economia comportamental, marketing e comportamento organizacional, ajudando meus alunos a elaborar seu tempo — no dia a dia e em suas vidas em geral — para serem mais felizes.

Escrevi este livro para trazer tais lições até você. Para destacar como a pesquisa subjacente — baseada em centenas de milhares de bases de dados — se relaciona com você e sua vida. Compartilharei histórias de meus alunos e amigos, bem como muitas das minhas próprias. Essas histórias são necessariamente pessoais, porque nosso tempo é pessoal — é a substância de nossa existência diária. E, embora cada experiência possa não representar a sua, suspeito que verá aspectos de sua experiência de vida na nossa. Por isso, convido-o a ler e a compartilhar esta jornada, e você pode contar com as passagens que seguem cada capítulo para solidificar o que aprendeu no caminho. Talvez ainda mais útil, lhe darei tarefas, assim como faço com meus alunos. Há mais de uma dúzia de exercícios ao longo do livro que o convido fortemente a implementar para experimentar imediatamente seus benefícios comprovados. Ao fazê-los, você estará, em essência, fazendo meu curso e, exatamente como meus alunos fizeram, desfrutará de maior felicidade, significado e conexão em sua vida como resultado.[30]

Nos capítulos que se seguem vou, primeiramente, tirar a mentalidade de escassez de você. No Capítulo 2, o ajudarei a perceber que, apesar de se *sentir* pobre de tempo, você realmente tem tudo o que precisa para dedicar horas ao que realmente importa. Trabalharemos em suas percepções e aumentaremos sua riqueza de tempo. Eu lhe darei a confiança para decidir como você passa seu tempo, que diz respeito ao que vale a pena em vez de ser apenas eficiente.

No Capítulo 3, o conduzirei no Exercício de Monitoramento do Tempo. Isso ajudará *você* a identificar quais atividades lhe prometem a maior felicidade e quais formas de gastar seu tempo não valem a pena — todas orientando-o como investir seu tempo de forma mais sábia. Observando que há inevitavelmente algumas atividades necessárias que não são particularmente divertidas (por exemplo, afazeres domésticos, trabalho e deslocamento), no Capítulo 4 mostrarei algumas estratégias para tornar mais satisfatórios esses momentos que ameaçam parecer um desperdício.

Entretanto, aproveitar ao máximo seu tempo não é apenas uma questão das atividades em que o usa; é também uma questão de como você se envolve nesse tempo. Trata-se de como você aborda a atividade e sua mentalidade à medida que o faz. Por exemplo, mesmo que conversar com o amor da minha vida com um cheeseburger e uma taça de pinot esteja entre minhas atividades mais prazerosas, se jantar com Rob se tornar tão regular que eu não perceba sua importância ou se eu estiver tão distraída pela lista de afazeres que eu não ouça o que ele acaba de dizer, então perco meu tempo (e o dele). Perdi a felicidade potencial daquela hora. Assim, no Capítulo 5, darei estratégias para prestar mais atenção e depois, no Capítulo 6, algumas técnicas para remover as distrações — a fim de que você possa aproveitar ao máximo *todo o tempo* que gasta.

Embora você tenha muito tempo para viver uma vida feliz, isso só é verdade se gastá-lo deliberadamente e não deixar que seja preenchido sem sentido. Suas horas diárias são finitas. No Capítulo 7, compartilharei a importância de ser proativo em vez de reativo em seus gastos — levando-o a priorizar o que realmente importa; formas de gastar que lhe tragam alegria.

Evidentemente, cada hora não fica sozinha. Não é tão simples como apenas adicionar várias horas juntas para resumir uma semana satisfatória. A forma como as atividades de sua semana são agrupadas e organizadas pode ter um impacto significativo em sua satisfação geral. No Capítulo 8, o encorajarei a ver sua agenda como um belo e colorido mosaico, e a si mesmo como o artista. Eu o acompanharei na elaboração de seu tempo: selecionando, espaçando e sequenciando as peças do mosaico para planejar uma semana ideal. Isso lhe permitirá aumentar a influência de seus bons momentos e minimizar a de seus afazeres domésticos. Também verá que, mesmo que não seja possível fazer tudo e ser tudo a qualquer hora, pode fazer e ser tudo o que quiser ao longo de suas semanas, meses e anos.

Por fim, no Capítulo 9, diminuiremos o foco nas horas para considerar seus anos e sua vida em geral. Ter essa visão panorâmica ajudará a esclarecer seus valores, o que realmente lhe interessa e o que mais lhe importa. Tal perspectiva de tempo mais ampla orientará como passar as horas de hoje — assegurando que preencha seus dias com o que realiza, para que possa olhar anos atrás com uma sensação de significado, sem arrependimentos.

Com essa sabedoria empírica, você aprenderá a construir o tempo de sua vida. Tudo começa com uma hora mais feliz.

LIÇÕES DO CAPÍTULO UM

- A pobreza de tempo é o sentimento predominante de ter muito o que fazer e pouco tempo para fazê-lo.

- Ter *pouquíssimo* tempo livre (ou seja, menos de aproximadamente duas horas por dia) está associado a menos felicidade por causa do estresse.

- No entanto, ter tempo discricionário *demais* (ou seja, mais do que aproximadamente cinco horas por dia) também está associado a menos felicidade, porque fomenta uma sensação de falta de propósito.

- Exceto nesses extremos, a quantidade de tempo discricionário disponível não está relacionada à felicidade. Em vez disso, a felicidade depende de como você gasta o tempo que tem.

- Focar o tempo (em vez do dinheiro) aumenta a felicidade, porque o motiva a gastar mais deliberadamente — de maneiras mais felizes e mais satisfatórias.

- Sentir-se feliz é um esforço digno — o beneficia no trabalho, em seus relacionamentos e em sua saúde, além de torná-lo mais resiliente, criativo e bondoso.

TODO O TEMPO
DO MUNDO

*Você nunca "encontrará" tempo para nada.
Se quer tempo, deve arranjar.*
— Charles Buxton

Eis uma rápida experiência de reflexão: quando você não tem tempo suficiente, qual é a primeira coisa que é cortada de sua agenda?

Adoro correr pela manhã. Acho que correr me dá o espaço e o tempo que preciso dar a mim mesma para pensar. Além disso, me permite continuar comendo meus amados cheeseburgers e sobremesas de chocolate sem culpa. Mas à noite, ao ir para a cama e acertar meu despertador, minha mente inevitavelmente passa por tudo o que preciso fazer antes da aula de amanhã: acordar as crianças e prepará-las para a escola, seus almoços e mochilas arrumados, e Leo ensaiado para seu teste de soletrar. Também preciso responder a uma dúzia de e-mails dos alunos, rever e praticar minha palestra. Preciso tomar o café da manhã. Preciso *me* preparar, o que em um dia de aula requer um tempo adicional para secar meu cabelo e escolher uma roupa mais bonita com as joias certas. E preciso dormir bastante (sei pela pesquisa[31] e por experiência pessoal que meu cérebro fica confuso com menos de oito horas). Desapontada, me resignei ao fato evidente: não tenho tempo para uma corrida.

E você? O que as limitações temporais eliminam de seus dias? Pedi a um grupo de amigos meus para completar esta frase: "Eu não tenho tempo para..."

"Não tenho tempo para me exercitar."

"Não tenho tempo para DORMIR!"

"Não tenho tempo para ler, escrever ou pensar... e, durante a Covid, de lavar a droga do cabelo!"

"Não tenho tempo de passar o fio dental."

"Não tenho tempo de ler um livro, organizar minha casa ou especular sobre meu futuro."

"Não tenho tempo para pintar."

"Não tenho tempo para aprender e tocar música, ler livros ou viajar para ver meus amigos e minha família."

"Não tenho tempo para me exercitar ou jogar futebol com meu filho."

"Não tenho tempo (ou energia) para me conectar profundamente com meus filhos e meu cônjuge."

"Não tenho tempo para ir à terapia ou até mesmo encontrar um terapeuta."

"Não tenho tempo para mim mesmo. E o que eu faria com esse tempo? Eu faria uma longa caminhada, ficaria à toa em frente à TV, comeria salgadinhos, tiraria uma soneca e chamaria alguém só para colocar a conversa em dia."

"Não tenho tempo para meditar."

"Não tenho tempo para preparar refeições chiques e deliciosas."

"Não tenho tempo para criar meu jardim dos sonhos."

"Não tenho tempo para fazer tudo direito."

A lista mostra as muitas coisas saudáveis e enriquecedoras que gostaríamos de fazer, mas não fazemos — apenas devido à falta de tempo. Ela revela que, sem tempo suficiente, não cuidamos de nosso corpo nos exercitando, gastando oito minutos para tomar banho ou o minuto que leva para usar fio dental. Não damos tempo para nós mesmos — para descansar, ler, pensar, criar. Negligenciamos nossos interesses e o que nos torna interessantes. Deixamos de cultivar relacionamentos importantes, quanto mais investir na criação de novos relacionamentos. Ironicamente, o próprio recurso que torna nossa vida possível também parece restringi-la.

Metade da população norte-americana e milhões de pessoas em todo o mundo se sentem assim. A autora e palestrante motivacional Brené Brown descreve a cultura moderna como uma cultura de escassez — de não ter ou ser suficiente.[32] Os economistas comportamentais Sendhil Mullainathan e Eldar Shafir escreveram um livro inteiro sobre os perigos de viver com recursos escassos.[33] Eu diria que nesta era de acesso sem fim e grandes expectativas, estamos mais especificamente lutando contra o *tempo* escasso. Sem tempo suficiente, estamos limitados quanto a dar o melhor de nós mesmos e ser o nosso melhor. Não ter tempo suficiente nos obriga a fazer menos e ser menos. E, como aprendemos no capítulo anterior, isso nos torna menos felizes.[34] Ser pobre de tempo limita a qualidade de nossas vidas.

O Que É Menos Não É Mais

Depois de pesquisar meus amigos, decidi explorar as consequências de ser pobre de tempo em uma população mais ampla e mais representativa. Pesquisei a literatura acadêmica e realizei várias experiências sozinha. Essas descobertas se mostraram tão desanimadoras quanto a lista. Aparentemente, ter um tempo limitado resulta em menos para *todos*.

À medida que o conduzo nas descobertas, esteja preparado porque os resultados inicialmente parecerão desencorajadores. No entanto, saber como somos propensos a economizar tempo nos equipará melhor para combater os efeitos limitantes. E prometo que, antes do fim do capítulo, você terá algumas maneiras acionáveis de assumir o controle de seu tempo e expandi-lo, fazendo mais por você e mais por sua vida.

Menos Saudável

O modo como administro meu tempo acaba sendo muito comum: com pouquíssimo tempo, as pessoas se sacrificam ao sair para correr, ir à academia, fazer uma aula de ioga ou se inscrever em uma sessão de spinning. Independentemente do método para colocar o corpo em movimento, estudos mostram que o estresse do tempo faz com que as pessoas façam menos exercício em geral, e isso tem um efeito negativo direto tanto no bem-estar físico quanto no emocional.[35] Simplificando, ao pular o exercício, o que fazemos é nos tornar menos felizes.

A pobreza de tempo também tem um impacto negativo sobre outros comportamentos relacionados à saúde. Ocupadas demais para comer alimentos frescos, dormir uma noite inteira ou ir ao médico, as pessoas com pouco tempo estão mais propensas a ter excesso de peso,[36] sofrer hipertensão[37] e ser menos saudáveis em geral.[38] Se a leitura dessas descobertas parece uma bola de cristal assustadora, não se preocupe — estou com você. Como confessei, várias vezes me senti muito pressionada pelo tempo para a corrida matinal. E descobri que um café com leite enlatado e um donut *são* mais rápidos e fáceis de consumir no caminho para o trabalho do que uma salada de frutas e claras de ovo. E, embora eu tenha tempo de levar Leo ou Lita para consultar o médico para uma avaliação ou ao menor sinal de doença, não o faço quando sou eu que me sinto mal. Mesmo que essas não sejam as descobertas mais felizes, é bom conhecê-las, porque em breve lhes direi como podemos ganhar com essas informações.

Menos Gentil

Ser pobre de tempo não afeta apenas a forma como nos tratamos. Quando o tempo parece escasso, nos tornamos mesquinhos com ele — dando menos aos outros. Com pressa, é menos provável ter tempo para ligar para nosso amigo que acabou de mudar de emprego ou até mesmo manter a porta aberta para um desconhecido que caminha devagar. Essa mesquinhez tem sido observada até mesmo entre as pessoas mais compassivas: estudantes de seminário. Em um clássico experimento conduzido por John Darley e Daniel Batson nos anos 1970, um grupo de estudantes do seminário foi encarregado de apresentar a parábola do Bom Samaritano — a história bíblica sobre um desconhecido que parou para ajudar um viajante que, roubado e espancado, estava caído indefeso à beira da estrada. Mas eis a pegadinha: antes que os estudantes saíssem um a um para fazer suas apresentações, foi dito a alguns que estavam atrasados e que não tinham muito tempo. Os demais não receberam tal informação. No corredor, a caminho de fazer suas apresentações, cada um deles encontrou um homem curvado, tossindo. Ele precisava claramente de ajuda (na verdade, era um ator contratado para o estudo). Os pesquisadores localizaram quais estudantes do seminário abriram mão de um pouco de seu tempo para parar e ajudar o homem (notou a ironia aqui?). Os estudantes que foram informados de que tinham pouco tempo tinham uma probabilidade muitíssimo menor de gastar algum tempo ajudando.[39]

Também documentei tal comportamento em uma experiência simples entre estudantes universitários. Para metade dos participantes do meu estudo, utilizei a sensação de escassez de tempo, instruindo-os a escrever sobre um dia em que se sentiram extremamente ocupados e apressados. Instruí a outra metade a escrever sobre um dia em que eles tinham muito tempo livre. Um pouco mais tarde, perguntei a todos se estariam dispostos a ficar mais quinze minutos para ajudar um estudante carente do ensino médio, editando sua redação de admissão na faculdade. Comparados com aqueles que se lembraram de ter muito tempo, aqueles que haviam sido lembrados de se sentirem apressados estavam bem menos dispostos a dar seu tempo.[40]

Vê o padrão começando a se formar? Quando sentimos que temos pouquíssimo tempo, acabamos levando uma vida menor. Mas lhe garanto que essa não é a única opção. Depois de cobrir apenas mais uma consequência negativa de nos sentirmos pobres de tempo, passaremos a algumas soluções.

Menos Confiante

Sentir-se pobre de tempo não só nos leva a fazer menos, como também nos faz sentir menos confiantes sobre nós mesmos. Duas semanas antes da prova do meio do semestre, um grupo de pesquisadores pediu aos estudantes que relatassem a nota que esperavam obter no teste, bem como seu nível de confiança. Então, na manhã do exame, os estudantes foram novamente solicitados a relatar como achavam que se sairiam. Os resultados do estudo mostraram que, quando os estudantes tinham muito tempo para se preparar, estavam bem mais confiantes em seu desempenho do que quando tinham pouco tempo.[41] Infelizmente, as implicações disso vão muito além da aplicação de provas. A escassez de tempo diminui nossa confiança na realização de todos os objetivos.

De acordo com uma teoria bem conhecida proposta pelo psicólogo social Tory Higgins, temos duas formas básicas de motivação: uma centrada em alcançar resultados positivos (chamada "foco de promoção") e outra centrada em evitar resultados negativos (chamada "foco de prevenção"). Embora os indivíduos difiram em sua inclinação geral para serem mais focados na promoção ou na prevenção,[42] a situação — especialmente o *tempo* — também pode influenciar a maneira pela qual as pessoas se aproximam de seus objetivos. Quando temos muito tempo, tendemos a ser mais focados na promoção. A riqueza de tempo nos dá essencialmente um impulso de confiança, tornando-nos otimistas e entusiasmados com tudo o que acreditamos que podemos alcançar. Com tempo suficiente, o céu é o limite! Mas, quando o tempo é limitado (como tantas vezes acontece), nos tornamos pessimistas e focados na prevenção.[43] Com pouco tempo restando, somos consumidos pela possibilidade de fracasso e baixamos nossa expectativa para corresponder à nossa falta de confiança. Quando o tempo é escasso, apenas tentamos sobreviver.

Minhas colegas Jennifer Aaker, Ginger Pennington e eu encontramos evidências dessa dinâmica na área do consumo. Entre os compradores, observamos que aqueles que ainda tinham muito tempo para fazer uma compra eram mais atraídos pelos produtos que ofereciam "a melhor" experiência e pelos anúncios que prometiam "o melhor" negócio. Entretanto, sob uma pressão de tempo, os compradores eram atraídos por produtos que simplesmente seriam bons o suficiente e não eram muito caros. A diminuição das expectativas com tempo limitado explica por que no início de junho você terá noções grandiosas do melhor presente com qual poderá cortejar seu(sua) namorado(a). Com muito tempo, seus objetivos são estabelecidos romanticamente altos. Mas então, quando você se encontra fazendo compras na véspera do dia dos namorados, suas aspirações se desvanecem. Você se torna mais logístico que romântico em seu pensamento e procura um presente que apenas o manterá fora da casinha do cachorro.

Não Se Contente com Menos

Finalmente, a hora das boas notícias! O quadro sombrio que as descobertas pintaram até agora não está completo. Não inclui o quanto as pessoas muito ocupadas e com pouco tempo ainda conseguem ser confiantes, saudáveis e amáveis.

A famosa R. B. G. é um bom exemplo. Apesar de sua exigente programação de audiências na Suprema Corte dos EUA e de escrever pareceres que decidiram (entre outras questões) o curso dos direitos da mulher e do sistema de saúde do país, a juíza Ruth Bader Ginsburg ainda se exercitava regularmente. Já nos anos 1980, treinava com um personal por uma hora inteira, várias vezes por semana. Outro exemplo é minha amiga e heroína Shaolee. Ela dirige uma organização sem fins lucrativos em Nova York que capacita e coloca mulheres chefes de família em empregos estáveis no setor de serviços alimentares, permitindo-lhes colocar comida na mesa de suas famílias. Além das horas de trabalho rigorosas de Shaolee, ela divide as tarefas parentais dos filhos de 5 e 7 anos com o marido, Scott, que está igualmente ocupado em seu trabalho com finanças. Apesar de ter poucos momentos de lazer, ela ainda encontra tempo para fazer coisas gentis para pessoas de fora de sua família, para sua organização e para as muitas mulheres que sua organização atende. Outro dia, inesperadamente, recebi um livro de poesia junto com uma nota edificante pelo correio. Era de Shaolee.

Sim, essas mulheres são incríveis. No entanto, como o resto de nós, elas só têm 24 horas por dia. Elas *realmente* não têm mais tempo. Mas também *não* cortam essas atividades valiosas de seus dias. Então, o que está acontecendo aqui?

Eis a realidade. Sim, todos têm objetivamente 24 horas por dia e 60 minutos em cada uma dessas horas. Como percebemos o tempo, contudo, é surpreendentemente subjetivo. Como experimentamos a duração de nossos dias e horas varia drasticamente. A quantidade de tempo dentro de cada unidade temporal objetiva — uma hora, um dia, um ano — pode *parecer* como todo o tempo do mundo ou como se não houvesse tempo algum. A razão por trás do ditado "panela vigiada nunca ferve" é que, quando se está esperando por algo, o tempo gasto antecipando (mesmo que na verdade sejam apenas dez minutos) parece uma eternidade. Mas, ao dar um abraço de despedida no seu amor, dez minutos são dolorosamente curtos. O tempo realmente voa mais rápido quando você está se divertindo e há até mesmo um artigo científico que prova[44] isso.

Essa relatividade é importante porque quanto tempo um minuto, uma hora, um dia ou uma década parece ter influencia se você se vê como tendo "o suficiente". Lembre-se, a definição de pobreza de tempo é a *sensação de não ter tempo suficiente* para fazer tudo o que você precisa e quer fazer. Mas observe a subjetividade em ambos os componentes dessa definição: 1) o que você quer e acredita que precisa fazer, e 2) a confiança em ser capaz de realizar todas essas coisas com o que você tem. Deixe-me analisar isso um pouco para que você aprenda como assumir o controle de sua riqueza temporal.

Limite Sua Lista

A primeira peça do quebra-cabeça envolve a lista de atividades que você *percebe* que podem e devem compor seu dia. É importante observar que o conteúdo e a extensão dessa lista são moldados e, portanto, moldáveis. Um grande modelador aqui é a tecnologia. Os avanços tecnológicos nos beneficiam de muitas maneiras. Os smartphones que cabem confortavelmente em nossos bolsos para que possamos carregá-los conosco em todos os lugares são de fato muito inteligentes.

Eles colocam o mundo na ponta de nossos dedos. Aumentam as possibilidades de sabermos mais e fazermos mais. Em geral, é ótimo. Mas precisamos estar cientes de como isso afeta a lista de tudo o que *acreditamos* que podemos e devemos fazer.

Redes Sociais. Quando as pessoas usam as redes sociais para se manterem conectadas em seus relacionamentos existentes, as pesquisas mostram que elas promovem o bem-estar. Entretanto, grande parte do tempo nas redes não é gasta com mensagens para pessoas queridas, mas observando as vidas cuidadosamente selecionadas e cheias de sorrisos de conhecidos distantes e celebridades. Como somos propensos a avaliar como estamos ao nos compararmos com os outros, tal uso perpetua os sentimentos de solidão, depressão e medo de ficar de fora.[45] Além desses fatos bem documentados sobre o bem-estar emocional, acredito que a exposição a redes sociais agrava a pobreza de tempo. Mantendo-nos constantemente informados de todas as coisas desejáveis que outros estão fazendo e que nós *poderíamos* fazer, elas listam uma série irracional de atividades para nossos dias.

Diante disso, uma maneira de aumentar seu tempo disponível — de formas subjetiva e objetiva — é reduzir o tempo total que você passa rolando a tela do celular. Isso diminuirá o quanto você rumina com inveja todas as maneiras glamorosas (e escolhidas a dedo) como os outros gastam o tempo. Isso também liberará minutos efetivos, o que, para muitos, soma até várias horas semanais.

Tudo sob Demanda. Além de uma maior consciência do que os outros estão fazendo, os smartphones nos dão acesso constante para fazer mais coisas. Entre notícias, programas de TV, músicas, *TED Talks*, aulas de música, apresentações, seminários educacionais, visitas a museus... há *muitas* atividades sedutoras que estão prontamente disponíveis para nós *o tempo todo*. É claro que não há horas suficientes em um dia, ou mesmo em uma vida inteira, para fazer todas! Isso ajuda a reconhecer essa realidade óbvia. Gerenciar suas expectativas aqui servirá para aumentar sua riqueza de tempo vivido.

Afazeres Domésticos. Além da superexposição ao que *poderíamos* e *queremos*, a eficiência proporcionada pela tecnologia também aumenta as expectativas para o que *deveríamos* fazer. Ter sempre nossos smartphones conosco nos faz sentir sempre "ligados". Mesmo enquanto executamos uma tarefa — ou, Deus nos livre, tiramos um momento para relaxar — há uma pressão incessante para abrir o telefone e usar esses minutos cruciais para verificar outro item fora dos afazeres da casa. Como as mães normalmente são responsáveis por manter a lista, bem como por realizar a maioria desses itens, essa é uma das razões pelas quais as mães tendem a experimentar uma maior pobreza de tempo do que os pais.[46]

O ponto crítico aqui é que sua ideia de tudo o que você poderia e deveria fazer é exatamente isso: uma ideia. Incluir *todas* as possibilidades é irracional. Você tem uma quantidade surpreendente de controle sobre o que assume. Depois de completar o Exercício de Monitoramento do Tempo no Capítulo 3, saberá exatamente quais atividades estão atualmente preenchendo seu tempo, assim como quais tarefas valem seu tempo, as que pode terceirizar, e quais são um desperdício e é melhor ignorar totalmente.

Aumente Sua Confiança

Passemos agora ao segundo componente da definição da pobreza de tempo: a confiança. Trata-se da sensação de ser capaz de realizar tudo o que se propôs a fazer. Um de meus livros favoritos recentes, *The Confidence Code* [sem publicação no Brasil], de Claire Shipman e Katty Kay, descreve a gama de fatores que moldam (e, infelizmente, para as mulheres, muitas vezes minam) nossos níveis de confiança. Uma lição essencial do livro é que a confiança não é algo imutável; ela também está sujeita à influência — à *sua* influência. Portanto, ao enfrentar as tarefas do dia, é importante entender o que você pode fazer para se sentir menos limitado, de tal modo que o tempo que você tem pareça menos limitado. Sempre cientista, é claro que tenho alguns dados para confirmar isso. *Autoeficácia*[47] é um termo usado para descrever a confiança em ser capaz de alcançar tudo o que você quer e acredita que deve fazer. Em um estudo, descobrimos que, quando as pessoas se sentem mais autoeficientes, elas também relatam ter mais tempo.[48] Há profundidade nisso, pois significa que você pode manipular de forma consciente e eficaz a riqueza de seu tempo. Surpreendentemente, ao implementar maneiras de aumentar sua confiança, você pode se tornar menos pobre de tempo. Portanto, agora vamos explorar estratégias comprovadas para expandir seu senso de si mesmo para que possa se sentir temporalmente mais rico.

Para Ficar Rico, Mais É Mais

Expanda a Si Mesmo

O sol nascia e minha respiração fluía para dentro e para fora em sincronia com o ritmo dos meus tênis batendo no chão. Eu seguia a música em meus fones de ouvido. Saboreei a liberdade. Eu me senti bem e calma, pronta para enfrentar o que o dia trouxesse. Eu *podia* fazer isso. Tudo isso.

Tinha me resignado anteriormente ao fato aparente de que não teria tempo suficiente para correr, mas estou tão contente de ter feito isso, afinal. Por que o fiz? Bem, nada sobre a situação havia de fato mudado. Só decidi que era importante o suficiente arranjar tempo. Programei o alarme trinta minutos mais cedo para voltar antes das crianças se levantarem. E não perdi muito sono, porque uma vez que tinha me comprometido ao programar o alarme, apaguei imediatamente a luz. Não perdi tempo assistindo TV ou olhando os e-mails.

Subindo a escada da frente e dando um chute nos tênis, eu estava de bom humor e ansiosa para encarar o dia. Ao gastar esse tempo, evitei o início de um dia típico, que envolveria ser puxada para fora da cama direto para o dia, apressada e atribulada. Lá fora, durante a corrida, minha sensação de limitação havia diminuído um pouco. Sentindo-me mais confiante, sabia que poderia fazer tudo isso com mais rapidez e facilidade. Em casa, me senti livre para desacelerar e me mostrar mais completamente para meus filhos no café da manhã, e no trabalho para meus alunos na sala de aula.

Embora seja uma das atividades que as pessoas frequentemente sacrificam porque não têm tempo suficiente, o exercício é comprovado como um meio eficaz de aumentar a autoestima.[49] Junto com a minha pesquisa, isso sugere que passar tempo se exercitando pode não só ser bom para sua saúde física: pode também aumentar a quantidade de tempo que você *sente* que tem.

Seguindo esse fio empírico, a fim de impulsionar a saúde, a felicidade e a riqueza de tempo de meus alunos, lhes dei a tarefa de se exercitarem regularmente durante uma semana. Agora, para ajudar *você* a se sentir mais saudável, mais feliz e mais rico em tempo, esse é o primeiro exercício que também lhe indicarei.

Faça Exercícios de Movimento

Todos os dias desta semana, faça exercícios durante pelo menos trinta minutos. Marque esses horários em sua agenda para definir, comprometer-se e garantir que arranje tempo.

É importante ressaltar que seu exercício não precisa ser extenuante. Não pire iniciando um regime de treinamento digno das Olimpíadas. Você não deve deixar o ótimo ser inimigo do bom. Apenas precisa se levantar e se mexer. Pode sair para uma corrida, inscrever-se em uma aula de spinning ou fazer uma sessão de ioga. É até suficiente caminhar para o trabalho em vez de dirigir ou aumentar a música para dançar.

Embora eu exija que meus alunos façam isso por apenas uma semana, recomendo fazê-lo por pelo menos duas semanas. Isso permitirá que você realmente comece a desfrutar dos benefícios após ter superado qualquer obstáculo inicial, e será mais provável estabelecer o exercício como parte de sua rotina regular. Também sugiro que, logo após um treino particularmente estimulante, anote ou deixe uma mensagem de voz para si mesmo sobre como se sente. Isso servirá como um lembrete da próxima vez que achar que não tem tempo suficiente. Você lembrará que, de fato, pode conseguir tempo e que, de fato, vale a pena.

Expanda aos Outros

Como discutido, uma das outras coisas que normalmente não conseguimos fazer quando nos sentimos pobres de tempo é passá-lo com os outros. No entanto, ajudar o outro é uma maneira eficaz (e agradável) de nos sentirmos pessoalmente capazes. Assim, com meus colegas Zoë Chance e Michael Norton, testei se dar algum tempo ao outro poderia nos fazer sentir como se tivéssemos *mais* tempo.

Para começar, fizemos uma experiência com um grupo de pessoas comuns em um sábado normal. Pela manhã, demos aleatoriamente instruções a mais de uma centena de participantes. Dissemos a alguns deles: "Antes das 22h de hoje, por favor, passe 30 minutos fazendo algo para outra pessoa que você ainda não estava planejando fazer." E, aos outros, instruímos: "Antes das 22h de hoje, por favor, passe 30 minutos fazendo algo para você mesmo que você ainda não estava planejando fazer."

Naquela noite, monitoramos para descobrir como todos passaram aqueles trinta minutos, bem como seu nível atual de riqueza de tempo. Dos que deram tempo, alguns o gastaram fazendo algo para alguém que conheciam (fazer um jantar especial para um cônjuge, dar uma mão na limpeza do jardim do vizinho, ajudar um amigo a colocar os azulejos no banheiro, escrever uma carta para uma avó), enquanto outros fizeram algo em benefício de estranhos (pegar o lixo no parque do bairro). Dos que guardaram seu tempo, alguns o passaram se mimando (tomar um banho quente de espuma, ir a um pedicuro) e outros relaxaram (ler um capítulo de um romance, ver TV).

Notavelmente, cozinhar um jantar especial leva mais de meia hora, assim como a maioria dos programas de TV. De fato, os participantes em ambas as condições experimentais foram acima e além de nossas instruções em ser gentis com os outros (ou com eles mesmos). Entretanto, nosso principal interesse era descobrir não quanto tempo todos gastavam, mas sim quanto tempo eles sentiram que tinham disponível depois. Para isso, pedimos a todos que classificassem em uma escala de sete pontos o quanto sentiam que seu tempo é limitado comparativamente ao expandido. Descobrimos que as pessoas que deram tempo reportaram ter *mais* tempo do que as que guardaram seu tempo — independentemente da quantidade de minutos gastos. Fascinante, não é?

Em outro estudo, testamos esse benefício de dar tempo quanto a um padrão ainda mais estrito: receber um "ganho" inesperado de tempo livre. Ao final de uma sessão de uma hora de laboratório, alguns participantes foram designados a ficar mais quinze minutos para ajudar um estudante do ensino médio a editar sua redação de admissão, enquanto outros, que foram autorizados a sair da sessão mais cedo, recebiam um "bônus de quinze minutos" em seu dia. Aqueles que haviam passado o tempo ajudando o outro posteriormente relataram ter mais "tempo livre" do que aqueles que haviam recebido os quinze minutos de ganho inesperado.

A intuição diz que guardar minutos para nós mesmos ou receber um tempo livre inesperado deve nos deixar com mais tempo disponível. Entretanto, compreendido agora o papel da confiança na experiência da pobreza de tempo, bem como os dados adicionais que Zoë, Mike e eu coletamos confirmando que gastar tempo com os outros aumenta os sentimentos de autoeficácia, tal descoberta não só faz sentido, mas oferece uma ferramenta poderosa para combater a sensação de pobreza de tempo.

Esses resultados, junto com as pesquisas conduzidas por Sonja Lyubomirsky que mostram o efeito direto na felicidade de ter atos de gentileza,[50] levam à sua próxima tarefa.

Exercício de Atos Aleatórios de Gentileza

Fazer o bem pode fazer você se *sentir* realmente bem. Em algum momento desta semana, pratique dois atos aleatórios de gentileza — com um amigo ou conhecido e outro com um estranho. Tais atos podem ser grandes ou pequenos, anônimos ou identificados, planejados ou espontâneos, ser sacrifícios de tempo ou de dinheiro; e o ato não precisa ser o mesmo com cada destinatário.

Depende totalmente de você o que fazer, mas eis algumas possibilidades para despertar sua imaginação: pagar o pedido de alguém no café; fazer um elogio; ajudar uma pessoa (além do que é normalmente esperado) a completar uma tarefa; oferecer a um amigo uma bebida saborosa ou alguma guloseima sem que ele peça; dar a alguém uma flor ou um bilhete bonito; organizar uma festa surpresa...

Seja o que for, precisa fazer isso com o único propósito de beneficiar a outra pessoa. Não pense ou antecipe receber nada em troca da gentileza, como agradecimento ou valorização, ou gerar um favor futuro. Dedique um pouco de seu tempo para dar, sem esperar nada em troca.

Antes de começar a distribuir *todo* seu tempo, tenha em mente um aviso importante. Você não quer cometer o erro de doar *tanto* a ponto de não conseguir ser eficaz em sua própria vida. Um estudo de acompanhamento faz essa advertência. Quando pedimos às pessoas para recontar uma ocasião em que passaram "tempo demais" com outra pessoa — de tal forma que não conseguiram realizar suas próprias tarefas essenciais —, elas acabaram se sentindo menos prósperas de tempo do que se tivessem lembrado de uma ocasião em que passaram "algum tempo". E se sentiram tão pobres de tempo quanto as pessoas que relataram uma ocasião em que haviam "desperdiçado tempo".[51] Esses resultados corroboram as pesquisas mostrando os efeitos esgotantes de ser um cuidador de longo prazo, ou seja, quando a doação de tempo é uma obrigação incessante[52] e contínua. Portanto, para ser claro, a fim de dar tempo e ter tempo, você não pode dar tanto e não lhe restar nada. É preciso sentir que está mesmo dando voluntariamente — não que isso seja exigido de você. Portanto, antes de gastar muito, faça uma rápida verificação instintiva e se pergunte: você está gentilmente *dando* seu tempo ou ele está sendo *tomado*?

O que aprendemos agora é que apesar da tendência geral de sermos mesquinhos com nosso tempo quando nos sentimos pobres de tempo, se ao menos deixássemos de ter tanta pressa e gastássemos meia hora para ligar para aquela amiga a fim de saber do novo emprego ou esperássemos aqueles poucos segundos para segurar a porta aberta (e talvez até fazer um elogio quando a pessoa passasse), nos sentiríamos não só mais felizes, mas também mais ricos de tempo.

A Expansão Máxima

O oceano sempre teve um efeito poderoso sobre mim. Olhando para o Pacífico, sinto uma sensação máxima de conexão. A fronteira que me define como um ser distinto e separado parece dissolver-se. É uma sensação de estar conectada não apenas ao outro, mas a *todos* os outros e, bem, a tudo. A razão pela qual estou compartilhando essa experiência espiritual (e embaraçosamente reveladora) é porque, para mim, ela desperta admiração. E encontrar caminhos para um tipo de sentimento assim pode expandir seu senso de tempo. Nesses momentos de admiração, absolutamente nada parece limitar — definitivamente não as minúcias do cronograma do dia.

Melanie Rudd, Kathleen Vohs e Jennifer Aaker analisaram esse fenômeno, testando como o sentimento de admiração pode influenciar a riqueza de tempo.[53] Em um estudo, elas mostraram que, em comparação com a reflexão sobre um evento feliz, reimaginar um evento inspirador fez com que as pessoas se sentissem menos apressadas. Também fez com que elas se comportassem como se tivessem mais tempo — tornando-as mais dispostas a voluntariar seu tempo em uma instituição de caridade.

Admito que "inspirador" pode parecer um pouco evasivo. No entanto, tem uma definição clara: um sentimento que é suscitado quando você está exposto a algo tão sensorialmente vasto que altera sua compreensão do mundo, pelo menos naquele momento.[54] E, de acordo com o estudo que acabo de descrever, ele *é* alcançável. Dos participantes instruídos a relembrar uma experiência inspiradora de suas vidas, 98% o fizeram sem questionar. Além disso, os eventos que essas pessoas relembraram sugerem onde nós também podemos encontrá-la:

1. **Interações Sociais**

    A inspiração é fomentada por um senso geral de conexão, portanto um bom lugar para começar é estabelecer uma conexão profunda com outro indivíduo. Seja por meio de uma intimidade física suave, conversas esclarecedoras ou segurar um recém-nascido, nossas relações interpessoais nos estendem para além de nós mesmos — nos conectando com outros corações e mentes.

2. **Natureza**

    Quer você esteja olhando para o horizonte do oceano, para um céu noturno estrelado, quer esteja observando as cores quentes das folhas em um dia frio de outono, a imensidão da natureza coloca em perspectiva as tensões do nosso dia. O simples fato de estarmos nela nos faz sentir mais felizes.[55] Convida-nos a respirar mais e mais profundamente. Portanto, mesmo se você não mora ao lado de um parque nacional ou a uma curta distância da praia, encontre maneiras de sair. Passeie pelo parque do seu bairro. Olhe para a lua. Assista ao brilho rosa-dourado do amanhecer ou do entardecer, e você se sentirá menos apressado.

3. **Arte**

   Explorar as maravilhas do mundo representadas por intermédio da criatividade de um semelhante. Lembro-me claramente, quando era caloura de Columbia, de ficar impressionada com a *Noite Estrelada* de Van Gogh, que estava em exibição no MoMA de Nova York. Eu tinha corrido para o museu e para o quadro, ansiosa para rapidamente fazer as anotações que precisava para minha dissertação naquela segunda-feira.

   Mas então, ali parada, espreitando a visão rodopiante do artista, fiquei extasiada. Fiquei emocionada além da preocupação com os limites de tempo. A data prevista para essa tarefa, e meus outros três prazos que se aproximavam, não estavam em nenhum lugar dos meus pensamentos.

   Senti uma expansividade semelhante mais recentemente, ao testemunhar o alegre Xian Zhang reger a Nona Sinfonia de Beethoven no Hollywood Bowl. Corri do trabalho em meio ao tráfego emaranhado de Los Angeles e me senti exausta quando cheguei para encontrar meus amigos no concerto. Enquanto o maestro tomava o palco, estava preocupada em como vencer a multidão na saída para poder chegar em casa a tempo de me preparar para uma manhã de reunião. Mas, assim que a orquestra começou a tocar e a música permeou o ar de verão, fui libertada dessas preocupações insistentes. Na nota final, a multidão explodiu. Também saltei de alegria, inundada de emoção. Foi transcendente.

4. **Realização**

   Uma inspiração tremenda pode ser encontrada em realizações individuais. Testemunhar um feito atlético habilmente executado ou uma descoberta elucidativa tem o potencial de abrir nossos olhos para as magníficas possibilidades nascidas da genialidade e da dedicação das pessoas. De fato, fiquei impressionada ao ouvir minha colega da UCLA, Andrea Ghez, descrever sua descoberta vencedora do Prêmio Nobel, sobre o buraco negro supermassivo que existe no centro de nossa galáxia. É realmente incrível o que as pessoas podem realizar. E, lembre-se, gastando um pouco de tempo para mover seu corpo ou ajudar alguém, você perceberá que também pode realizar bem mais do que pensava.

Encontrar admiração no mundo e nas pessoas ao redor ajudará a diminuir os sentimentos de escassez e a aumentar os sentimentos de abundância. Nos capítulos seguintes, mostrarei estratégias específicas para incorporar essas experiências de realização em sua agenda. Experiências que valem muito a pena, pois prometem efeitos imediatos e duradouros. Elas permanecerão em sua mente e marcarão seu coração, para que você possa revisitá-las sempre que se sentir apressado, estressado e desejando mais tempo.

Vai Nessa!

Como dinheiro, tempo é um recurso escasso. Mas, ao contrário do dinheiro, todos têm o mesmo saldo inicial — o mesmo número de minutos e horas para gastar antes do fim do dia. Ainda assim, para muitos de nós, isso simplesmente não parece ser suficiente. Não o suficiente para viver as vidas que realmente queremos. Não o suficiente para sermos o melhor de nós mesmos — ser saudáveis, amáveis com as pessoas em nossas casas, escritórios e comunidades, conosco e com nossos interesses pessoais, ou para nos sentirmos plenos e capazes de fazer tudo isso bem.

No entanto, a partir deste capítulo, você sabe agora que, quando se trata de ser pobre de tempo, percepção é tudo. Depende totalmente de quais tarefas você *considera* que precisam estar em sua lista de tarefas, bem como de seu *sentimento* de confiança em poder fazer todas essas coisas. Esse sentimento de autoeficácia não se trata apenas de sua crença no que pode realizar, ele influencia diretamente o que realiza: o que passa seu tempo fazendo — que depois volta a influenciar seu senso de autoeficácia e a felicidade que você sente. É um ciclo virtuoso. Gastá-lo de maneiras que fazem seu corpo se mover, que o conectam com outras pessoas ou que o fazem sentir uma maior conexão em geral, é surpreendentemente eficaz para expandir o que você sente que é capaz.

Claro, você pode ter pensado em atividades como se exercitar, ajudar os outros ou estar na natureza como benéfico por uma razão ou outra, mas provavelmente não percebeu o efeito que essas atividades poderiam ter sobre como se sente sobre si mesmo e, portanto, sobre seu tempo. Você provavelmente não entendeu quanto controle tem sobre a quantidade de tempo que possui. Agora, conhecendo esses fatores e sabendo como moldá-los de forma a aumentar a riqueza de tempo, pode se tornar mais rico. E, curiosamente, é gastando (e cortando) que você pode aumentar significativamente sua riqueza experienciada.

Até agora, o conselho oferecido para combater a pobreza do tempo tem sido "Faça menos". Mas para aqueles de nós que querem *mais* da vida, não *menos*, uma orientação dessas não é particularmente útil. Por sorte, a pesquisa que compartilhei lhe permite manter altas suas expectativas, não apenas que passe por elas. Igualmente encorajador é que você não tem que gastar muito para ganhar muito. Um investimento pequeno e inteligente pode render muito.

LIÇÕES DO CAPÍTULO DOIS

- A pobreza de tempo tem consequências negativas, tornando-o menos saudável (menos propenso a se exercitar), menos gentil (menos propenso a ajudar os outros) e menos confiante (temeroso de falhar em vez de ser otimista em relação ao sucesso), bem como menos feliz.
- Contudo, sua pobreza de tempo é subjetiva, e há coisas que pode fazer para sentir como se tivesse mais tempo.
- Para aumentar seus sentimentos de riqueza de tempo, gaste tempo em atividades que aumentem sua confiança e a sensação geral de poder fazer tudo o que se propôs a fazer:
  - Mexa-se: o exercício não só aumenta a autoestima, como também é um estímulo direto do humor.
  - Pratique atos de gentileza: ajudar os outros não só faz você se sentir menos pobre de tempo, como também se sentir bem, e faz os outros se sentirem bem também.
  - Experimente a admiração: procure admiração na conexão social, na natureza, na arte e nas realizações individuais para expandir a si mesmo e seu senso de tempo.

GASTAR MAIS SABIAMENTE

*As pessoas são tão felizes
quanto decidem ser.*
— Abraham Lincoln

Enquanto crescia, era chamada de Pequena Miss Felicidade. Na verdade, eu era tão perpetuamente alegre que era fácil me considerar ingênua. Mas, honestamente, sempre tive muito com que me sentir feliz. Tive sorte em praticamente todas as dimensões — o meu temperamento herdado, assim como a ajuda que as circunstâncias da vida me deram, incluindo meu próprio conto de fadas.

Chorei de alegria quando meu príncipe encantado me propôs casamento, logo após meu aniversário de 27 anos. Tudo começou quando tínhamos 12 anos de idade e trocamos tímidos sorrisos, vindos do outro lado do playground em Londres, Inglaterra. Quando a aventura de minha família de viver no exterior terminou, essa paixonite também poderia ter terminado. Mas, uma década depois, abri minha caixa de e-mail e vi o nome dele. Ele se lembrou de mim! E, com algum trabalho de investigação pré-Facebook, me encontrou.

Eu, é claro, respondi imediatamente ao e-mail e, depois de vários meses de cartas escritas de um lado para o outro, decidimos nos reencontrar pessoalmente. Ele dirigiu cinco horas vindo de Virgínia, eu andei vários quarteirões desde Greenwich Village, e, nos vendo pela primeira vez em dez anos, sorrimos timidamente em um cruzamento do SoHo. Em poucas semanas ele se mudou para Nova York e mais tarde nos mudamos juntos para a Bay Area para a faculdade. Eu ainda sorria quando dava a ré em nossa garagem em Palo Alto — o carro com o vestido branco na mala, roupas para o fim de semana de festividades e trajes de banho para a lua de mel depois. Estava indo para San Diego uma semana mais cedo para cuidar dos preparativos finais do nosso casamento. Quando estava saindo, meu celular tocou. "Cassie, não estou pronto para casar."

Naquele instante, minha existência sorridente foi destruída, junto com minha visão de um futuro perfeitamente estabelecido. Meu conto de fadas acabou abruptamente e não foi nada feliz. De repente me vi de coração partido, humilhada e sobrecarregada com a triste (e cara) tarefa de desconstruir meu casamento dos sonhos meticulosamente planejado. Sem saber mais o que fazer, continuei a sair da garagem e dirigi sete horas até San Diego. Estava soluçando tão incontrolavelmente quando parei para abastecer que me senti mal ao ver as pessoas em volta preocupadas, considerando a possibilidade de oferecer ajuda. Em meio às minhas lágrimas, tentei lhes assegurar que estava bem. Pela primeira vez na minha vida, não estava bem. Sentia-me totalmente *in*feliz.

Embora eu já tivesse começado meu doutorado em felicidade, nunca havia questionado verdadeiramente meus próprios estudos. Mas, com a depressão que se anunciava nos meses seguintes, me voltei para a literatura existente adotando uma nova perspectiva. Queria entender o que nos faz felizes, e se havia algo que eu poderia fazer para recuperar minha felicidade. Encontrei respostas e promessas no livro de Sonja Lyubomirsky, *The How of Happiness* [sem publicação no Brasil]. Ao analisar todos os estudos sobre felicidade até então, ela concluiu que existem três fatores principais que determinam quanta felicidade experimentamos[56] em nossos dias e em nossas vidas.

Primeiro, uma grande parte de nossa felicidade é influenciada pela personalidade. Você já deve ter adivinhado isso por ter interagido com várias personalidades ao longo dos anos, mas os estudos de gêmeos forneceram as evidências. Pesquisas que examinaram pares de pessoas que compartilhavam o mesmo DNA sugerem que cada um de nós nasceu com uma disposição natural que varia em positividade.[57] Enquanto alguns nascem com um dom para zerar o vazio de qualquer copo parcialmente preenchido, outros são inerentemente equipados para notar a metade que está cheia. Por sorte da minha genética, eu tinha a tendência de ver o mundo como maravilhosamente hidratado. Mas, quando meu noivo me largou, meu copo se esvaziou por completo. Mesmo minha alegria constante não conseguiu salvar esse relacionamento. Sentir essa infelicidade profunda me forçou a perceber que não deveria confiar em minha disposição para experimentar a felicidade no futuro.

Fui confrontada com a dura realidade de que coisas ruins acontecem. A todos. Talvez seja um tanto irônico que ter sido abandonada no altar tenha enfatizado isso. Eis uma circunstância tão horrível que Dan Gilbert a usou como exemplo em seu livro *Stumbling on Happiness* [sem publicação no Brasil], sobre um evento que todos previriam que os devastaria irremediavelmente. É óbvio que esse é apenas um exemplo infeliz; no mundo e na vida há outros, infinitos. Cada um de nós já foi, ou será, confrontado com situações que nos colocarão de joelhos.

Mas a felicidade não se esvai apenas com coisas ruins. As circunstâncias situacionais em que nos encontramos podem ser de sorte. A análise de Lyubomirsky indicou que as circunstâncias da vida das pessoas — incluindo variáveis como nível de renda, grau de atratividade física e estado civil — têm alguma influência. Entretanto, apesar da crença geral de que ter muito dinheiro, ser bonito e casado sejam os segredos para viver "felizes para sempre", tais fatores circunstanciais têm efeitos surpreendentemente pequenos sobre a subsequente felicidade[58] das pessoas. Na verdade, dedico as duas primeiras sessões do meu curso a compartilhar os muitos estudos que demonstram que eventos tão importantes como ganhar na loteria ou casar realmente exercem efeitos bem menores e menos duradouros na felicidade geral do que as pessoas esperam.[59]

Mesmo tendo me confortado ler que o abrupto impacto emocional de não me casar não duraria para sempre, me sentia insatisfeita. Dados sugerem que a felicidade que sentimos em nossas vidas é completamente vulnerável ao acaso. Claro, foi uma questão de sorte minha inerente disposição positiva. Nem todos, porém, têm essa sorte e agora que tinha experimentado ter temperamento para superar a situação, não queria aceitar que alguns indivíduos fossem naturalmente presos a esse sentimento. Além disso, aprendi que, como todos, minhas circunstâncias nem sempre seriam alegres. Mas, felizmente, havia mais uma categoria de dados identificados na análise de Lyubomirsky.

Além da grande influência de nossas personalidades e da influência surpreendentemente pequena de nossas circunstâncias, grande parte de nossa felicidade é determinada por nossos pensamentos e comportamentos intencionais.[60] Isso significa que nossa felicidade é muitíssimo influenciada pelo que deliberadamente pensamos e *fazemos*. Independentemente da sorte ou do azar, podemos dedicar nosso tempo propositadamente para aumentar a felicidade que sentimos em nossos dias e a satisfação que sentimos em relação a nossas vidas. Temos algum controle. Ademais, saber *o que fazer* — e praticar repetidamente — não se restringe a como os rabugentos naturais podem superar seus prazeres diários calados, mas de que modo todos nós podemos superar até mesmo as situações mais difíceis.

Foi quando minha própria felicidade foi posta à prova que acabei *ainda mais feliz* do que era antes. Tive a certeza de que minha perpétua positividade não era apenas uma ingenuidade charmosa. Aprendi que a forma como vivia a vida não estava apenas sujeita a eventos fortuitos. Desde aquele acontecimento indiscutivelmente *in*feliz na minha vida, percebi que, em vez de confiar em minha personalidade para *ser* feliz e esperar que os eventos ou as circunstâncias da minha vida me trouxessem felicidade, poderia *fazer* felicidade... eu me fazia feliz. E você também pode.

A felicidade é uma escolha. Como decidimos abordar nossas horas e passar nossos dias determina a felicidade que podemos desfrutar na vida. Então a questão é: como você deve passar suas horas acordado a fim de viver uma vida melhor, mais feliz e mais satisfatória?

Monitorar o Tempo

Se eu perguntasse de qual das atividades diárias você mais gosta, não me surpreenderia se dissesse relaxar na frente da TV. Faz todo o sentido: você está esperando ansiosamente por esta mesma noite emergindo do caos do dia com um copo robusto de vinho na mão e a recompensa de ligar na Netflix. Entretanto, se eu mandasse uma mensagem às 22h30 enquanto você terminava seu terceiro episódio, 30 minutos depois da hora de dormir (duas horas e meia depois da hora do sofá altamente esperada), você provavelmente ficaria aborrecido e ignoraria minha mensagem. Está cansado e pode se sentir irritado com a interrupção, ansioso para ver o que acontece no programa ou talvez culpado por desperdiçar mais uma noite na frente da TV. Às vezes, mesmo nossas previsões sobre o que nos faz felizes não estão de acordo com o que realmente sentimos durante esses momentos.

A verdade é que simplesmente confiar em si mesmo para saber como planejar o prazer e a satisfação nem sempre lhe dará os resultados desejados. Em vez disso, a melhor maneira de identificar com precisão quais atividades são realmente as mais felizes é acompanhar como você está passando seu tempo ao longo de cada dia durante uma semana ou duas, e também como está se sentindo durante esse tempo. A seguir, um exercício que fornece as informações de que precisa para avaliar se o que você *acha* que o deixará feliz realmente lhe atenderá.

Exercício de Monitoramento do Tempo

Parte I: Monitore Seu Tempo

Para monitorar seu tempo, primeiro precisará esboçar um cronograma em uma folha de papel que divide suas horas acordado em incrementos de meia hora. Opcionalmente, você pode simplesmente imprimir a planilha que já fiz no meu site: www.cassiemholmes.com ou no site www.altabooks.com.br (procure pelo nome do livro). Ao longo dos dias, use essa planilha para anotar em cada incremento de trinta minutos 1) o que você fez e 2) como se sentiu. Veja um exemplo na página seguinte.

Para este exercício ser o mais eficaz possível, seja o mais específico que puder quando anotar sua atividade. Isso lhe dará mais informações para trabalhar quando você começar a analisar seus dados, e é mais fácil agrupar as atividades depois do que desagrupá-las. Por exemplo, em vez de apenas escrever a categoria mais ampla de "trabalho", escreva, "respondendo a e-mails" ou "apresentação de esboço" ou "reunião de pessoal". Identifique a tarefa específica que você está realizando. Ou, no lugar de escrever "tempo em família", escreva com que membro(s) da família está e o que está fazendo com ele(s).

Além de como passa o tempo, você também quer documentar *como se sente* durante esse tempo. Adicionei uma coluna para que possa quantificar esse sentimento na planilha. Para capturar com precisão a experiência emocional de suas diversas atividades, avalie para cada uma delas o quanto se sente feliz (ou se sentiu) ao realizá-la, em uma escala de 10 pontos (1 = *nada feliz* a 10 = *muito feliz*).

Para as classificações, pense na "felicidade" em seu sentido mais amplo — a positividade geral dessa atividade, incluindo a sensação de empolgação ou a felicidade serena.[61] Leve em conta até que ponto a

GASTAR MAIS SABIAMENTE ♦ 45

	SEGUNDA		TERÇA		QUARTA		QUINTA		SEXTA		SÁBADO		DOMINGO	
	ATIVIDADE	☺	ATIVIDADE	☺	ATIVIDADE	☺	ATIVIDADE	☺	ATIVIDADE	☺	ATIVIDADE	☺	ATIVIDADE	☺
5h30	dormir		dormir											
6h00	ir correr	8												
6h30														
7h00	arrumar para o trabalho	4	arrumar para o trabalho	2										
7h30														
8h00	deslocamento	3	deslocamento	2										
8h30	e-mail	4	e-mail	3										
9h00														
9h30			reuniões com clientes	5										
10h00	trabalhar nos slides	6												
10h30														
11h00														
11h30														
12h00	almoço c/ colegas	6	almoçar no escritório	4										
12h30			anotações estratégicas	3										
13h00	reuniões com colegas	5	reuniões com colegas	4										
13h30														
14h00														
14h30														
15h00	trabalhar nos slides	6												
15h30														
16h00			trabalhar nos slides	5										
16h30	e-mail	5												
17h00														
17h30	deslocamento	3												
18h00	fazer compras de mercado	6	deslocamento	4										
18h30			TV	7										
19h00	fazer o jantar	7	encontrar amigos para jantar	9										
19h30	comer	7												
20h00	arrumar	5												
20h30	TV	8												
21h00		7	TV	5										
21h30		6												
22h00		5												
22h30	preparar para dormir	4	preparar para dormir	4										
23h00	dormir		dormir											
23h30														
00h00														
00h30														
01h00														
01h30														

atividade é envolvente ou aprofunda seu senso de conexão — com outro indivíduo, com a sua comunidade ou com o mundo em geral. Ou talvez a atividade proporcione uma sensação de realização ou de confiança. Segundo o psicólogo positivista Martin Seligman, todos esses cinco elementos — sentimentos positivos, engajamento, relacionamentos, significado e realização — são dimensões de autêntica felicidade ou "prosperidade",[62] e você deve estar aberto a todos eles ao classificar sua felicidade durante cada atividade.

Seus índices de felicidade estarão simultaneamente monitorando o lado negativo do espectro — identificando as atividades que o deixam *infeliz*. Os sentimentos negativos também podem vir em uma variedade de tipos: ansiedade, frustração, tristeza, esgotamento, culpa ou baixa autoestima. Não se desencoraje quando se encontrar dando baixas classificações. Todos nós temos que participar de atividades que não gostamos. Mas aprender quais são essas atividades serve como um passo importante em direção à elaboração de seu tempo para ser mais feliz. Esse conhecimento permitirá que você mais tarde investigue e aborde as fontes subjacentes de negatividade, permitindo-lhe alterar essas atividades para torná-las mais agradáveis. Esse entendimento também ajudará a orientar suas decisões de gastos futuros; você pode até optar por evitar essas atividades por completo. O ponto crítico para sua avaliação é ser honesto. As avaliações devem refletir como você está *realmente* experimentando a atividade, *não* suas expectativas sobre como acha que se sentiria ou suas crenças gerais sobre se você "gosta" dessa atividade.

Para garantir avaliações mais precisas, o ideal é que acompanhe suas atividades em tempo real, à medida que passa o dia. Entretanto, não se preocupe se não conseguir registrar o que está fazendo por algumas horas. Está tudo bem (você está ocupado). Simplesmente atualize assim que puder, refletindo e anotando como passou esse tempo e o que estava sentindo. Mas tenha em mente, que quanto mais tempo você esperar para registrar seus gastos, mais provável será que imponha suas crenças gerais sobre a atividade em vez de como você realmente se sentiu ao se envolver nela.

Monitore seu tempo por uma ou duas semanas. Como nem todos os dias ou todas as semanas são habituais, isso aumentará a probabilidade de que você capture toda a gama de atividades que compõem sua vida diária típica.

A Pesquisa

Esse método de mapear as horas diárias para identificar as atividades mais felizes não é encontrado apenas em meu curso; pesquisadores acadêmicos também empregaram tal técnica. Um desses pesquisadores é o economista comportamental ganhador do Prêmio Nobel Daniel Kahneman. Ele e sua equipe estiveram entre os primeiros a acompanhar a cadência emocional vivenciada dos dias das pessoas em um famoso estudo realizado com aproximadamente 900 mulheres trabalhadoras.[63] Os resultados geraram uma lista de 16 atividades que, além do uso atual das redes sociais, representam com precisão a vida diária, juntamente com o nível médio de prazer para cada uma dessas atividades. Traduzi seus resultados na figura a seguir. Ela mostra a lista de atividades, o tempo relativo gasto em cada uma (indicado pelo tamanho do círculo) e o nível relativo de diversão que cada atividade gera (indicado por onde se encontra no eixo vertical rotulado "diversão"). É uma informação valiosa, pois, conhecendo as atividades que as pessoas realmente desfrutam ao fazê-las, você pode obter informações sobre seu próprio uso do tempo.

Então, quais são as atividades mais agradáveis? As que tendem a despertar a emoção mais positiva são as que promovem conexão social. Os dados mostram claramente que, em média, as pessoas se sentem mais felizes quando são fisicamente íntimas e socializam com amigos ou família. Essa constatação foi corroborada por pesquisas mais recentes de acompanhamento do tempo conduzidas com amostras maiores e mais amplamente representativas (incluindo homens e pessoas que não trabalham).[64] Mais tarde, vou me aprofundar mais na grande alegria que vem da conexão social (mesmo para nós, introvertidos) e darei algumas dicas de como cultivá-la. Mas, por enquanto, o aprendizado é fundamental e claro: as atividades que envolvem passar tempo com os entes queridos tendem a ser as nossas mais felizes.

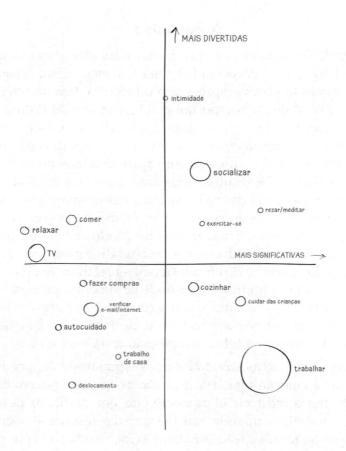

É igualmente importante entender o extremo oposto do espectro: saber quais atividades diárias as pessoas gostam *menos*. A pesquisa de Kahneman descobriu que as atividades mais negativas são, infelizmente, as que, quando reunidas, preenchem a maior parte de nossos dias. Em termos de prazer, as piores atividades tendem a ser o deslocamento, o trabalho e os afazeres domésticos. Essas descobertas também não são específicas da amostra de 900 mulheres trabalhadoras de Kahneman. Em toda a população, em média, as pessoas relatam experimentar menor felicidade ao chegar e sair do trabalho, ao estar no trabalho e nos afazeres domésticos quando chegam do trabalho.

Cabe notar que até agora tenho falado apenas de uma dimensão do gráfico: o eixo vertical representando a diversão. Isso porque os dados da equipe de Kahneman só captaram o prazer, que é apenas uma fatia da felicidade. Nas instruções que lhe dei para o exercício de monitoramento do seu tempo, no entanto, encorajei-o a contabilizar a positividade geral da atividade *por meio* das dimensões da felicidade — incluindo o quão significativa ela foi. Como provavelmente notou por experiência própria, a felicidade não é uma questão apenas de prazer imediato. Mesmo que você não aprecie cada minuto de uma atividade, conseguir algo por ter passado o tempo pode ser ótimo. Os montanhistas (grupo do qual não faço parte) apontam o prazer de chegar ao cume de uma montanha[65] como exemplo. Ou, em algo não ao ar livre, trabalhar duro para preparar uma apresentação pode não ser particularmente divertido, mas você não está fazendo isso para se sentir bem naquele momento. Você está investindo tempo agora para não se sentir como um tolo diante do seu futuro público. E, sim, posso lhe dizer que empurrar minha filha em sua nova bicicleta magenta pela milionésima vez foi mais suado do que lúdico, mas vê-la por fim se equilibrar e chegar a uma parada segura colocou um enorme e caloroso sorriso em nossos rostos.

Sendo uma espécie orientada por metas, não somos motivados apenas pelo prazer em si; também ganhamos satisfação prazerosa com nossas realizações.[66] Experimentamos atividades que servem a um propósito claro e significativo, e esse senso de significado nos faz sentir bem. O significado e a felicidade estão de fato intimamente ligados em nossas experiências.[67] Minha equipe, por exemplo, fez um estudo mostrando que, quando as pessoas são levadas a sentir uma maior sensação de significado, relatam que se sentem mais felizes. Como queremos passar nossas horas de trabalho de forma a produzir maior felicidade no geral — nos fazendo sentir mais prazer *e* mais significado — de que maneira devemos passar nosso tempo?

Para investigar essa questão, dois pesquisadores europeus, Mathew White e Paul Dolan, realizaram outro estudo de monitoramento do tempo com 625 adultos (incluindo homens e mulheres, e aqueles dentro e fora da força de trabalho). Mas, além de medir o quanto cada atividade era agradável, os pesquisadores também mediram separadamente o quanto ela era gratificante.[68] Incorporei os resultados no gráfico junto com os da equipe de Kahneman, acrescentando a dimensão do significado. Como refletido pelo padrão geralmente ascendente de todos os pontos, podemos ver que as atividades divertidas *tendem* a ser vivenciadas como mais significativas e as atividades significativas *tendem* a ser vivenciadas como mais divertidas. Na verdade, socializar é tão divertido quanto significativo e o deslocamento não é divertido nem significativo.

Existem, contudo, algumas notáveis exceções. Embora o trabalho tenda a ser vivenciado como menos divertido, ele parece, em média, altamente significativo. Embora assistir à TV tenda a ser bastante divertido inicialmente, também tende a ser vivenciado como não muito significativo (daí seu agravamento de culpa quando eu lhe mando mensagem durante as duas horas e meia que você está no conforto do seu sofá). Note que esses dois conjuntos de dados foram coletados antes do advento dos smartphones. Por isso, o tempo gasto nas redes sociais não aparece no gráfico. Contudo, como o uso delas é uma atividade tão predominante atualmente, seria útil conhecer seu nível de emoção associado. Assim, olhei os resultados de todas as tarefas de monitoramento do tempo de meus alunos. Acontece que o uso das redes sociais é semelhante a assistir à TV, exceto que é menos divertido *e* menos significativo. Isso é consistente com pesquisas que demonstraram uma relação negativa significativa entre o tempo gasto em redes sociais e a autoestima. As pessoas que passam mais tempo nas redes sociais tendem a se sentir bem piores consigo mesmas e piores em geral.[69]

Em suma, a pesquisa de monitoramento do tempo aponta para três classes ou atividades:

- ♦ Tempo feliz = tanto divertido quanto significativo (por exemplo, conexão social).

- ♦ Tempo indiferente = ou divertido (por exemplo, assistir à TV) ou significativo (por exemplo, trabalhar), mas não tipicamente ambos.

- ♦ Perda de tempo = nem divertido nem significativo (por exemplo, deslocamentos... e, provavelmente, ficar nas redes sociais).

A pesquisa é maravilhosamente informativa, revelando, para uma pessoa comum, o nível médio de felicidade para o tempo médio em que se realiza determinada atividade. Mas há muita média acontecendo aqui e, na realidade, há uma grande variabilidade interpessoal e intrapessoal.[70] Isso é de se esperar, claro. Alguns indivíduos desfrutam de certas atividades mais do que outros. Mesmo que eu goste de me exercitar, e correr me parece um prazer indulgente, meu filho odeia a experiência de correr e a vê apenas como um meio desconfortável e inconveniente de chegar mais rápido a algum lugar. Além disso, determinada atividade não será igualmente divertida toda vez que você a fizer. Por exemplo, preparar o jantar parece uma tarefa irritante quando o cozinheiro está correndo para alimentar a família em uma quarta-feira. Entretanto, às 18h de uma sexta-feira com a música ligada, um copo de vinho na mão, enquanto conversa com seu parceiro, a preparação do jantar pode ser deliciosa. Por isso é importante que você faça o Exercício de Monitoramento do Tempo. Ele o ajudará a identificar, para si mesmo, a felicidade que *você* desfruta em *suas* várias atividades. Com isso, você não só terá uma imagem clara de como está passando seu tempo atualmente, mas também será capaz de extrair as características de determinadas atividades que as tornam mais ou menos positivas no seu caso.

Encontrar Suas Horas Mais Felizes

Agora voltaremos ao seu Exercício de Monitoramento do Tempo e passaremos a analisar seus dados pessoais. Isso envolverá três passos-chave:

1. Identificar suas atividades mais felizes.
2. Identificar suas atividades menos felizes.
3. Procurar as características subjacentes comuns de cada conjunto.

Exercício de Monitoramento do Tempo

Parte II: Identifique Suas Horas Mais e Menos Felizes

Antes de iniciar a análise, você precisará reunir todas as folhas de monitoramento do tempo preenchidas. Esses são os dados que analisará.

Como primeiro passo, folheie todos os seus dados e encontre as três atividades que você classificou mais altamente na escala de felicidade de 10 pontos. Se descobrir que mais de três atividades empatam em suas classificações mais altas, inclua-as na lista. Entretanto, tente não incluir mais de cinco atividades no total, pois assim será mais difícil identificar suas verdadeiras fontes de felicidade.

Atividades Mais Felizes:

1.
2.
3.

Em seguida, investigue sua lista de atividades mais felizes e observe os aspectos que tornaram cada uma delas particularmente positiva para você. Lembra-se da primeira série, quando seu professor lhe ensinou a definição de substantivo? Uma pessoa, um lugar ou uma coisa. Inverta isso e use como uma estrutura para examinar suas atividades mais felizes, anotando suas características em termos de:

♦ *Coisa:* que tipo de atividade era? Por exemplo: era profissional ou pessoal, ativa ou relaxante etc.?

♦ *Lugar:* onde você estava? Do lado de fora ou de dentro? Qual era a temperatura? Estava barulhento ou silencioso, claro ou escuro, limpo ou caótico? Era na natureza?

♦ *Pessoa:* a natureza de sua atividade era interpessoal ou social? Ou seja, estava sozinho? Quem estava lá? Havia uma ou duas pessoas, ou muitas? O quão bem você as conhecia? A interação era formal ou informal? Como era a conversa — informativa ou emocionalmente reveladora? Qual era o seu papel — líder, participante ou observador?

Atividade Mais Feliz nº1:

Coisa
Lugar
Pessoa

Atividade Mais Feliz nº2:

Coisa
Lugar
Pessoa

Atividade Mais Feliz nº3:

Coisa
Lugar
Pessoa

Agora, dessa lista de características, procure os pontos em comum. Quais características estão compartilhadas em suas atividades mais felizes? Anote-as.

Pontos em comum em suas atividades mais felizes:

Uma vez concluída a análise de suas atividades mais felizes, siga os mesmos passos para as atividades menos felizes. Faça a varredura de seus dados de monitoramento do tempo, mas desta vez liste de três a cinco atividades que você classificou como as mais negativas. Em seguida, para cada uma delas, anote suas características de pessoa, lugar e coisa: Que tipo de atividade era? Onde foi realizada? E com quem? Por fim, procure as características comuns e anote-as.

Atividades Menos Felizes:

1.

2.

3.

Atividade Menos Feliz n°1:

| Coisa |
| Lugar |
| Pessoa |

Atividade Menos Feliz n°2:

| Coisa |
| Lugar |
| Pessoa |

Atividade Menos Feliz n°3:

| Coisa |
| Lugar |
| Pessoa |

Pontos em comum em suas atividades menos felizes:

Ao analisar meu próprio tempo monitorado há algum tempo, fiquei impressionada com duas observações. Por um lado, aprendi que meu humor alegre depende de estar em um ambiente iluminado. Embora isso não pareça muito surpreendente, já que cresci na ensolarada San Diego, não deixa de ser espantoso notar como era consistentemente verdade mesmo enquanto vivia na Filadélfia: todas as minhas atividades mais felizes eram ao ar livre, perto de uma grande janela, em uma sala com tinta clara ou sob a luz do meu escritório que parecia um sol. Foi, em parte, esse reconhecimento que impulsionou minha decisão de deixar meu cargo na Universidade da Pensilvânia e me mudar para a Universidade da Califórnia, Los Angeles — onde eu poderia passar mais tempo sob o sol de *verdade*.

Analisar a característica "pessoa" de minhas atividades talvez tenha sido ainda mais revelador para mim. Ficava extremamente feliz fazendo coisas com outras pessoas, mas aparentemente *somente quando* essas atividades envolviam ter conversas individuais — com amigos, colegas ou estranhos. Se tivesse a oportunidade de fazer perguntas e realmente conhecer melhor uma pessoa, eu experimentava a atividade como divertida, envolvente, conectada, significativa *e* que valia a pena — ganhando uma nota 10+. Entretanto, quando as atividades envolviam apenas conversas impessoais, notei que nessas ocasiões recebi algumas das minhas avaliações mais baixas. Como você pode imaginar, eis aí uma informação que pode ser muito útil para orientar minhas escolhas sobre maneiras mais felizes de investir meu tempo.

Por isso, enquanto ainda está fresco para você, anote quaisquer novidades que tenha adquirido durante esse processo de análise. Pergunte-se: alguma observação realmente ressoou como *muito verdadeira*, mas você não a tinha percebido antes?

Ao longo dos anos, realizei esse exercício com inúmeros estudantes. Além de meus próprios exemplos, é notável testemunhar os pontos comuns nas observações deles, apesar do tempo, do lugar e do temperamento.

Tão Felizes Juntos

Filósofos, cientistas, artistas e filmes clássicos como *Matrix* e livros como *O Pequeno Príncipe* chegaram a uma conclusão semelhante, que os Beatles expressaram sucintamente: "Tudo o que você precisa é de amor."

O Exercício de Monitoramento do Tempo muitas vezes fornece a mesma resposta. Não obstante suas origens variadas, estágios profissionais e estágios da vida, de longe a característica mais comum identificada por meus alunos é que seus momentos mais felizes são aqueles passados juntos com os entes queridos, que incluem amigos íntimos, parceiros, filhos, pais e animais de estimação.

Aposto que, se você tirasse um momento agora e refletisse sobre suas duas últimas semanas, ao menos um de seus momentos mais felizes seria compartilhado com alguém de quem você realmente gosta. Na verdade, vá em frente e pare agora mesmo para apreciar a lembrança de tal momento. Tanta felicidade — prevista, experimentada e lembrada — resulta daquelas atividades de conexão social, e eu quero que você sinta a felicidade de sua experiência recente.

Investir em nossos relacionamentos próximos é o tempo que se prova ter sido gasto da melhor maneira. Queremos, até mesmo *precisamos*, dessas relações para sermos felizes. Em um dos estudos anteriores sobre felicidade, os pesquisadores Ed Diener e Martin Seligman monitoraram uma amostra de mais de 200 alunos de graduação ao longo de um ano letivo e compararam as pessoas que eram muito felizes (consistentemente entre os 10% melhores em felicidade) e aquelas que eram muito infelizes[71] (consistentemente entre os 10% piores). Os resultados mostraram que os alunos muito felizes não diferiram dos alunos menos felizes demograficamente, nem experimentaram um evento bom mais objetivamente definido. Eles diferiram muito em seu grau de conexão social. Os indivíduos mais felizes eram mais propensos a ter amigos próximos e laços familiares mais fortes, e eram mais propensos a ter uma relação romântica. Essas diferenças refletiam como os estudantes passavam seu tempo, isso é, o grupo feliz passava mais tempo com amigos, família e seus amores, ficando menos tempo (mas algum tempo) sozinhos. Tais dados são importantes porque revelam que, embora nenhuma variável seja suficiente para a felicidade, relacionamentos próximos são *necessários* para ser feliz. Isso quer dizer que ter amigos não garante que você será feliz, mas, para ser feliz, você precisa de um amigo.

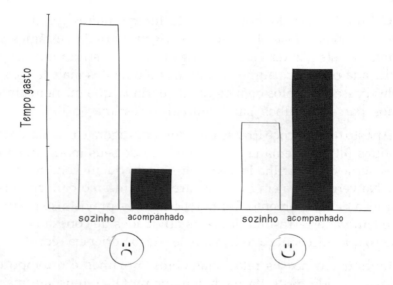

Essas descobertas são consistentes com as teorias clássicas da psicologia que afirmam que ter conexões fortes e autênticas é essencial para o bem-estar. Abraham Maslow afirmava que o amor — independentemente de ser por amizade, família ou romance — é nossa necessidade psicológica mais fundamental. De acordo com a famosa hierarquia de necessidades de Maslow, apenas alimentos, água e abrigo seguro são mais críticos para a sobrevivência humana.[72] E somente quando temos um sentimento de pertencimento (de amar e ser amados) são os esforços individuais em direção à realização pessoal e à autoatualização que valem a pena buscar. É ótimo se você quer subir na carreira, mas apenas enquanto não sacrifica seus laços com todas as pessoas de sua vida no caminho. Não será tão gratificante se você não tiver ninguém com quem comemorar quando chegar no topo.

Como espécie, contamos com o apoio e o cuidado de entes queridos ao longo de nossas vidas. Pesquisas têm mostrado que pessoas com laços sociais próximos são menos vulneráveis à morte prematura, mais propensas a sobreviver a doenças e lidam melhor após intensos estresses fisiológicos e financeiros.[73] Nossa natureza social está tão profundamente enraizada que experimentamos a rejeição interpessoal como dor real. Isso mesmo, a dor social aparece em nossa atividade cerebral exatamente como a dor física.[74] Quando sentia a dor de meu noivo cancelando nosso casamento, eram a companhia e o conforto de meus amigos que me mantinham em pé. E foram esses mesmos amigos que, catorze anos depois, por meio de encontros virtuais, se mantiveram emocionalmente firmes durante toda a Covid. Assim, nunca me surpreendo quando vejo mais um estudo mostrando que ter amigos íntimos é um forte correlato de experimentar satisfação na vida.[75]

Entretanto, essas relações não só tornam os maus momentos menos ruins, como também melhoram os bons momentos. Em um ensaio de 1625, Sir Francis Bacon constatou sobre a amizade: "Ela redobra as alegrias e corta as mágoas pela metade." Lembre-se: os resultados do monitoramento do tempo dos pesquisadores e de meus alunos mostraram que as *horas mais felizes do dia* tendem a ser aquelas compartilhadas com os entes queridos.[76]

Ao aprender isso, você pode se perguntar por que as horas que você passa com os outros nem sempre são as mais felizes. Há uma distinção importante nesse tempo compartilhado: simplesmente estar com alguém não significa que você sentirá mais pertencimento, amizade ou afinidade. Como confessei, embora algumas de minhas "atividades sociais" tenham recebido minhas mais altas classificações de felicidade, classifiquei outras de forma bastante negativa, e a maioria recebeu classificações em torno do ponto médio da escala. E, entre as atividades mais felizes de meus alunos, acho que nunca vi "assistir à televisão" na lista — mesmo quando estava com um amigo ou um parceiro. Em vez disso, as listas dos três primeiros normalmente incluem coisas como "passeio noturno com minha esposa", "caminhada com os amigos", "ganhar do meu colega de quarto no Splendor (jogo de tabuleiro)", "jantar com minha irmã" ou "encontro para tomar café com a minha filha" (na verdade, esse último é meu). O ingrediente-chave entre tais atividades não é a mera presença do outro. É que *passar tempo com essa outra pessoa é o foco principal*. Saber que a qualidade da conexão durante esse tempo social é o que faz com que seja um bom investimento nos impulsiona a nos organizar ainda mais para tornar essas horas potencialmente mais felizes.

Conectar-se Conversando

Uma maneira de melhorar a qualidade da conexão durante uma atividade social é aprofundar o conteúdo de sua conversa. Uma característica vital no desenvolvimento de relações íntimas é se abrir ao outro de forma recíproca e crescente. Compartilhar informações sobre você mesmo (por exemplo, experiências que teve, pensamentos e sentimentos que vivencia), assim como ouvir ativamente as experiências do outro, lhe dá uma boa chance de desenvolver uma verdadeira amizade — ser conhecido e conhecer a outra pessoa.

Para ajudar meus alunos a fazer um novo amigo, eu os coloco em pares durante a aula e lhes dou uma tarefa de conversação para completar com o parceiro designado. Forneço aos pares três conjuntos de perguntas. Eles têm dois minutos para passar pelo primeiro conjunto de perguntas, com cada parceiro perguntando e respondendo a cada uma. Essa primeira lista inclui perguntas básicas como "Qual é seu nome?" e "De onde você é?". Em seguida, lhes dou cinco minutos para falar sobre o segundo conjunto de perguntas, que se referem aos interesses e aos objetivos da pessoa e às suas experiências atuais (por exemplo, "Quais são seus hobbies?", "Se você pudesse viajar para qualquer lugar do mundo, para onde iria e por quê?" e "Qual é o hábito que você gostaria de parar?"). Finalmente, dou-lhes oito minutos para passarem pelo terceiro conjunto, perguntando e respondendo a perguntas mais pessoais como: "É difícil ou fácil para você conhecer pessoas? Por quê?"; "Descreva a última vez que você se sentiu sozinho"; "Qual é o seu maior medo?"; e "De qual conquista recente mais se orgulha?".

Apesar de durar apenas quinze minutos, essa conversa quase sempre cria uma nova amizade. E, nos casos em que os dois já se conheciam antes como colegas de classe (ou mesmo como amigos), conversar inevitavelmente os faz se sentir mais próximos. Essa ferramenta é chamada de Tarefa de Indução de Proximidade do Relacionamento, e experimentos têm mostrado que ela ajuda a fazer com que as pessoas se sintam bem mais conectadas.[77]

Há alguns anos, havia um número ímpar de alunos em uma de minhas aulas, então eu fiz esse exercício com um deles. Aprendi rapidamente que minha parceira — que eu considerava como uma nova-iorquina expansiva — cresceu lutando contra a ansiedade social. Acontece que Gaby encontrou a si mesma e o senso de pertencimento em um acampamento e, mais tarde, ofereceu-se como voluntária para orientar outras meninas, já que elas lidavam com os desafios da adolescência de maneira semelhante. Gaby estava na UCLA, fazendo MBA para uma carreira em entretenimento. Ela pensou que por intermédio das redes sociais seria capaz de alcançar e de ajudar ainda mais pessoas mediante sua jornada de vida emocional. Em apenas quinze minutos, desenvolvi uma compreensão carinhosa de Gaby; mais tarde a recomendei *como minha amiga* para seu cargo atual em uma empresa de mídia.

Assim, para o próximo encontro ou jantar com seu amigo, venha preparado para fazer (e responder) algumas perguntas mais pessoais. Para ter ideias sobre boas perguntas, você poderia adquirir um conjunto de "figurinhas" para puxar conversa. Embora aparentemente brega, sua capacidade de aprofundar a qualidade dos encontros sociais é empiricamente fundamentada. Gostei da conexão mais profunda que elas provocaram na mesa de jantar da minha família. Ouvir as respostas um do outro à pergunta "Qual é sua memória mais feliz da primeira infância?" forneceu uma nova visão das experiências pessoais dos membros de nossa família. Aquela refeição foi uma das mais emocionantes que já tivemos.

Aproximadamente seis meses após o dia do cancelamento do meu casamento, aprendi o verdadeiro poder de mudança de vida da conversa. Em um primeiro encontro, e diante de um casal de San Pellegrinos no Jardim das Esculturas de Rodin em Stanford, o "pretendente" desconhecido *começou* a conversa perguntando: "Então, para *você*, quais são os componentes de uma vida plena?" Era como se estivéssemos fazendo a Tarefa de Indução de Proximidade do Relacionamento, mas ao contrário — *com as perguntas difíceis primeiro!* Eu tinha acabado de conhecer meu parceiro de conversa preferido e duradouro. Mais de uma década depois, estou ainda mais feliz quando converso com Rob nas noites de sexta-feira, nas corridas de sábado de manhã, nos almoços de férias com vinho e nos passeios de carro com Leo e Lita dormindo no banco de trás. Essa relação não é um conto de fadas. É muito real, e absolutamente incrível.

Um Sopro de Ar Fresco

Para orientar ainda mais sua busca pela felicidade, agora nos voltaremos para a outra característica comum que meus alunos frequentemente observam entre suas atividades mais felizes: estar ao ar livre.[78] Acontece que simplesmente sair ao ar livre, a céu aberto, é uma fonte compartilhada de bem-estar. É evidente que isso pode não parecer tão surpreendente, uma vez que leciono meu curso começando em janeiro no sul da Califórnia. Assim, enquanto acompanham suas semanas de atividades, meus alunos são constantemente lembrados por meio das notícias e das redes sociais da sorte que têm. No entanto, esses dados apontam não apenas para o clima. Estar ao ar livre também tem sido notado como uma característica positiva durante essas mesmas semanas de inverno por estudantes em climas mais frios, como Nova York e New Hampshire (como tive que dar aula remotamente durante a Covid, os alunos podiam assistir de qualquer lugar).

Estar ao ar livre é um reforço definitivo do humor. É o fator que faz a diferença entre o exercício aparecer nas listas mais felizes ou menos felizes das pessoas. Ele prevê se a hora após o jantar faz a lista dos mais felizes (por exemplo, "passeio noturno com minha esposa") ou não ("assistir à TV com minha esposa"). Analisando sua lista de atividades mais felizes, um dos alunos, que na época residia no Colorado, observou: "Todas as três atividades mais felizes que eu fiz envolviam sair, desconectado de uma tela."

As observações de meus alunos são consistentes com um estudo de geolocalização que examina a relação entre a felicidade de 20 mil britânicos e sua localização imediata no Reino Unido. Usando um aplicativo para smartphone, os pesquisadores conseguiram localizar seus participantes ao longo do dia, identificando se eles estavam em local fechado ou aberto, ou dentro de seus carros. Eles também puderam observar as condições ao ar livre. Em pontos aleatórios, os participantes recebiam uma mensagem pelo aplicativo, pedindo-lhes para avaliar o quanto estavam felizes naquele momento e o que faziam. Os resultados de mais de um milhão de casos são claros: as pessoas estão mais felizes ao ar livre. Além disso, o impulso de felicidade não depende a) do clima (embora as pessoas *estejam* mais felizes quando faz sol e está quente), b) da atividade que estão fazendo (embora algumas atividades particularmente felizes nos dados, como jardinagem e observação de pássaros, só possam ser feitas ao ar livre) ou c) do ambiente (embora as pessoas sejam mais felizes na natureza ou em espaços verdes do que em ambientes urbanos). Trata-se simplesmente de pisar no lado de fora. Infelizmente — por escolha ou por obrigação — as pessoas passam aproximadamente 85% dos dias em ambientes fechados.

É por isso que não gosto de esteiras. *Sair* para minha corrida matinal sempre foi fundamental para mim. Foi assim tanto na Filadélfia quanto em Los Angeles (a única diferença foi que, na Filadélfia, eu vestia mais camadas de roupas e uma faixa de cabeça para manter minhas orelhas quentes). Depois de sair do apartamento de Palo Alto que dividia com meu ex-noivo, esbanjei em um apartamento com aluguel um pouco mais alto em São Francisco porque ficava próximo da baía. Além do meu amado companheiro de quarto, poder sair todos os dias e fazer exercícios com uma vista ampla da ponte Golden Gate foi um fator importante para ajudar a recuperar minha felicidade.

Portanto, ao se exercitar ou onde você escolher atender a uma ligação, veja se há uma maneira de mover essa atividade para fora. Lá você desfrutará de uma melhora no humor e de um pouco de ar fresco.

O Lado Escuro

Como vimos, examinar nossas atividades *menos* felizes também pode fornecer uma grande visão de como investir melhor o tempo, esclarecendo onde *não* gastar. Embora muitas vezes pensemos em nós mesmos como se estivéssemos sozinhos em nossa tristeza, as causas de nossa infelicidade são compartilhadas — a humanidade é previsível. Se uma atividade frustra qualquer um dos três impulsos básicos de 1) relacionamento (sentir-se interpessoalmente conectado), 2) autonomia (ter um senso de controle pessoal) ou 3) competência (sentir-se capaz), é provável que ela faça você se sentir infeliz.[79] Vejamos um pouco mais de perto cada uma delas a fim de aprender quais atividades você pode querer evitar.

Solidão

Como vimos, nós humanos temos uma necessidade inata de ter um sentimento de pertencimento e conexão com os outros, o que explica por que as atividades de conexão social tendem a estar entre nossas atividades mais felizes. Por outro lado, as atividades solitárias tendem a estar entre as nossas menos felizes.[80] É importante ressaltar que estar sozinho ou fazer atividades sozinho não é necessariamente experimentado como negativo (em meio às constantes exigências de crianças e colegas, gosto de meus raros intervalos de tempo sozinha). Entretanto, quando as atividades nos fazem *sentir* sozinhos (observando a vida social dos outros nas redes sociais, por exemplo), experimentamos um golpe emocional. Como descrito por John Cacioppo em seu livro inspirador *Loneliness* [sem publicação no Brasil], a sensação de isolamento é o caminho mais direto para a depressão.[81]

Para evitar esse sentimento, envolva-se em pelo menos uma atividade social todos os dias. É algo que pode ser fácil e não requer muito tempo. Em seu telefone, por exemplo, simplesmente feche o aplicativo de rede social em que está e ligue para um amigo para conversar de verdade. Ou, quando você entrar no escritório, inicie uma conversa genuína com um colega sobre o que está acontecendo em suas vidas. Se você não trabalha em um espaço com outras pessoas, coloque-se em um espaço com os outros e inicie uma conversa lá.

Estudos mostram que iniciar uma conversa com um estranho acaba sendo muito menos embaraçoso do que você poderia prever — e isso acabará fazendo com que você *e* a outra pessoa se sintam bem mais conectados e felizes.[82] Percebo que, para pessoas tímidas, se expor dessa maneira pode parecer horrível. Mas acredite, como uma introvertida, não precisa ser. Tenha em mente que se trata apenas de um pequeno ato a serviço de sua escolha de uma felicidade maior. A cafeteria local é um ótimo lugar para dar uma chance a essa corajosa tarefa. Em vez de preparar sua próxima xícara de café em casa, coloque seu casaco e vá conversar com alguém enquanto espera na fila. Ao iniciar uma conversa com um completo estranho, na verdade não sugiro a abordagem de Rob de iniciar com uma pergunta pessoal difícil, ou seja, não comece com perguntas *do final* da Tarefa de Indução de Proximidade do Relacionamento. Em vez disso, comece observando alegremente algo em seu ambiente compartilhado, como o clima ou aquele cachorro bonito que está passando. Apesar de parecer clichê, é uma maneira fácil e confortável de despertar uma conexão humana.

Obrigação

Queremos ter uma sensação de controle em nossas vidas: que temos escolha e livre arbítrio na forma como passamos nosso tempo. Portanto, *não* gostamos que nos digam o que fazer e nos ressentimos com as atividades que *temos* que fazer. É por isso que nossas obrigações principais — o trabalho e os afazeres domésticos — povoam as listas de atividades menos felizes das pessoas. Na verdade, são duas das três atividades menos felizes identificadas pela pesquisa de monitoramento do tempo.[83] Contudo, as observações dos meus alunos indicaram que a infelicidade das atividades relacionadas ao trabalho não se trata do trabalho em si. Ao contrário, as partes de seus dias de trabalho que mais parecem governadas por outros e ditadas pelos horários dos outros são as particularmente incômodas. Em casa, *ter* que preparar o jantar é que parece uma obrigação. No próximo capítulo, destrincharemos como transformar as atividades que você *tem* que fazer nas que *quer* fazer, bem como decifrar quais tarefas pode terceirizar e nem mesmo ter que fazer.

Desperdício

Somos levados a nos sentir produtivos, e nos sentimos bem com nós mesmos quando cumprimos nossas metas e podemos riscar os itens de nossas listas de afazeres. Assim, quando gastamos tempo em atividades sem sentido — quando nada de valor sai da atividade *e* não é sequer agradável — esse tempo parece um desperdício. Posso atestar: perceber que passei centenas de horas tediosas planejando um casamento que nunca aconteceu foi excruciante. Foi um enorme desperdício de tempo que poderia ter gasto de outras maneiras mais valiosas. Estudos mostram que todos odeiam perder tempo, ainda mais do que desperdiçar dinheiro.[84] Desperdiçar tempo é tão doloroso porque, ao contrário do dinheiro, o tempo perdido nunca mais pode ser recuperado. Desapareceu para sempre. Nunca se pode voltar atrás.

Por terem encarado o tempo como um desperdício, meus alunos vivenciaram estas atividades diárias entre as menos felizes: "reuniões de trabalho desnecessárias", "navegar nas redes sem pensar" e "deslocamentos". O Exercício de Monitoramento do Tempo também revelou *quantas* horas diárias são desperdiçadas. Um passo adicional na análise dos dados de monitoramento do seu tempo é calcular o tempo gasto em suas diversas atividades.

Exercício de Monitoramento do Tempo

Parte III: Calcule Seus Gastos Atuais

Usando todos os dados coletados em suas planilhas de monitoramento do tempo, quantifique quanto tempo você gastou durante essas semanas em suas diferentes atividades. Para fazer isso, primeiro atribua o tempo gasto a categorias: por exemplo, dormir, viajar, trabalhar, sair com amigos, sair com a família, fazer exercícios, cuidados pessoais (por exemplo: se arrumar de manhã e à noite), fazer compras, preparar refeições, assistir à TV, navegar nas redes sociais, ler etc. Seu objetivo é capturar totalmente as formas como passa seu tempo, então use categorias que sejam específicas o suficiente para serem significativas para você. Por exemplo, "trabalho" pode ser uma categoria muito ampla para ser informativa sobre como você gasta essas horas. Portanto, pode querer dividi-lo em categorias menores, refletindo as várias tarefas que compõem seu dia de trabalho. Meu trabalho, por exemplo, pode ser categorizado significativamente em atividades relacionadas à pesquisa (incluindo escrita de livros), atividades relacionadas ao ensino (incluindo tempo em sala de aula e preparação para a aula) e outras (incluindo uma tonelada de reuniões e e-mails). Distingui-las é útil porque vivencio cada categoria de forma muito diferente.

Em seguida, com todas suas atividades categorizadas, volte e calcule o tempo total que gastou em cada tipo de atividade. Pode fazer isso dia por dia ou pode fazer a média de todos os dias durante essas semanas. Além disso, anotando o tempo que acordou e foi para a cama todos os dias, é possível determinar o número total de horas acordado. Usando isso como seu denominador, pode então calcular a proporção das horas acordado que gastou em cada atividade.

> Esses cálculos lhe darão uma imagem clara de como realmente gasta seu tempo atualmente. Com essa informação útil (e às vezes surpreendente), junto com os índices médios de felicidade associados, você pode decidir para quais atividades deve alocar mais ou menos tempo no futuro.

Os resultados dos cálculos podem ser preocupantes. Uma das minhas alunas que havia deixado seu emprego e perdido dois anos de renda para fazer seu MBA ficou surpresa ao ver que havia passado a maior proporção de suas horas acordada vendo televisão (20%). Isso superou os 18% do tempo que passou fazendo trabalhos escolares e frequentando as aulas. Ela lamentou o desperdício, refletindo: "Passo muito tempo assistindo à televisão! Em parte porque é a maneira preferida de minha esposa desacelerar depois de um dia de trabalho. Entretanto, é chocante e perturbador ver que passo *grande parte* da minha semana sentada na frente de uma tela."

Não são apenas as telas de TV que absorvem tempo. Um de meus alunos de MBA, que está empregado e tem pouco tempo livre entre seu trabalho de tempo integral e as aulas à noite e nos fins de semana, lamentou:

> *Ao longo de duas semanas, joguei mais de 25 horas de videogame. Antes de realmente monitorar meu tempo, não tinha ideia de que jogava durante tantas horas... Embora eu me divirta com esses jogos, isso cria mais estresse em minha vida porque tenho a tendência de jogar por mais horas do que pretendia originalmente, apesar de ter uma agenda extremamente ocupada.*

Com o reconhecimento de quanto tempo desperdiça atualmente, você reunirá condições de limitar o tempo que gasta com essas atividades não essenciais no futuro — liberando horas para gastar de outras maneiras que você sabe, agora, que *realmente* o deixarão mais feliz.

Impulsionadores de Humor

Há mais uma classe de atividades que quero que considere ao decidir como gastar seu tempo. Mesmo que essas atividades nem sempre sejam particularmente agradáveis enquanto as realiza, elas podem ter um impacto significativo na forma como você vive o resto de suas atividades do dia. Ao lhe dar um impulso saudável de energia, o exercício e o sono são impulsionadores do humor muito eficazes que têm efeitos duradouros significativos. Como aprendemos no Capítulo 2, trata-se muitas vezes de atividades que são cortadas devido a restrições de tempo, por isso é ainda mais importante arranjar tempo conscientemente para elas. Fazer essas atividades o ajudará a desfrutar mais de todo o resto do seu tempo.

Exercício

Como mencionado, fazer exercícios aumenta a felicidade. Revisões de pesquisas de toda a literatura sobre saúde mental mostram que isso reduz a ansiedade, a depressão e o humor negativo, melhorando a autoestima.[85] O exercício é um estímulo tão eficaz para o humor que um estudo mostrou que ele supera a medicação para o tratamento da depressão.[86] Também pode nos tornar mais inteligentes ao melhorar os funcionamentos cognitivo e executivo (que usamos para planejamento, multitarefas e lidar com a ambiguidade); e está correlacionado com o desempenho em matemática e leitura entre crianças em idade escolar.[87]

Apesar de todos esses benefícios, 74% dos adultos nos Estados Unidos não cumprem a diretriz recomendada de pelo menos 30 minutos de atividade física de intensidade moderada na maior parte da semana. Para que você experimente os benefícios, propus a atividade Faça Exercícios de Movimento no Capítulo 2. Um de meus alunos o descreveu como "mudança de vida". Ele me disse: "Mesmo tendo ouvido isso repetidas vezes e sempre sabendo que *deveria* me exercitar regularmente, até começar a fazê-lo não tinha ideia do quanto isso melhoraria minha vida a cada dia." Então, pegando emprestado o slogan da Nike, *just do it* [apenas faça].

Sono

O sono é a outra atividade que nos torna mais felizes e inteligentes, e nos permite desfrutar mais de todas as nossas outras atividades. A pesquisa fornece muitas evidências assustadoras dos efeitos negativos da privação do sono,[88] e nos conquista com as consequências revigorantes de obter o suficiente de forma consistente. Entretanto, se você é parecido comigo, não precisa da ciência para convencê-lo. Após apenas uma noite de sono péssimo, meu funcionamento despenca, assim como meu humor e minha civilidade com qualquer pessoa no meu caminho. No entanto, apesar de estarmos conscientes da necessidade de dormir o suficiente,[89] muitas vezes não temos tempo para isso. Com muita frequência, ficamos acordados até muito tarde ou levantamos muito cedo tentando fazer tudo dentro das horas limitadas que temos. Foi por isso que criei uma tarefa no meu curso para ir em frente e gastar o tempo necessário para conseguir algumas boas noites de sono. Com uma parte de sua nota em jogo, meus alunos se tornam mais motivados a ir para a cama. E, uma vez que experimentem as maravilhas de estar bem descansados, é mais provável que continuem a gastar esse tempo regularmente.

Exercício para Dormir

Uma das razões pelas quais nos sentimos exaustos com a vida moderna é que somos consistentemente privados do sono. Para remediar esse mal-estar, durante a próxima semana durma *no mínimo* sete horas (mas eu diria, pessoalmente, oito horas) por ao menos quatro noites. Sim, sim, eu sei — você está superocupado esta semana: há prazos a cumprir, eventos para participar, assuntos para tratar etc. Não é que eu não seja compreensiva... mas apenas faça!

Escolha quatro noites esta semana, anote-as em seu calendário e desfrute de um sono merecido. Além disso, pratique uma boa higiene de sono: nada de aparelhos antes de dormir, e tente evitar a cafeína à tarde e o álcool à noite, o que resultará em ótimas noites de sono.

Todos os anos convido o Dr. Alon Avidan como palestrante convidado para dar a meus alunos algumas dicas úteis sobre como conseguir um bom sono. Especialista em distúrbios do sono, o professor Avidan é vice-presidente do Departamento de Neurologia da Faculdade de Medicina Geffen da UCLA e diretor do Centro de Distúrbios do Sono da universidade. Ele oferece os seguintes conselhos:

- Durma *pelo menos* sete horas consecutivas regularmente.
- Seu quarto é apenas para dormir e sexo! — sem tela (a luz azul suprime a melatonina, enganando sua mente para pensar que é dia).

- Não leia nada muito excitante ou que provoque ansiedade antes de dormir (ou seja, sem notícias ou romances de espionagem).
- Evite cafeína após as 15h.
- Não se exercite após as 15h.
- Evite o álcool à noite (embora o álcool possa ajudá-lo a adormecer, ele torna seu sono mais fragmentado e o acordará mais durante a noite, e de manhã você se sentirá menos descansado).
- Se você não consegue pegar no sono, saia da cama e vá ler algo entediante em outro cômodo.
- Regularize seu ciclo de sono: acorde à mesma hora todos os dias e se exponha à luz intensa pela manhã.
- Deixe seu quarto frio (cerca de 18°C), escuro e silencioso.
- Melatonina, suco de cereja azeda, leite morno, peru e banana podem ajudar a deixá-lo com sono.
- Uma soneca de 15 minutos = 200mg de cafeína; mas, quando optar pela soneca, certifique-se de que seja à tarde (entre 13h e 15h) e não mais de 30 minutos.
- Você *não pode* se treinar para precisar dormir menos!

Horas Mais Felizes Trazem Dias Melhores

O modelo de Lyubomirsky nos ensinou que, além dos efeitos de nosso temperamento herdado ou da sorte (ou azar) das circunstâncias em que nos encontramos, temos escolha sobre como nos sentimos felizes. Por meio de nossa ação intencional, podemos aumentar a felicidade que experimentamos em nossos dias e sobre nossas vidas. Passando mais do nosso tempo em atividades que proporcionam felicidade e menos naquelas que não a proporcionam, podemos nos ajudar a desfrutar de horas mais felizes, que se resumem a dias mais brilhantes e vidas mais gratificantes. Este capítulo nos mostra quais são essas atividades.

Uma das formas mais fáceis de se obrigar a gastar seu tempo da melhor maneira é simplesmente ficar mais consciente e *pensar* em seu tempo. Conduzi estudos mostrando o benefício que resulta do foco no tempo — em vez de permanecer focado no dinheiro — como nosso principal recurso.[90] Em um estudo, apresentei a lista de atividades diárias de Kahneman a uma ampla amostra de indivíduos. Para cada atividade listada, perguntei até que ponto planejavam se dedicar a ela nas próximas 24 horas. Mas, antes de responder a essas perguntas, os participantes foram apresentados a um questionário (ostensivamente) não relacionado que envolvia o desenrolar de uma série de frases. Tais frases expuseram secretamente os participantes a palavras relacionadas ao tempo (por exemplo: *horas, relógio*), relacionadas ao dinheiro (por exemplo: *dólares, carteira*) ou apenas palavras neutras (por exemplo: *plantas, e-mail*). Os resultados mostraram que as pessoas cuja atenção tinha sido direcionada para o tempo planejavam se envolver mais nas atividades da lista que sabemos ser as mais felizes (ou seja, intimidade, socialização), e menos nas atividades que sabemos ser as menos agradáveis (deslocamento e trabalho). Outro estudo mostrou que não se trata apenas de intenções; o foco no tempo afeta o comportamento *real*. Ao entrar numa cafeteria, os clientes eram convidados a participar de um questionário (que mais uma vez os expôs secretamente a palavras relacionadas ao tempo, ao dinheiro ou apenas palavras neutras). Sem que soubessem, eles eram então observados para ver como passavam seu tempo no café. Ao sair, foi perguntado a todos o quanto se sentiam felizes e satisfeitos. Aqueles que tinham sido levados a pensar no tempo ao entrar no café saíram se sentindo mais felizes, porque tinham passado uma proporção maior de seu tempo socializando. Por outro lado, aqueles que haviam sido levados a pensar em dinheiro se sentiram menos felizes, tendo passado mais tempo trabalhando.

É importante lembrar o que tais estudos demonstram: a felicidade não tem a ver com se afastar do trabalho, porque (como sabemos) o trabalho pode ser experimentado como significativo. A questão é que *simplesmente pensar no tempo* nos impulsiona a gastar o nosso de maneira mais pessoal e gratificante. De fato, quando refiz esse primeiro estudo com pessoas que encontram sentido em seu trabalho, pensar no tempo as motivou a trabalhar *mais*.

O Exercício de Monitoramento do Tempo proposto neste capítulo oferece assim dois grandes benefícios quando se trata de seu tempo e de sua felicidade. Primeiro, o processo de monitoramento de como você está gastando seu tempo atualmente chama a atenção para esse precioso recurso, fazendo com que *de fato pense* em como gastá-lo. Quando meus alunos monitoravam seu tempo, isso os tornava muito mais deliberados em suas despesas, estimulando-os a se voltarem para melhores investimentos. Além disso, ao classificar como você *realmente* se sente enquanto gasta, esse exercício informa quais investimentos são de fato melhores. Portanto, monitore seu tempo por uma semana ou duas. Pode parecer entediante, mas definitivamente vale a pena. Isso o motivará a não desperdiçar tanto e a investir mais na verdadeira conexão, encontrando ali maior prazer e realização.

LIÇÕES DO CAPÍTULO TRÊS

- Além de suas circunstâncias situacionais e da disposição inerente, como gasta seu tempo pode ter um efeito significativo sobre a felicidade que sente em seus dias e na sua vida.
- Portanto, você pode escolher ser mais feliz ao gastar melhor o seu tempo.
- Em média, as formas mais felizes de gastar são socializar com a família e os amigos, e sair na natureza.
- Em média, as maneiras menos felizes de gastar são o deslocamento, os afazeres domésticos e o trabalho remunerado.
- Prazer e significado estão intimamente relacionados, contudo há algumas atividades que são significativas, mas não tipicamente divertidas (por exemplo: trabalho), e outras que são inicialmente divertidas, mas não significativas (por exemplo: assistir à TV).
- Exercitar-se e dormir o suficiente também são grandes impulsionadores do humor, o que pode tornar o resto de suas atividades do dia mais agradáveis.
- O nível de felicidade gerado pelas atividades varia entre as pessoas, e até mesmo entre instâncias dessa atividade para a mesma pessoa. Para identificar quais atividades e quais características das atividades tornam *você* mais feliz, monitore seu tempo e a felicidade que você sente enquanto o gasta.
- Uma verdade que persiste entre as pessoas e os tempos é a grande felicidade que vem da conexão social. Ter relações fortes e um sentimento de pertencimento é crítico, portanto gastar para cultivar essas relações é um bom investimento.

GERENCIAMENTO DE DESPERDÍCIO

Não há dano semelhante ao do tempo perdido.
— Michelangelo

Se lhe pedisse para descrever um dia normal, aposto que seria algo assim: seu despertador toca, você se levanta cansado e se prepara para ir ao escritório. Se vai de carro, passa aquele tempo procurando estações de rádio, e, se vai de metrô, provavelmente fica mexendo no telefone. Sentado à mesa de trabalho, põe de lado a lista de projetos em andamento para, primeiro, entrar em sua caixa de e-mail. Quando começa seu "trabalho real", leva mais tempo do que o esperado, então você fica lá, trabalhando durante o almoço para poder escapar da hora do rush na volta para casa. No caminho, faz as compras para o jantar e pega as roupas na lavanderia. Depois de jantar e lavar a louça, recolhe a roupa suja e organiza as limpas. Uma vez terminadas todas as tarefas, se atira no sofá, mudando os canais da TV sem pensar ou, novamente, pega o celular. Por fim, percebendo que passou da hora de dormir, se arrasta do sofá para a cama e liga o alarme para começar tudo de novo…

Dia após dia, a maior parte de nossas horas diárias acordado é gasta para chegar, estar e voltar do trabalho, e fazer as tarefas domésticas — as mesmas atividades que acabamos de descobrir que nos deixam *menos* felizes. É fatigante, e não é de se admirar que parte da força de trabalho tenha decidido não voltar a isso após a Covid. As análises de monitoramento do tempo de meus alunos qualificam tais atividades como dolorosas porque *temos que* despender esse tempo, e muitas vezes não está claro o que devemos mostrar como resultado. Essas horas são obrigatórias, ou um desperdício, e às vezes ambas as coisas.

Claro, você poderia participar da "Grande Demissão" e evitá-las completamente. Mas isso não é realista. A maioria de nós precisa trabalhar. E a maioria dos trabalhos é feita fora de casa, então você precisa ir e voltar. E, a menos que queira uma casa desarrumada ou pessoas com quem divide a casa ressentidas, todos têm que fazer algumas tarefas. Mas esse é o tempo de sua vida e gastá-lo de forma tão enfadonha não é uma opção. Algo *tem* que mudar.

A boa notícia é que *pode* mudar, e você pode ser o único a fazê-lo. A notícia ainda melhor é que essa mudança não tem que envolver nada tão drástico quanto deixar seu emprego ou mudar de casa. Há alterações fáceis e baseadas em evidências que você pode fazer nessas atividades a fim de experienciá-las como mais úteis e como algo que *quer* fazer, em vez de *ter* que fazer. Neste capítulo, compartilharei algumas estratégias surpreendentemente simples que você pode implementar para tornar as horas tipicamente menos felizes significativamente mais agradáveis.

As Tarefas Não Precisam Ser Tediosas

Pague para Ter um Tempo Melhor

Apesar da insistência de seu marido, Ângela recusou-se a contratar alguém para limpar seu apartamento. Pagando US$300 por mês, ela poderia comprar o lindo macacão preto que estava de olho na vitrine da loja. Ou deixar o dinheiro bem guardado em sua conta bancária para despesas futuras, ou caso se deparasse com outras coisas que quisesse comprar. Além disso, pensou que ela e seu marido também poderiam fazer a limpeza sozinhos e certamente fariam um trabalho mais meticuloso do que qualquer um que pudessem contratar.

Mas depois de outra discussão no fim da manhã de domingo, quando Ângela estava ansiosamente empurrando seu marido e seus filhos gêmeos para deixar o parque a tempo de ela limpar a cozinha e o banheiro, e para que ele lavasse o chão, ela entrou em contato com o serviço de limpeza que uma amiga recomendou. Sua amiga lhe garantiu que fariam um excelente trabalho.

Então, concordaram que a cada duas semanas eles pagariam pela limpeza do apartamento. A felicidade resultante — tanto para ela quanto para seu casamento — foi imediata e duradoura. Na tarde do sábado seguinte, quando chegaram em casa após uma manhã relaxada na feira de orgânicos e um piquenique de almoço no parque, Ângela ficou encantada. Não só o piso de madeira brilhava, mas também as almofadas do sofá tinham sido afofadas e viradas, a tela da TV havia sido limpa e, melhor ainda, ela e o marido tiveram o resto do fim de semana para desfrutar junto dos filhos.

Eles não apenas ganharam mais tempo livre, mas Ângela não teria que gastar nada desse tempo se preocupando em fazer a limpeza ou importunando o marido, que ficou igualmente encantado porque não queria que a esposa chamasse sua atenção. E eles puderam finalmente aceitar o convite permanente de seus amigos para um churrasco e assistir ao futebol de domingo.

A resistência à terceirização das tarefas e seus benefícios não são apenas de Ângela. A pesquisadora Ashley Whillans e sua equipe pesquisaram milhares de pessoas nos Estados Unidos, na Dinamarca e no Canadá, perguntando: "Em um mês normal, você gasta dinheiro para terceirizar tarefas (por exemplo, afazeres domésticos, compras)? Menos de 1/3 disse que sim, o que significa que mais de 2/3 não terceirizam de forma nenhuma. Não se trata simplesmente de um caso de acessibilidade econômica: quando sua equipe fez a mesma pergunta a um grupo de milionários, uma parte significativa ainda disse que não[91] o faz.

Se as pessoas gastam dinheiro para terceirizar as tarefas das quais não gostam é uma escolha delas. Entretanto, podem não estar cientes do quanto isso afeta sua felicidade geral e sua capacidade de alocar o tempo recuperado em atividades que valham mais a pena. De fato, a equipe de Ashley também pediu às pessoas que relatassem sua satisfação na vida e os resultados mostraram que, mesmo controlando estatisticamente outros fatores (como o nível de renda dos entrevistados, idade, sexo, estado civil e se eles têm filhos em casa), aqueles que terceirizam tarefas tendem a ficar mais satisfeitos. Ou seja, as pessoas que gastam dinheiro para economizar tempo são mais felizes do que as que não o fazem.

Mas e as pessoas que não têm muito dinheiro? Se você mal está conseguindo pagar as contas e todos os gastos são destinados a cobrir despesas básicas, essa estratégia em particular pode não ser para você. Porém, se houver *algum* modo de rever seus gastos, há uma chance de escolher o benefício de gastar dinheiro para obter um tempo melhor em vez de gastá-lo em mais "coisas" ou em coisas melhores. A pesquisa realmente adverte que as compras materiais produzem menos felicidade e menos felicidade duradoura do que as compras experienciais.[92] Além disso, os resultados da análise da equipe da Ashley indicam que o efeito positivo da terceirização não depende do nível de renda. Gastar dinheiro para ter tempo pode beneficiar a maioria das pessoas. O tempo é igualmente precioso, não importa o quanto tenha em sua carteira.

Cumpre deixar claro que isso não é um conselho para pagar por *todas* as tarefas e poder relaxar luxuosamente enquanto os outros fazem tudo por você. Talvez você não se importe em arrumar sua casa, enquanto limpar o chão a cada duas semanas é odioso e estraga todo o fim de semana — a cada duas semanas. Ter só essa tarefa terceirizada pode fazer uma grande diferença no seu caso. Ademais, lembre-se do Capítulo 1, no qual minha pesquisa mostra que uma existência de dias passados sem fazer nada não é a mais feliz.[93] Queremos nos sentir pelo menos um pouco produtivos com o nosso tempo, porque isso nos dá um senso de propósito.

No entanto, a parte mais crítica dessa pesquisa é que nos sentimos infelizes e insatisfeitos com a vida quando nossos dias são consumidos por *tantos afazeres domésticos* que não nos resta tempo para gastar com o que realmente nos interessa. Se você está passando horas limpando a casa, lavando a roupa, fazendo compras, cozinhando, montando móveis da Ikea, lavando o carro, deixando e pegando roupas na lavanderia... além do seu dia de trabalho de oito horas mais os deslocamentos, não sobra nada. Entretanto, se você gastasse um pouco desse dinheiro para liberar *algum* tempo, poderia realocar essas horas para o que é realmente importante. Poderia gastar melhor o tempo adquirido em atividades mais divertidas e significativas. De fato, os dados da equipe de Ashley mostram que, quando as pessoas gastam o tempo que economizam socializando com amigos e familiares, seu aumento de felicidade é ainda mais forte.[94] Também mostram que casais que gastam dinheiro em serviços que economizam tempo passam mais tempo de qualidade juntos e relatam maior satisfação no relacionamento.[95]

Assim, apesar de sua resistência, a decisão de Ângela de ter alguém para limpar a casa foi inteligente. E foi parcimoniosa quanto ao recurso no que, em última análise, importa.

Então, pense nisto: quais de suas tarefas você poderia terceirizar? Há lugares claros onde você poderia adquirir um tempo melhor? Felizmente, empreendedores e empresários criativos reconheceram essa necessidade reprimida dos consumidores e responderam fornecendo uma variedade de serviços e produtos que economizam tempo. Como uma terceirizadora consciente, eu mesma — alguém que odeia cozinhar e estaria bem comendo jantares de ervilhas e burritos congelados se não houvesse comedores mais exigentes na minha mesa — sorri quando abri a entrega semanal de nosso serviço de refeições e vi a mensagem: "Esta caixa lhe dá os ingredientes para o presente mais precioso de todos — tempo em família, tempo para você, tempo para brincar... Tempo para engolir."

Embora fazer os jantares da semana conte como uma tarefa trabalhosa para mim, não é para Dena. Para ela, é uma saída enriquecedora e criativa. Ela planeja os jantares de sua família no início de cada semana a fim de definir suas manhãs para adquirir ingredientes em suas lojas especializadas favoritas. Em seguida, cansada das tardes levando seus três filhos à escola e para suas diversas atividades, se retira para a cozinha às 17h. É a hora dela. Ela mistura habilmente novos sabores a fim de criar uma experiência enriquecedora para a família quando eles se sentam juntos para jantar. Para ela, cozinhar é meditativo. Cozinhar é o seu hobby, *não* um afazer doméstico.

Portanto, tenha cuidado ao identificar o que conta como uma tarefa para você. Não terceirize tarefas domésticas que seus amigos possam achar desgastantes, mas que você gosta. Porém, reconheça que a escolha é sua. Agora que sabe que seu tempo é mais precioso do que dinheiro, pode escolher gastar de acordo.

Agregue Diversão

Para as tarefas que você não terceiriza, pode aplicar o que é chamado de estratégia de agrupamento para tornar esse tempo menos irritante.

Em uma pesquisa realizada na Universidade da Pensilvânia, Katy Milkman e sua equipe demonstraram os benefícios do que eles chamam de "agrupamento da tentação".[96] A ideia simples (mas poderosa) é que você pode tornar mais tentadora qualquer atividade que naturalmente não goste. Basta agrupá-la com uma atividade que *seja* tentadora. Para os alunos da UPenn, ir à academia para correr em uma esteira *não* é divertido (mas é algo que eles *devem* fazer para contrariar os efeitos gordurosos dos filés com queijo noturnos da Filadélfia). Em um dos estudos, a equipe de Katy se juntou para correr na esteira e ouvir um audiolivro da escolha do aluno (naquela época, *Jogos Vorazes* era o favorito da galera). Quando o exercício estava ligado à descoberta de como Katniss sobrevive à sua próxima aventura, as visitas à academia desses estudantes aumentaram em 51% e eles correram na esteira por bem mais tempo — voluntariamente.

Para aplicar isso aos afazeres, basta ligar a tarefa que você "tem" que fazer com algo que gosta de fazer. Dobrar a roupa: apresentada com uma secadora cheia de roupas limpas, use-a como uma oportunidade para ouvir seu audiolivro atual ou um podcast, ou então ligue para um amigo e coloque o celular no viva-voz, mantendo suas mãos livres para dobrar. Como alternativa, pode jogar a pilha na frente do sofá e ligar no último episódio de seu programa favorito. Em pouco tempo, verá as roupas perfeitamente dobradas e que está se divertindo demais para parar e guardar as roupas nas gavetas. Ao aprender essa estratégia, um de meus alunos se comprometeu a comprar um item novo toda vez que tinha que ir à mercearia. Ele havia ligado a tarefa à "descoberta" e ao que ele descreveu como uma deliciosa aventura culinária. Compras de supermercado não pareciam mais uma tarefa tão difícil.

O Trabalho Pode Ser Divertido

Como já vimos, as horas de trabalho são, em média, as menos felizes do dia.[97] Apenas metade dos trabalhadores norte-americanos se sente satisfeita no trabalho e apenas 1/3 se sente envolvido no trabalho.[98] Muitas pessoas não gostam de seus empregos e passam os dias de trabalho observando o relógio, esperando ir para casa. Mas, quando passamos mais da metade de nossas horas acordado trabalhando, isso é *muito* de nossas vidas para passar.[99] E, por mais que tentemos nos compartimentar, nossa infelicidade no trabalho não permanece no trabalho. Pesquisas mostram que a satisfação no trabalho se prolonga e é um determinante substancial da satisfação geral na vida.[100]

Ao reconhecer que as horas de trabalho constituem uma parcela tão significativa de nossas vidas, é imperativo melhorá-las. Mas como?

Deixe-me contar sobre Candice Billups. Ao ser entrevistada por pesquisadores sobre seu trabalho, ela disse:

Eu AMO os pacientes. Amo pessoas doentes. Tenho tanto a oferecer a elas. Porque, quando não me sinto bem ou quando tive que fazer cirurgias, a única coisa que me ajudou foi o trabalho... piadas, apenas ser agradável, otimista e ter uma boa atitude. E é disso que mais gosto em estar aqui. É tão animado. Na verdade, considero a "casa da esperança".

Consegue adivinhar qual é o trabalho de Candice, que trabalho a faz ansiar por vir todos os dias? Consegue imaginar onde ela encontra tal positividade que a ajuda em suas próprias baixas emocionais e lutas pela saúde?

Ela é zeladora de um centro de oncologia. O que ela descreve como a casa da esperança, um local de trabalho "animado", é na verdade um lugar onde pacientes que sofrem de doenças fatais fazem o tratamento de quimioterapia. Candice passa seus dias de trabalho rodeada de pessoas muito, muito doentes e suas famílias que provavelmente estão preocupadas e assustadas. E, ao contrário dos médicos com os quais trabalha, ela não tem um título de trabalho pomposo. Oficialmente, é responsável pela limpeza dos quartos e dos banheiros do primeiro andar do hospital e, por causa dos efeitos colaterais do tratamento, uma tarefa que geralmente requer a limpeza de vômitos. À primeira vista, o trabalho de Candice é tudo, menos positivo.

No entanto, de alguma forma ela desfruta das horas que passa trabalhando. Mais de uma década em um emprego que normalmente não consegue manter os trabalhadores nem mesmo por um ano, ela adora seu trabalho. Pelo fato de que ela sabe *por que* o faz. Ela tem um propósito em seu trabalho e sabe qual é esse propósito: ajudar as pessoas, tornando seus dias mais brilhantes.

O propósito que Candice identificou para si mesma em seu trabalho não fazia parte de como a função lhe foi confiada. Na verdade, o que ela faz vai muito além da descrição oficial de função. Além de manter o piso do hospital limpo, ela faz o espaço brilhar. Brinca com os pacientes e suas famílias, os faz se sentirem à vontade, conseguindo-lhes gelo, lenços de papel ou um copo de suco. Cuida genuinamente deles, assim como dos médicos e das enfermeiras responsáveis pelo tratamento. Ela gosta de ajudar essas pessoas e também é boa nisso. Seu humor, seu calor e sua personalidade positiva são eficazes para iluminar aquele espaço. O objetivo final que identificou para si se alinha com seus valores e pontos fortes.

Embora esse exemplo seja extremo e Candice uma santa, os benefícios de identificar o propósito do próprio trabalho[101] são gerais e de longo alcance. Um conjunto crescente de evidências mostra que, mesmo que você não esteja no trabalho perfeito (e, sejamos realistas, nenhum trabalho é perfeito), alinhar seu trabalho, seus valores (com o que se importa), seus pontos fortes (no que você é bom) e suas paixões (o que ama fazer) o torna mais motivado e melhor no trabalho — e também mais satisfeito no trabalho e com sua vida em geral.[102]

O ideal é que você seja capaz de ter um emprego com uma finalidade expressa que lhe interessa e no qual se saia bem. No entanto, pode não ser o caso. A história de Candice é especialmente útil porque mostra que, independentemente do trabalho em particular, saber *por que* faz o que está fazendo e concentrar-se nisso pode ajudar a tornar seus dias de trabalho mais agradáveis. Além disso, identificar seu propósito pode até mesmo orientá-lo a reconfigurar e ajustar seus dias de trabalho para que essas horas sejam mais felizes.

Os pesquisadores de comportamento organizacional Justin Berg, Jane Dutton e Amy Wrzesniewski desenvolveram uma ferramenta que o conduz nesse processo, chamada *job crafting*,[103] que envolve olhar seu trabalho e suas tarefas de trabalho de uma maneira diferente, mudando a forma como você passa suas horas profissionais para que cada vez mais contribuam para o propósito final do trabalho (conforme identificado por *você*). Atribuo o exercício de *job crafting* aos alunos para ajudá-los a tornar suas horas de trabalho mais felizes e gratificantes. Tendo conduzido centenas de estudantes nesse processo (e também por ter feito isso em meu próprio trabalho), descobri que dois elementos realmente impulsionam os benefícios: encontrar um propósito e aumentar a conexão. Examinaremos cada um deles.

Identifique Seu Propósito

Por que você faz o trabalho que faz? Não me refiro a nenhum de seus colegas ou a uma pessoa típica em sua profissão, mas a *você*. E, por trabalho, me refiro a ele em seu sentido mais amplo — o domínio em que você dedica seu tempo, esforço e talentos. Pode ser seu trabalho atual, mas pode ser sua profissão, e não precisa ser pago. Ficar em casa para criar os filhos é definitivamente um trabalho.

Caso sua resposta imediata seja simplesmente para ganhar dinheiro, peço-lhe que encontre outro propósito de ordem superior — uma razão que responda a uma camada adicional do porquê. É para o seu bem — para seu bem-estar imediato e a longo prazo. Um estudo que pesquisou funcionários em todas as profissões, os níveis dentro das profissões e os níveis de renda mostra que aqueles que relatam que seu objetivo número um no trabalho é ganhar dinheiro estão bem menos satisfeitos — tanto com seu trabalho quanto com suas vidas em geral.[104]

Conhecer seu propósito no trabalho (além de receber um salário) lhe permitirá persistir por mais tempo e permanecer motivado, apesar dos inevitáveis aspectos irritantes do trabalho. Veja Candice como um exemplo: alguns dias no trabalho são realmente difíceis. Ela sofre quando um paciente perde a batalha contra o câncer, mas é capaz de continuar e se sente ainda mais segura em seu trabalho sabendo que tornou a experiência daquele paciente e de sua família no hospital mais positiva.

Em uma profissão muito diferente, Riley é outro bom exemplo. Ela é um personal trainer cuja função é planejar e implementar um programa de exercícios para seus clientes, e vê seu propósito como muito mais do que isso. Seu objetivo é ajudar as pessoas a se sentirem bem consigo mesmas — mais fortes e mais confiantes em suas vidas. Quando os clientes a procuram explicando todas as coisas que *não conseguem* fazer, ela os impulsiona a perceber tudo o que *podem* fazer. É gratificante para ela. Contudo, não ama tudo no trabalho. Odeia ter que se promover e passar um tempo em frente à câmera para os vídeos de treino que publica online. Mas promover seu serviço e fazer os vídeos é necessário para sustentar seu negócio. Portanto, se motiva a fazer essas tarefas desconfortáveis, lembrando-se de que elas lhe permitem alcançar mais pessoas — ajudar mais pessoas a se tornarem mais fortes e mais confiantes. Vale a pena.

Como já vimos, significado e felicidade estão ligados. Saber o propósito de seu trabalho — a razão final das horas que você investe e das tarefas que faz (incluindo as desagradáveis) — o manterá motivado, comprometido, pleno e satisfeito.[105] Seu propósito não precisa envolver outras pessoas, como acontece com Candice e Riley. Ajudar os outros é uma fonte comum de significado, mas há muitas outras atividades extremamente dignas.

Por exemplo, em seu trabalho como fotógrafo profissional, Matt é levado a criar. Ele observou que em outros trabalhos "qualquer um poderia intervir. Não havia nada único para mim. Mas o trabalho que *criei* era meu, e algo que só eu tinha colocado no mundo". Ele sentiu fortemente que, como um jovem negro, aquilo estabeleceu seu lugar como contribuição à sociedade. Explicou: "Quando havia algo que imaginava, eu não podia desenhar ou pintar, mas podia ver e então fazer uma foto. Era assim que eu dava vida a isso."

Agora que está estabelecido, Matt é motivado ainda mais por um desejo de justiça social. Ele descreve o propósito de seu trabalho: "Criar imagens que reflitam histórias de pessoas ou aspectos da vida que não estão sendo contados, ou que não estão sendo contados adequadamente. Histórias que não estão sendo contadas com equidade ou de forma inclusiva." Seu objetivo é claro. Ao fazer seu trabalho, "permite que mais pessoas se vejam como obras de arte — que mais pessoas se vejam como belas, valiosas, vistas" — e que todos os outros também as vejam dessa forma. O propósito de seu trabalho se estende claramente muito além da descrição de trabalho como alguém que ganha a vida fazendo fotos, no caso dele de celebridades e modelos para divulgação editorial de revistas e materiais promocionais de filmes. Ao fotografar celebridades negras e modelos *plus-size*, ele encontra realização trazendo sua visão de equidade e inclusão à vida. Cria uma realidade melhor por meio de sua arte.

Portanto, ao identificar o propósito de seu trabalho, pense além da descrição oficial do cargo. Pense também além da forma como as pessoas caracterizam sua ocupação. Considere Alex, que está no ramo financeiro e é proprietário de uma empresa de gestão de ativos: a descrição de seu trabalho é investir dinheiro para indivíduos com patrimônio líquido ultra-alto e lidar com suas carteiras de poupança para que seus clientes fiquem com mais dinheiro. Mas, quando você pergunta o que o motiva em seu trabalho, ele fala do bem-estar emocional dos clientes, não de seu dinheiro. Ele é particularmente apaixonado por sua especialidade em dar conselhos financeiros nos processos de divórcio. Explica que, além da perda de um filho, o divórcio é um dos eventos de vida mais devastadores que uma pessoa enfrenta. Alex identifica seu propósito como apoiar as pessoas durante a crise, assegurando que ficarão bem.

Como professora universitária, minha função é conduzir pesquisas, ensinar e fazer serviços administrativos para a escola. Conduzir o exercício de *job crafting* me levou a questionar o motivo de fazer esse trabalho. Minha resposta inicial (emprestada de um colega) foi que meu objetivo é criar e disseminar conhecimento. Via meus deveres administrativos, como fazer parte de comitês e ser presidente da área de marketing, como periféricos.

Depois de pensar sobre minha resposta por um tempo, no entanto, percebi que esse objetivo geral da academia não é o que realmente *me* motiva. Então me forcei a responder a outra camada do porquê. *Por que* sou levada a criar conhecimento e compartilhá-lo com os estudantes? Sim, eu quero ajudar meus alunos a serem mais inteligentes. Porém, mais honestamente (e você deve ter adivinhado), o que realmente me importa é a felicidade deles. Quero que sejam mais inteligentes ao tomar decisões que afetarão a felicidade que sentem em seus dias e a satisfação que sentem em suas vidas. Os projetos de pesquisa que me mantêm acordada à noite (de uma boa maneira) e as palestras que estou animada para apresentar envolvem, mais especificamente, o conhecimento sobre como me sentir mais feliz.

A terceira camada de perguntas sobre por que faço o trabalho que faço me levou a identificar *meu* propósito. Em vez de 1) pesquisa, 2) ensino e 3) serviço, reconheci que meus objetivos finais são 1) criar conhecimento sobre a felicidade, 2) disseminar conhecimento sobre a felicidade e 3) cultivar a felicidade na UCLA. Sem querer exagerar, mas esse exercício me levou a perceber que tinha encontrado minha vocação. Ele me revelou que faço um trabalho com o qual me preocupo profundamente e identificar isso, por sua vez, fez com que meu trabalho se *tornasse* mais realizador e muito mais divertido.

Identificar meu propósito também se mostrou útil ao informar como passo minhas horas de trabalho — os projetos e comitês com os quais concordo e os que recuso. Se um estudante de doutorado me procura com uma ideia de pesquisa que acredito que poderia produzir uma maior compreensão sobre o que faz as pessoas felizes, é provável que eu diga sim para orientar o projeto. Quando houve demanda por outra seção do meu curso de felicidade, concordei imediatamente em ensiná-lo. Entretanto, quando fui convidada para atuar como palestrante para um congresso organizado por estudantes sobre campanhas efetivas de rede social (já que sou professora de marketing, foi um convite razoável), declinei com segurança.

Outro benefício de ter identificado meu propósito primordial é que ele me levou a reestruturar a forma como vejo tarefas específicas. O reconhecimento de como as tarefas contribuem para minha missão aumentou minha motivação em fazê-las, tornando esse tempo mais agradável. Por exemplo, eu *não* gosto de responder a e-mails. Entretanto, ao ressignificar os e-mails com meus colaboradores de pesquisa como "criando conhecimento sobre a felicidade" e os e-mails com os estudantes como "disseminando conhecimento sobre a felicidade", de repente acho que escrevê-los vale mais a pena e me satisfaz.

Agora é a sua vez. Qual é o seu propósito? Eu percebo que é uma pergunta assustadora, então respire fundo, sirva-se de uma bebida forte ou de uma xícara de chá e faça um *brainstorm* sobre *por que* você faz o trabalho que faz. Quando chegar a uma resposta razoavelmente convincente, pergunte-se uma vez mais — por que *isso* é importante para você? Depois pode até mesmo perguntar um outro porquê de fazer isso, e aprofundar ainda mais. É importante ter em mente durante o exercício que o que você identifica como seu propósito, em última análise, tem que importar apenas para *você*. Isso acaba sendo libertador, porque significa que sua métrica para o sucesso não será definida pelos outros. Você terá sua própria medida, o que o manterá intrinsecamente motivado e o orientará a não perder de vista a forma como se compara a seus colegas.

Exercício dos Cinco Porquês

Para identificar seu propósito — o que, em última análise, o impulsiona — pergunte a si mesmo: "Por que eu faço o trabalho que faço?" As primeiras respostas normalmente envolvem ganhar dinheiro ou repetir a definição que consta no dicionário.

Mas, sejamos realistas, *não* é isso que tira você da cama pela manhã. Não é isso que o motiva a "ir para o trabalho" e aparecer novamente no dia seguinte. Não é isso que faz você se sentir realizado quando percebe que fez progressos. Então, pegue sua primeira resposta e aprofunde o nível, perguntando-se novamente: "Por quê?" Por que fazer isso é importante para você? Então, para aprofundar ainda mais sua motivação subjacente, pergunte-se "Por quê?" para essa resposta. Quando responder cinco camadas de porquê, provavelmente já terá chegado ao âmago do porquê de fazer seu trabalho. Esse é seu propósito.

1. Por quê?

2. Por que é *tão* importante?

3. Por que me importo com *isso*?

4. E por que *disso*?

5. Por último, qual é o meu *por* quê?

Faça um Amigo

Há uma pergunta em uma pesquisa feita pela Gallup que, à primeira vista, pode parecer bobagem: "Você tem um melhor amigo no trabalho?"[106] Apesar de soar como algo que um aluno de terceira série perguntaria, é astuto. E a resposta das pessoas à pergunta é surpreendentemente preditiva de sua felicidade. As análises da Gallup revelaram que apenas dois em cada dez funcionários norte-americanos têm um melhor amigo no trabalho. No entanto, aqueles que têm possuem mais do que o dobro da probabilidade de se sentirem envolvidos em seus empregos, produzem um trabalho de maior qualidade e são mais felizes no trabalho. E, como sabemos, a maior felicidade no trabalho se traduz em maior felicidade e satisfação na vida em geral.

A pesquisa de monitoramento do tempo que cobrimos também se conecta com essa questão. Esses resultados mostraram que enquanto as partes *menos* felizes do dia tendem a ser durante o horário de trabalho, as *mais felizes* são aquelas gastas com conexão social. Isso sugere que, se você introduzisse uma interação interpessoal autêntica em algumas de suas horas de trabalho, esse tempo seria mais agradável e significativo. Portanto, meu conselho empírico é o seguinte: faça um amigo no trabalho.

O desafio, entretanto, é que a pobreza do tempo nos acelera durante o dia de trabalho. Com tanto para fazer no escritório e todas as tarefas que nos esperam em casa, geralmente nos sentimos apressados demais para confraternizar com os colegas. Pode até parecer irresponsável desperdiçar minutos brincando perto do bebedouro quando pode passar esse tempo riscando itens de sua lista de tarefas. Mas como já disse antes, quando se trata do seu tempo, o que importa é o que vale a pena, não apenas o que é eficiente.

Vale a pena o tempo investido em fazer amizades no trabalho. Com uma parcela tão grande de nossas vidas acordadas passadas no escritório, seria um desperdício ainda maior passar todas essas horas infeliz. Você também tem que se livrar da noção de que não há lugar em sua esfera profissional para sua verdadeira personalidade. Jennifer Aaker e Naomi Bagdonas explicam em seu livro *Humor,*

Seriously [sem publicação no Brasil] que trazer seu senso de humor para o local de trabalho pode realmente ajudá-lo a realizar mais, ao mesmo tempo em que cultiva maior conexão e diversão.[107]

Para os pais que ficam em casa, isso se aplica igualmente. Caso seus dias de trabalho envolvam estar em comitês na escola de seus filhos, ser voluntário na biblioteca ou no museu local, ou supervisioná-los no playground, faça um amigo nesses lugares. Independentemente de onde você passa as horas de seu expediente, esse amigo estará lá para rir com você, celebrar as vitórias com você e lhe dar aquela avaliação honesta ou o apoio moral que você precisa quando surgem desafios (que inevitavelmente surgirão).

Jeff, um dos fundadores de uma startup em São Francisco, responsável pelo recrutamento e pela retenção da empresa, reconheceu a importância das amizades no local de trabalho. Ele disse à minha turma durante sua palestra que todos os dispendiosos programas de RH que ele havia implementado pouco fizeram em comparação com as amizades que seus funcionários estabeleceram. Ser convidado para estar no casamento de um colega de trabalho ou ser o padrinho de seu filho — *isso é* o que impede que os funcionários concordem em ir trabalhar em outro lugar. Ter alguém que você espera ver no escritório vai motivá-lo a continuar voltando e essa pessoa ajudará a tornar essas horas mais agradáveis e gratificantes.

O Trajeto Precioso

Avaliado ainda mais baixo do que o trabalho, o deslocamento é consistentemente visto como o *menos* agradável de nossas atividades diárias. Como provavelmente se lembra do gráfico que mostra os resultados da pesquisa de monitoramento do tempo, o deslocamento estava *bem no fim* da lista.[108] A razão pela qual ele é tão odiado é por se constituir em uma perda de tempo quintessencial: claro, temos que gastar esses minutos (e em alguns casos, horas) para chegar aonde estamos indo, mas o tempo em si é vazio. E a quantidade é substancial. O norte-americano médio gasta aproximadamente uma hora por dia dirigindo para o trabalho e de volta para casa. Para aqueles que pegam o transporte público, o deslocamento em ônibus, trens ou metrô não é, em média, mais curto.[109] Durante esse tempo, esperamos que ele passe para poder continuar com o resto do dia. E então, para chegar em casa, temos que fazer isso mais uma vez.

Em um mundo ideal, você minimizaria o tempo gasto em deslocamento. Escolheria um trabalho que fosse mais próximo de casa ou um que exigisse menos dias de caminhada até o escritório. Como alternativa, poderia escolher uma casa mais próxima do escritório. Dito isso, essas grandes decisões de vida sobre onde trabalhar e viver raramente acontecem. Ademais, quando você as enfrenta, há uma miríade de outros fatores em jogo. O trabalho que requer mais tempo em trânsito pode ser exatamente a posição que você esperava e uma oportunidade de carreira impossível de ser desperdiçada. Além disso, os imóveis em que se pode ir a pé são caros e podem não incluir boas escolas para seus filhos. Ou você pode ter um cônjuge cujo emprego esteja localizado do outro lado da cidade, portanto ao menos um de vocês terá que sofrer com as viagens pesadas.

Uma das poucas vantagens durante a pandemia da Covid foi que 70% da força de trabalho de repente não teve que passar nenhum tempo em nenhum deslocamento.[110] Com as ordens de permanecer em casa, os funcionários foram forçados (alguns poderiam dizer autorizados) a trabalhar em home office. Em vez de lutar com o tráfego ou acotovelar os colegas de metrô para conseguir um lugar, podíamos ir até a mesa, chegando lá em menos de um minuto. O tempo que costumava ser desperdiçado no trajeto fora recuperado, e esses minutos podiam ser realocados para melhores usos — fazer mais trabalho, exercícios ou relaxar. Talvez não fosse tão surpreendente que, percebendo o tempo antes desperdiçado e agora livre para gastar, as pessoas se recusassem a retornar ao escritório quando as coisas reabriram.[111]

No entanto, nem todos detestam o deslocamento. Veja Jim. Ele vive com sua esposa e seus dois filhos em Nova Jersey — em uma comunidade que eles escolheram cuidadosamente pela união das pessoas e por ter escolas excelentes. Mas acontece que não está perto de seu trabalho: um grande hospital em Manhattan onde ele trabalha como fisioterapeuta. Seu trajeto leva duas horas em cada sentido. Do trem para o metrô e uma caminhada de 4km, e o inverso no fim do dia. Surpreendentemente, ele não odeia isso. Na verdade, adora. Lê livros de espionagem no trem e jornal no metrô, depois pega um café na loja do lado de fora da estação para desfrutar em sua caminhada pela cidade. Nota as mudanças sazonais nas vitrines das lojas e nas árvores. Acena para os passeadores de cães cujas jornadas diárias coincidem com a dele. E se prepara mentalmente para seu dia de trabalho. Caminhando em ritmo acelerado por esse mesmo caminho de volta para casa, libera o estresse do dia e vai para outro capítulo de seu livro de espionagem no trem. Quando entra em casa se sente revigorado, lúcido e ansioso para dar um beijo na esposa e começar a ajudar as crianças com seus deveres de casa.

O que há de diferente entre esse trajeto e o trajeto típico que tantos experimentam como excruciante? Para Jim, o tempo não é um desperdício. As horas que passa para chegar e sair do trabalho são valiosas para ele. Consegue ler. Não se entrega aos livros de espionagem em casa, porque lá seus filhos e sua esposa recebem toda a sua atenção. A caminhada lhe dá tempo ao ar livre para mover seu corpo, observar a vida da cidade e pensar. Esse é seu tempo e é o único tempo durante o dia que pertence exclusivamente a ele. Ele não tenta se apressar quando está nele simplesmente para chegar aonde está indo (caso contrário, teria ido de metrô até o centro da cidade).

O trajeto de Jim oferece uma importante pista de como melhorar esse tempo diário tipicamente oneroso. Jim vincula seu deslocamento a fazer algo mais que ele valoriza. Ele aplica a mesma estratégia de agrupamento que pode tornar as tarefas mais divertidas. Ele agrupa seu tempo de viagem a *seu* tempo — para ler, se exercitar e pensar. Transformou o tempo de desperdício em um tesouro.

Em vez da habitual navegação sem sentido no rádio ou no celular, passe seus minutos viajando entre a casa e o trabalho intencionalmente. Aqui estão algumas ideias para outras atividades úteis que pode agregar a seu trajeto:

Se você se deslocar de carro, precisará de opções com mãos livres que não exijam atenção visual:

♦ Ouça audiolivros. Uma das atividades que escuto com frequência as pessoas dizerem que gostariam de ter mais tempo é ler por prazer. Se você dedicasse seus trinta minutos de viagem de ida e volta ao trabalho todos os dias para ouvir um audiolivro, seria capaz de completar um novo livro a cada duas semanas. Isso pode até permitir que você finalmente se comprometa a se juntar àquele clube do livro. Acompanhar a leitura de um clube do livro pode ser um desafio; essa estratégia de agrupamento pode ajudá-lo a enfrentar esse desafio e desfrutar de uma fonte de amizade.

Para se animar a entrar no carro, selecione um suspense fascinante, um romance que o leve à experiência do outro, um livro que lhe dê bons conselhos, história, biografia ou um livro de negócios. Você decide. *É o seu momento.*

- Ouça podcasts. Existem tantos maravilhosos que podem mantê-lo inspirado e informado.

- Aprenda uma nova língua. Nunca tentei esse método de aprender uma língua, mas entendo que existem alguns programas de áudio bastante eficazes. É algo que não só lhe permitirá se comunicar e se conectar com mais pessoas, mas o deixará preparado para pedir deliciosas refeições em férias futuras.

- Telefone e coloque a conversa em dia com seus pais, filhos adultos ou amigos. Agora você conhece a felicidade profundamente enraizada que vem da conexão social; no entanto, em meio a agendas ocupadas, pode ser difícil encontrar trinta minutos para ligar e conversar. Aqui está aquela meia hora que estava procurando! Você pode usar esse tempo no carro para se reconectar e ficar conectado com seus entes queridos. Como seu horário de viagem é bastante previsível, pode até mesmo estabelecer uma data de ligação semanal permanente, permitindo que façam parte do dia a dia um do outro, apesar da distância geográfica.

Embora possa exigir fones de ouvido e proibir conversas em voz alta, o transporte público oferece outras opções de agrupamento, pois você pode olhar fisicamente para o que está fazendo:

- Leia... incluindo livros com ilustrações.
- Escreva. Comece a escrever seu próprio romance ou comece a manter um diário.
- Verifique o e-mail. Use esse tempo para limpar sua caixa de entrada para que não tenha que perder tempo quando chegar à sua mesa ou em casa. Rob admite que sente falta de sua viagem de trem diária de uma hora entre a estação da Filadélfia e a Penn de Nova York, porque conseguia ler o jornal inteiro todas as manhãs e, à tarde, ler todos os e-mails e chegar em casa com uma caixa de entrada vazia e a cabeça limpa.
- Assista à TV. Com conteúdo agora transmitido para nossos celulares, pode sentar-se no ônibus assistindo aos programas de TV que ninguém mais de sua família gosta. Assistir a seus programas durante esse tempo reduzirá o atrito familiar e liberará tempo para passar de outras formas quando estiver fora do ônibus.

Se você tiver a sorte de poder ir andando ou de bicicleta para o trabalho, seu deslocamento será naturalmente agregado com a felicidade de estar ao ar livre e se exercitar. Enquanto caminha para o escritório, poderia acrescentar mais um elemento e ouvir audiolivros ou podcasts, ou telefonar para alguém que você ama. É claro, também poderia desfrutar desse momento a céu aberto e usá-lo para pensar. Como Jim, você também pode valorizar seu trajeto.

Torne Mais Felizes Suas Horas Menos Felizes

Não sucumba à rotina. Não passe as horas de sua semana de trabalho esperando que elas passem. Essa é a oportunidade de sua vida e não pode desperdiçá-la. Apesar do que possa ter sido levado a acreditar, as horas que você passa nos afazeres domésticos, trabalhando e se deslocando são de fato suas. E você tem uma variedade surpreendente de escolhas em como gastá-las. Com um pouquinho de intenção, pode transformar esse tempo que parece digno da lata do lixo em um presente. Agora você tem estratégias para tornar o que tradicionalmente têm sido as horas menos felizes de seu dia a dia em horas bem mais significativas, conectadas e divertidas. As mudanças são poucas, mas os efeitos, grandes.

LIÇÕES DO CAPÍTULO QUATRO

- Embora, em média, os afazeres domésticos, o trabalho e os deslocamentos sejam as atividades associadas aos níveis mais baixos de felicidade, existem algumas estratégias surpreendentemente simples que você pode empregar para tornar essas horas mais felizes.
- Gaste dinheiro para pagar pelas tarefas domésticas e reinvista esse tempo que economizou de maneiras mais gratificantes (isso é, com os entes queridos).
- Aumente sua motivação, seu prazer e sua satisfação no trabalho:
  - identificando seu propósito — *por que* você faz o trabalho que faz; e
  - fazendo um amigo.
- Agregue em seu trajeto uma atividade que aprecia (por exemplo, ouvir audiolivros no carro ou ler livros no trem) para que esse tempo pareça mais um deleite e menos um desperdício.

Cinco

PARE E CHEIRE AS ROSAS

Seja feliz neste momento. Este momento é a sua vida.
— Omar Khayyam

Em 2017, quatro anos após meu despertar no trem, voltamos para a Califórnia e estávamos vivendo meu sonho. Compramos uma casa ao lado do campus da UCLA e Leo foi para a pré-escola sob a sombra de eucaliptos — a uns 300m do meu escritório. Eu podia levá-lo até lá todas as manhãs.

Certo dia, estávamos a caminho da escola. Como sempre, estava perfeito: o sol brilhava, os pássaros cantavam e Leo, de 4 anos, pulava e ria alguns passos atrás de mim. Era perfeito — até me incluir na cena. Eu ia na frente com uma carranca no rosto. Estava quase na hora da minha primeira reunião do dia. A alguns passos, gritava para ele:

— Vamos, por favor, depressa.

Então ele parou:

— Mamãe, espera!

Eu não queria esperar.

— Leo, venha. Estamos atrasados!

Estava percorrendo mentalmente minha lista de afazeres diários, sentindo o pânico crescente de não conseguir fazer tudo antes de ir buscá-lo naquela tarde.

— Mas mamãe, olhe!

Eu me virei e o vi enfiar o rosto em um arbusto de rosas brancas que floresciam ao longo do caminho.

— Leo — gritei enquanto continuava caminhando. — Não temos tempo para parar e cheirar as rosas!

Quando ouvi as palavras saindo da minha boca, parei. Como uma especialista em tempo e felicidade, fiquei horrorizada comigo mesma e mortificada. Foi tão errado, e *tão* ridiculamente apropriado. Em vez de desfrutar da caminhada para a escola com meu filho, estava presa em minha cabeça: planejando, preparando, ansiosa pelo que estava por vir. Não tinha notado a temperatura perfeita, muito menos a explosão da fragrância que atravessei. Não estava prestando atenção. Estava totalmente ausente!

Soa familiar? Lamentavelmente, todos nós compartilhamos a tendência de perder momentos perfeitos em nosso caminho diário. Neste capítulo, aprenderemos por que, e, mais importante, as maneiras pelas quais você pode se ajudar a perceber as coisas boas que estão bem ali na sua frente. Ao contrário do Capítulo 3, isso não é uma orientação para gastar seu tempo em diferentes atividades. E, ao contrário do Capítulo 4, não é um conselho de como melhorar as temidas atividades. Trata-se de melhorar a qualidade do tempo que você já gasta bem.

Acostume-se com as Coisas

Nos primeiros meses de caminhada de Leo até sua nova pré-escola, também reparei nas flores. A caminhada capturava tudo pelo qual Rob e eu tínhamos trabalhado tanto. Finalmente estávamos de volta à Califórnia e em empregos que adorávamos. Quando cheguei ao meu escritório, já estava exultante. Não precisaria descongelar após retirar camadas e camadas de roupas. Não precisaria ligar a luminária da minha mesa que fingia ser a luz do sol. Em vez disso, abri a janela do escritório com vista para a colina gramada, onde em breve estudantes universitários de sandálias colocariam suas redes de descanso portáteis. Grata, eu inspiraria profundamente mais uma vez o ar seco do sul da Califórnia e sentaria para começar meu dia de trabalho.

Mas, depois de fazer esse mesmo caminho com Leo todos os dias durante meses, me acostumei. Tinha me acostumado tanto que deixei de perceber. E, sem perceber, não havia nenhuma chance de que essa situação verdadeiramente adorável continuasse a ter a mesma influência positiva em meu humor. Os pesquisadores chamam isso de *adaptação hedônica*. Nós, humanos, temos uma forte propensão para nos adaptarmos depois de uma exposição contínua e repetida. Ver a mesma coisa, fazer a mesma coisa ou estar com a mesma pessoa repetidas vezes diminui seu impacto em nossa experiência emocional. Simplificando, nos acostumamos às coisas com o tempo.

Uma vez que o mundo não se limita às manhãs cor-de-rosa, nossa capacidade de adaptação pode se revelar bastante útil. Após a exposição contínua ao som de um aspirador irritante, por exemplo, ficamos menos irritados.[112] Isso foi demonstrado em um conjunto infeliz (mas aos poucos menos irritado) de participantes da experiência. Da mesma forma, a água de um lago frio começa a parecer menos gelada após alguns minutos, nos preparando para o mergulho.

A adaptação nos ajuda a sobreviver a aborrecimentos e desconfortos, e também a situações difíceis e dolorosas. Embora haja algumas perdas às quais não nos adaptamos tão prontamente, nossa capacidade de adaptação emocional nos torna surpreendentemente resilientes.

Tomemos como exemplo a pandemia da Covid. Para amenizar a propagação do novo coronavírus, fomos forçados a passar grande parte de 2020 confinados em nossas casas — sem poder nos reunir com amigos em restaurantes, ver colegas no escritório, caminhar pelos corredores dos museus ou levar nossos filhos à escola. Tivemos que renunciar aos locais onde nos diplomamos com tanto esforço ou às férias que havíamos planejado com cuidado e esperávamos ansiosamente. E *depois*, quando finalmente fomos autorizados a voltar aos espaços compartilhados, nossos rostos foram cobertos por máscaras, limitando a conversa e eliminando os sorrisos amigáveis.

Nós nos adaptamos aos inconvenientes e às decepções. Criamos novas formas de conexão e de exploração. Continuamos de pé do outro lado, e até sentimos alguma felicidade pelo caminho. Com a capacidade de adaptação, somos capazes de tolerar circunstâncias adversas. As pesquisas até mostraram que os presos aprendem a lidar com o isolamento na solitária.[113]

A adaptação hedônica é útil para diminuir a dor das más experiências. No entanto, ela também diminui o prazer das boas experiências. Uma vez que as coisas boas da vida se incorporam no tecido de nosso dia a dia, deixamos de percebê-las. Experimentamos menos prazer com os fios coloridos que passam por nós. Perdemos *muito* da felicidade potencial.

Você pode ver essa dinâmica em um pote de sorvete. Imagine a primeira colherada de chocolate gelado cremoso delicadamente misturado com caramelo salgado. Qual é o sabor?... Divino! A terceira e a quarta colheradas também têm um sabor maravilhoso. A sexta ainda tem um sabor maravilhoso. A oitava é boa. Na décima colherada, você está comendo sem sentido, pensando mais sobre aonde está indo do que sobre o sorvete na boca. Seu prazer diminui gradualmente e, lá pela vigésima, já se excedeu e provavelmente está um pouco enjoado. A adaptação hedônica explica por que a primeira colherada sempre tem melhor sabor (e apoia minha crença de que as refeições devem começar com a sobremesa).

Mas não se trata apenas de comida. Pense na emoção quando ouve sua canção favorita. Você canta junto e, quando termina, quer que ela volte a tocar. Porém, depois de repetir várias vezes, sem parar, o som se misturou ao pano de fundo ou começou a chiar.

O problema é que a adaptação hedônica não se limita a silenciar nossas reações a pequenos prazeres, como sorvete, uma canção favorita ou um passeio ensolarado. Ela também nos deixa insensíveis a grandes alegrias. Pense na primeira vez em que seu parceiro disse: "Eu te amo." Recorde esse momento da maneira mais viva possível e lembre-se de como se sentiu. Meu palpite é que você foi completamente tomado por uma felicidade que abalou o coração. Provavelmente sentiu tanta alegria que era inconcebível que aquelas três palavras se tornassem abreviadas para o mais eficiente "amo você" usado para encerrar os telefonemas e anunciar que você está saindo de casa todas as manhãs. Até mesmo algo tão determinante para a vida como a declaração de amor se mistura ao pano de fundo.

Pesquisas documentaram esse declínio gradual da felicidade até mesmo depois da sorte mais extraordinária. Inclusive ganhar na loteria — um cenário com o qual muitos de nós gostamos de sonhar acordados. Claro, provavelmente havia fatores adicionais em jogo aqui, mas um estudo comparando ganhadores e não ganhadores da loteria que representavam demografias semelhantes descobriu que os ganhadores não eram na verdade tão felizes assim.[114] Como pouquíssimos de nós teremos tanta sorte a ponto de ganhar na loteria, que tal o efeito de receber um grande aumento no trabalho? Uma equipe de pesquisadores abordou essa questão ao monitorar milhares de indivíduos ao longo de dezesseis anos, medindo seus níveis de renda e de felicidade. Com base nas mudanças na felicidade dessas pessoas após mudanças em sua renda, os pesquisadores concluíram que um aumento significativo na renda produz um aumento *inicial* significativo na felicidade. Mas, dentro de quatro anos, sua felicidade retornou aos níveis iniciais.[115]

Isso em relação ao dinheiro. E o amor? Com base na mesma abordagem longitudinal, outro conjunto de pesquisadores mediu os níveis de felicidade das pessoas com relação à mudança no estado civil. Os dados revelaram um padrão em forma de montanha que atingiu o seu auge no dia do casamento; uma inclinação na felicidade durante os dois anos que levaram ao grande dia; e, depois disso, um declínio constante para a felicidade inicial. Em dois anos, os indivíduos passaram da emoção de "Recém-casados!" para o fato de apenas estarem casados.[116]

Você pode achar essas descobertas difíceis de aceitar, embora a reação seja, em si mesma, um fenômeno psicológico documentado chamado *viés de impacto*.[117] A falta de quaisquer efeitos duradouros de tais eventos certamente felizes é difícil de engolir. Isso porque provavelmente você está imaginando como se *sentiria* se tivesse tanta sorte a ponto de conseguir um grande aumento ou de encontrar o amor de sua vida. Mas, em sua imaginação, está considerando *apenas* o efeito desse único evento singular em sua felicidade. Não está levando em conta todos os outros fatores que em breve influenciariam seus sentimentos cotidianos e sua avaliação de vida.

Digamos que você teve de fato a sorte de encontrar alguém surpreendente a ponto de prometer de todo o coração passar o resto de sua vida com essa pessoa. Você ficaria muito feliz com a perspectiva de poder acordar ao lado dela todos os dias. Mas, logo, todos os dias se tornam um outro dia. Anos depois de seu casamento, você ainda estaria acordando ao lado dessa pessoa, porém uma série de outros dados entrariam no seu estado de humor ao abrir os olhos. Provavelmente teria que sair correndo da cama para se arrumar para o trabalho, e talvez aprontar seus filhos para a escola. Então o trânsito, o clima, um feedback recente do chefe, a próxima reunião de pais e professores de seu filho, uma conversa difícil que você teve com um colega... todas essas coisas, entre muitas outras, influenciariam o quanto estaria satisfeito. Acordar durante anos ao lado de alguém torna-se tão confortável que você nem percebe e muito menos se concentra nisso como uma fonte de incrível sorte e alegria.

Tempo Restante

Mas e se você percebesse que o amor de sua vida não estaria por perto para sempre? Ou, de forma menos dramática, que as circunstâncias de sua vida diminuiriam os momentos que vocês passariam juntos? Afinal, seu tempo juntos chegará ao fim. Porém, antes disso, vocês provavelmente começarão a fazer as coisas que gostam de fazer juntos com menos frequência. Ou, quando você for capaz de fazer essas coisas, alguns elementos terão mudado para tornar esses momentos um pouco menos perfeitos. Sim, você e seu cônjuge continuarão a acordar na mesma cama, mas talvez seus horários conflitantes os impeçam de se levantar ao mesmo tempo. Ou será puxado da cama por uma criança faminta antes que tenha a chance de dizer bom dia ao parceiro. *Ou* talvez mesmo esse prazer mais básico do casamento seja trocado por uma boa noite de sono, deslocando o que ronca para o sofá.

Eu não levo mais Leo para a escola, pois ele passou para o ensino fundamental, que fica a 8km de carro. Ele agora pega carona, então, nos dias em que o levo para a escola, está ocupado negociando a escolha da música com seu colega de classe. Se tivesse percebido o pouco tempo que me restava para caminhar com Leo até a pré-escola, teria prestado mais atenção. Eu sempre teria notado as flores.

Quando nos damos conta de que o tempo que nos resta é limitado? O que nos leva a desfrutar das pequenas alegrias da vida?

Idade

Quando eu morava na Filadélfia, em uma segunda-feira, ao entrar no trabalho, encontrei Amit, um de nossos alunos de doutorado. Ele perguntou educadamente como foi meu fim de semana, ao que eu respondi com exuberância:

— Foi incrível!

— Uau — disse ele. — O que você fez?

Hesitei. Na verdade, não tinha feito muita coisa e certamente nada excitante o suficiente para relatar com aquele nível de entusiasmo. Descrevi um fim de semana de passeio pelo bairro com Rob e depois com Leo, de 2 anos. Tínhamos experimentado um novo lugar para o brunch que tinha um carrinho de Bloody Mary. Assistimos a filmes. Percebi que soava bem simples, como descrevi, mas ainda assim insisti:

— Foi tudo muito divertido.

Em seguida, perguntei sobre o fim de semana dele. Ele havia tomado o trem para Nova York a fim de se encontrar com um grupo de amigos da faculdade para uma noite épica. Tinham conseguido ingressos para o concerto mais quente do ano. "Merece a fama", disse ele, radiante. Objetivamente, não havia dúvidas de que o fim de semana dele foi muito mais emocionante do que o meu. Mas, ainda brilhando por causa dos meus dois dias de total contentamento com minhas duas pessoas favoritas, me perguntava qual de nós *estava* mais feliz.

Quando Amit e eu chegamos a nossos escritórios, tínhamos decidido explorar juntos essa interessante questão empírica.[118] Percebemos, seja como for, que nada na literatura acadêmica sobre consumo experimental ou hedônico poderia servir de confirmação.

Olhando a cultura pop, encontramos respostas diferentes. Recordamos o personagem de Robin Williams exortando seus alunos na cena principal de *Sociedade dos Poetas Mortos:* "Carpe diem! Aproveitem o dia, rapazes. Tornem suas vidas extraordinárias!" Um ponto para o fim de semana de Amit.

Mas e quanto a *Antes de Partir*? Nesse filme, os personagens de Morgan Freeman e Jack Nicholson descobriram que estavam em estado terminal, o que os levou a se lançarem em aventuras incríveis escalando montanhas e pulando de aviões. Entretanto, no fim (alerta de spoiler), descobriram sua maior felicidade em casa nos momentos tranquilos no quintal e na mesa da cozinha com seus amigos e familiares mais próximos. Um ponto para o meu.

Então, qual delas? São as experiências extraordinárias que nos excitam e nos tiram do âmbito de nossa vida diária ou são os momentos comuns e doces que compõem nossa vida diária? O extraordinário ou o comum contribuem mais para nossa felicidade?

Para responder empiricamente a essa pergunta, Amit e eu começamos a questionar centenas e centenas de pessoas. Os participantes representavam todos os gêneros, com idades, níveis de renda e raças variados. Pedimos que nos falassem sobre uma experiência recente e feliz de suas vidas. Instruímos metade deles a nos contar sobre uma experiência que foi *extraordinária* e a outra metade a nos contar sobre uma experiência que foi *comum*. As experiências que as pessoas se lembraram incluíram "Eu mergulhei no Buraco Azul em Belize"; "Tomei um Frappuccino delicioso! Foi perfeito naquele dia, pois estava realmente quente e abafado, e a bebida estava bem gelada"; "Eu me casei"; "Meu cachorro veio e se aconchegou comigo no sofá"; "Tomei sol no quintal"; e "Recebi uma mensagem de um grande amigo". Aposto que você pode imaginar que tipo de experiência cada uma delas foi.

Procurando por temas, encontramos diferenças claras nas experiências felizes que as pessoas compartilharam:

As experiências extraordinárias tendiam a representar um dos três tipos:

1. *Marco da vida* — formatura, conseguir um bom trabalho, casar, ter um bebê, ter netos.
2. *Férias de uma vida* — escalar Machu Picchu, viajar para Paris, mergulhar no Grande Buraco Azul em Belize.
3. *Evento cultural* — ir a um show, assistir a um evento esportivo profissional, comer em um restaurante de renome mundial.

As experiências comuns ficaram em um conjunto separado de blocos:

1. *Momento simples compartilhado com um ente querido (incluindo animais de estimação)* — receber uma mensagem de um amigo, um beijo de bom dia do cônjuge, passear com o filho, relaxar com o cachorro.
2. *Um mimo* — uma bela taça de vinho, um sanduíche delicioso, um banho quente, ler um bom livro confortavelmente, um Frappuccino gelado em um dia quente.
3. *Natureza* — observar o pôr do sol, uma paisagem ou rosas florindo.

Quais foram melhores: as experiências extraordinárias ou as comuns? Para responder, pedimos aos participantes, além de nos contar suas experiências, que relatassem o *quanto* suas experiências os deixaram felizes em uma escala de 9 pontos. A resposta dependia da idade. Para as pessoas mais jovens, as experiências extraordinárias produziram maior felicidade do que as comuns. Contudo, para as pessoas mais velhas, as experiências comuns produziram *tanta* felicidade quanto as extraordinárias. Ou seja, não houve uma diferença estatisticamente significativa na alta felicidade desfrutada com as experiências extraordinárias e comuns no segmento mais velho.

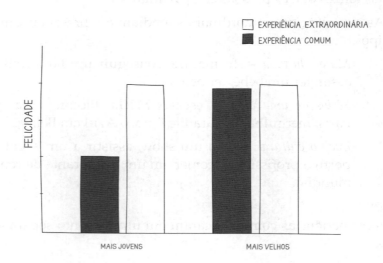

Se você está se perguntando o que conta como "mais jovem" versus "mais velho", neste gráfico o corte está nos 35 anos. Mas não há nada de mágico nessa idade; era apenas a idade média de nossos participantes, então nós a utilizamos para dividir os dados. Realmente, a felicidade das experiências comuns aumenta gradualmente com a idade. À medida que as pessoas envelhecem, elas naturalmente começam a reconhecer a natureza limitada de seu tempo restante na Terra. Percebendo que seu tempo é precioso, as pessoas ficam mais propensas a desfrutar até mesmo dos momentos mais simples. Tais resultados indicaram que, embora eu não fosse muito mais velha que Amit, estava a caminho da próxima fase da vida. E isso explicou a composição diferente de nossos felizes finais de semana.

Crise

A idade é apenas um indicador de quanto tempo temos para viver. Um lembrete mais comovente é testemunhar o fim da vida dos outros. Ver a morte nos força a reconhecer que nosso tempo restante pode ser assustadoramente curto. Em 11 de setembro de 2001, terroristas mataram quase 3 mil pessoas no espaço de poucas horas. Embora a maioria das vidas tenha se perdido em Nova York, pessoas em todo os EUA e ao redor do mundo foram confrontadas com sua mortalidade. Eles se aproximaram de seus entes queridos e os abraçaram com mais força. Os pesquisadores observaram: "Quando há pistas no ambiente para enfatizar a finitude da vida, as pessoas mostram preferências por relacionamentos que são próximos e significativos."[119]

A pandemia da Covid também levou mais pessoas a desfrutar de momentos simples e compartilhados. A morte foi maior para muitos de nós durante esse tempo, com a TV, o rádio e os jornais nos atualizando constantemente com as últimas notícias. Muitos perderam alguém que amavam. Ao mesmo tempo, sendo duramente lembrados da natureza finita de nossas vidas, fomos forçados a fazer uma pausa, ordenados a ficar em casa para reduzir a propagação do vírus. De quarentena em nossas casas, não havia nada a fazer *a não ser* prestar atenção ao aqui e agora.

Naquela época, Leo estava na primeira série e ficava preso em casa depois de sair da escola. Como desculpa para nos tirar de casa, restabelecemos nossas caminhadas diárias pelo campus da UCLA, mas durante esses dias eu não tinha que me apressar para ir a nenhum escritório. Ciente de que a vida era frágil e o tempo, em última análise, limitado, estava mais concentrada no presente. Estava mais concentrada em Leo. Juntos, fomos mais devagar para admirar as roseiras.

Não fui a única a encontrar uma felicidade inesperada naquele momento inquestionavelmente infeliz. Enquanto para algumas pessoas as circunstâncias se tornaram indiscutivelmente mais difíceis, para outras as coisas desaceleraram. Uma amiga descreveu a nova rotina noturna de sua família. Seu filho de 7 anos preparava a mesa para o jantar em família, seguido de um jogo de cartas: "James definitivamente inventou alguns quadros criativos! Ele decide sobre um motivo para cada noite e segue com ele. A noite passada era um tema de Natal — com carreiras de velas festivas, guardanapos vermelhos e pratos especiais." Ela refletiu: "Antes, meus dias estavam cheios, mas não com coisas que eram gratificantes. Aquele tempo nos aproximou."

Estágio da Vida

É claro que não precisamos de uma crise para perceber que nossos dias estão contados, nem temos que chegar à velhice. O fim de uma *fase da vida* também pode nos forçar a aproveitar ao máximo nosso tempo.

Às vezes isso acontece diante de uma ação pendente. Se você já deixou uma cidade, talvez tenha notado que passou mais tempo com seus amigos próximos e vizinhos pouco antes de partir. Também pode ter revisitado seus locais favoritos e jantado nos restaurantes onde se sentia mais bem-vindo. Dizer adeus nos força a desfrutar dos prazeres que temos.

Você pode ter tomado consciência dessa mesma apreciação das atividades preferidas à medida que se aproximava a formatura da faculdade. Os últimos dias desses anos dourados provavelmente pareceram ainda mais brilhantes do que os demais. Isso foi demonstrado em uma experiência com os estudantes do último ano. Seis semanas antes da formatura, os estudantes foram instruídos a escrever sobre sua experiência universitária — lembrando que lhes restava pouco tempo ("a formatura é em breve") ou um tempo significativo ("a formatura está longe"). Algumas semanas depois, esses estudantes relataram sua felicidade. Aqueles que tinham sido levados a perceber sua vida universitária restante como limitada, estavam mais felizes. Eles estavam mais felizes porque tinham aproveitado mais o tempo. Tinham passado o tempo se divertindo com seus amigos mais próximos e visitando seus lugares mais queridos no campus.[120]

Tais descobertas revelam nossa motivação profundamente enraizada para tornar nossos finais tão felizes quanto possível. Também explica por que os participantes da experiência encarregados de comer chocolates relataram o quinto como mais saboroso se fosse apresentado como seu "último" (versus o "seguinte") chocolate da sequência.[121]

Contagem

O que podemos fazer para continuar lembrando que os momentos que desfrutamos na vida cotidiana são, de fato, limitados? Independentemente da idade e da posição na vida, como podemos compensar nossa tendência a nos adaptar aos prazeres e às alegrias da vida? Aqui está um exercício inspirado em Tim Urban que dá um incentivo para continuar percebendo e apreciando as coisas boas.[122] Eu o faço com meus alunos todo ano, orientando-os a calcular a proporção de tempo que resta de uma experiência que eles amam.

Mas, antes, ressalto o quanto nosso tempo de vida é mensurável e finito na realidade. Apresento-lhes uma página mostrando nove linhas com dez círculos — uma representação visual de seus 90 anos de vida (pressupondo que eles tenham sorte e sobrevivam à média nacional). Depois lhes apresento uma página mostrando sua vida em meses (1.080 círculos menores), depois semanas (4.680 círculos ainda menores) e finalmente em dias (32.850 pontos). Ainda que haja muitos pontos nessa última página, é notável que *todos* esses pontos — toda terça, sexta e domingo — cabem facilmente em uma única folha. Isso destaca que nossos dias estão contados. Nosso tempo é contável.

SEUS 90 ANOS DE VIDA EM MESES

Entretanto, o verdadeiro valor do nosso tempo não é realmente capturado em unidades temporais (ou seja, um dia, uma semana, um mês). O valor do nosso tempo vem do que preenche esses dias, semanas e meses — os eventos que vivemos ao longo desses 32.850 dias: os 22 Jogos Olímpicos de Inverno (supondo que nenhum seja cancelado por guerras ou pandemias), os 8.212 pores do sol no verão, as 90 primaveras, os 4.680 jantares das noites de domingo e as 23.400 manhãs de dia útil.

Contudo, muitos eventos ocorrem durante um subconjunto mais limitado desses 90 anos — talvez porque não estávamos prontos para eles em nossa juventude (por exemplo, sexo) ou porque ainda não estamos prontos para eles em nossos últimos anos (por exemplo, sexo). Mais criticamente, já que nossos eventos mais felizes tendem a envolver outras pessoas, temos que levar em conta quando essas pessoas estarão disponíveis para participar do evento. Os eventos que ocorrem todas as semanas (como o jantar de domingo à noite com os pais) ou todos os dias da semana (como levar Leo à pré-escola) só acontecem em uma parte limitada do número total de vezes em potencial. Acompanhei Leo à pré-escola muitas vezes. Como fizemos isso quase todos os dias durante esse período, pensei nisso como uma atividade diária. Consequentemente, me adaptei a ela como se continuássemos a fazer todos os dias para sempre. Mas eu não considerei um ponto. Não percebi que naquela mesma manhã, quando tentei fazer com que ele se *apressasse*, já tínhamos completado 80% daqueles trajetos. Só restavam 20% do nosso tempo para passar pelas roseiras, caminhando juntos pelo campus.

Para incitar meus alunos a continuarem a notar as coisas boas, os instruí a primeiro identificar algo que gostassem. Em sua maioria, eles pensam em uma atividade que curtem fazer com alguém que gostam. Um aluno escolheu passear com seu cachorro aos sábados de manhã, outro decidiu assistir a esportes com seu amigo e um terceiro escolheu jantar com os pais.

Em seguida, lhes pedi para calcular aproximadamente quantas vezes já fizeram essa atividade em suas vidas até o momento.

Na sequência, solicitei que calculassem o número aproximado de vezes que é provável que realizem essa atividade no futuro:

quantas vezes ainda lhes restam. Entendo que parece um pouco mórbido. Nossa cultura tende a evitar confrontar a natureza finita de nossos dias. Ainda assim, tenha paciência, pois isso aumentará seu prazer e sua satisfação.

Para os cálculos futuros, lembro que eles devem levar em conta os fatores limitantes e os fatores que provavelmente mudarão. Por exemplo: eles vivem atualmente e continuarão a viver no mesmo lugar que essa pessoa? Como as mudanças na situação familiar ou profissional dessa pessoa influenciariam sua disponibilidade? Como as mudanças em sua situação familiar ou de trabalho influenciariam sua própria disponibilidade? Qual é a longevidade esperada da outra pessoa e a deles?

Os resultados desse cálculo são sempre impressionantes. Por exemplo, meu aluno que calculou os passeios com seu cão aos sábados contou que ele passeou com o cão de 5 anos aproximadamente 230 vezes (contabilizando o fato de que ele havia adotado seu companheiro peludo quando o animal tinha seis meses de idade e alguns fins de semana foram perdidos para viagens de trabalho). Supondo que seu cão viveria mais cinco anos (e que ele teria mais algumas viagens de trabalho durante esse tempo), calculou que lhes restavam 52% de suas caminhadas de sábado. Percebendo que eles já tinham feito aproximadamente metade das caminhadas de fim de semana juntos, restando apenas metade, meu aluno se comprometeu consigo mesmo (e com seu cão) a aproveitar ao máximo o tempo restante deles. E disse que no sábado seguinte, em vez de dar uma volta rápida pelo quarteirão, abasteceu o carro e foi com seu cão para a praia, que ambos adoravam.

Ao calcular o tempo que lhe restava com seu amigo peludo e o quanto era terrivelmente limitado, meu aluno verificou que seus sábados restantes juntos eram ainda menos do que ele esperava. Esse aluno fez outro curso meu seis meses mais tarde. Ele chegou atrasado à apresentação final de seu grupo, o que era surpreendente, dada sua consciência. Posteriormente, explicou que tinha acabado de vir do veterinário onde teve que sacrificar seu cão. Quando fez seus cálculos iniciais, ele não sabia que o cão seria diagnosticado com um câncer de rápida expansão. Embora triste, estava grato por ter feito o exercício — pelo incentivo para desfrutar aqueles passeios e por ter ido para a praia.

Outro aluno, que calculou o tempo que passou no sofá assistindo a esportes com seu melhor amigo, ficou envergonhado e chocado (mas também um pouco orgulhoso) ao saber que havia passado aproximadamente 4.700 horas em frente à TV. Isso incluía as horas que haviam passado depois da escola e nos fins de semana durante os anos de ensinos fundamental e médio, assim como as que haviam passado desde que cada um deles tinha ido para a faculdade, quando se dedicavam a voltar para casa para compensar as horas perdidas juntos torcendo por seus times. Desde que se mudaram para cidades diferentes após a formatura, com empregos restringindo a duração de suas viagens para casa, começaram a visitar um ao outro em suas novas cidades algumas vezes por ano. Mas, agora que meu aluno estava namorando seriamente e seu amigo era casado e tinha uma criança de 2 anos, coordenar essas visitas tinha ficado mais difícil. E, quando o faziam em um fim de semana, não estavam livres para passar tantas horas batendo papo e assistindo a esportes. Entristecido por perceber que ele só tinha 5% de seu tempo total para ficar com o melhor amigo, ele o chamou durante o intervalo da aula seguinte para dizer oi e marcar uma "viagem de homens" para o mês seguinte.

Durante o intervalo da aula, também ouvi a aluna que tinha calculado os jantares com seus pais ligando para eles. Antes de ir para a faculdade, ela tinha jantado com os pais praticamente todas as noites (com exceção de algumas dormidas na casa de amigos e um verão estudando no exterior). Observou que o número de jantares juntos havia sido drasticamente reduzido enquanto estava na faculdade. Ela voltava para casa por algumas semanas todo Natal e férias, e seus pais a visitavam na escola alguns fins de semana por ano. Essa frequência mínima continuou durante os seis anos após a faculdade, enquanto ela trabalhava em Nova York. Querendo ficar mais perto da família, ela havia voltado para o sul da Califórnia para fazer pós-graduação. Como seus pais viviam agora a apenas uma hora de distância, estabeleceram uma rotina de jantares no domingo à noite.

Com os pais na casa dos 60 anos, minha aluna percebeu que só restavam umas duas décadas de jantares semanais. Seus cálculos determinaram que ela tinha menos de 1% do total dos jantares que restavam juntos. Ela me confessou que isso a fez sentir-se culpada pelos poucos domingos que cancelou devido a trabalhos de curso ou eventos com amigos. Também ficou triste ao reconhecer que seus pais estavam envelhecendo. No entanto, os efeitos positivos do cálculo superaram em muito os negativos. Seguindo em frente, ela se comprometeu a reservar essas noites, por mais ocupada que estivesse com a faculdade ou por mais tentador que parecesse outro convite social. Mais tarde no trimestre, quando chequei como estava indo, ela disse que não só tinha passado o tempo com seus pais, mas que gostava mais do tempo. Aquele cálculo fez com que tivesse uma conversa mais significativa sobre a vida de seus pais antes dela nascer, pedindo seus conselhos e se recordando de suas divertidas e engraçadas passagens compartilhadas. Ela admitiu que agora deixava de lado os comentários de sua mãe, que antes poderiam tê-la incomodado: "Não fazia sentido desperdiçar momentos preciosos chateada com pequenas coisas."

Exercício do Tempo Restante

Como forma de compensar a adaptação hedônica e a propensão de parar de notar as coisas boas da vida, contabilize a proporção de uma atividade particularmente feliz que lhe resta.

1. Identifique uma atividade que você realmente aprecia. Pode ser qualquer coisa: algo que você faz com uma pessoa em particular, algo que você tem adiado... Mesmo assim, deve ser alguma coisa importante para você (como ligar para seu melhor amigo, ler por prazer, jantar com seus pais).

   Por exemplo: estudante de 29 anos calculando os jantares que ainda restam com os pais.

2. Calcule o número total de vezes que fez essa atividade no passado.

   Jantares antes da faculdade:
   18 anos x 365 dias = 6.570

   Mas depois precisa subtrair 2 meses de jantares enquanto estudava fora (60) e algumas noites que passou com amigos (20).
   Então, 6.490 jantares antes da faculdade.

   Jantares durante a faculdade:

4 anos com férias de 3 semanas (4 x 21 = 84), mais

4 anos com visitas de férias de 3 semanas (4 x 21 = 84), mais

4 anos com 3 visitas de final de semana dos pais (4 x 9 = 36).

Então, 204 jantares durante a faculdade.

Jantares juntos durante os anos que morou em NY:

6 anos com férias de 1 semana (6 x 7 = 42), mais

6 anos com visitas de férias de 1 semana (6 x 7 = 42).

Então, 84 jantares durante o período pós-faculdade em NY.

Jantares juntos desde que voltou para Califórnia:

1 ano de jantares aos domingos (52), menos alguns cancelamentos porque outras coisas aconteceram (6).

Então, 46 jantares no ano passado.

Ao todo (6.490 + 204 + 84 + 46), teve 6.824 jantares com os pais no passado.

3. Calcule o número de vezes que lhe resta para essa atividade no futuro — da maneira como você gosta de fazê-la e, se relevante, com a pessoa que você gosta. Ao fazer suas projeções futuras, leve em conta os fatores limitantes e os fatores que provavelmente mudarão. Por exemplo, caso sua atividade envolva uma pessoa em particular, considere se essa pessoa vive atualmente e continuará a viver perto de você. Além disso, como as mudanças na situação familiar e profissional dela, ou mudanças em sua situação familiar e profissional, podem influenciar seu próprio interesse e disponibilidade para realizar

essa atividade? Qual é a longevidade esperada dela e qual é a sua?

Com pais de 65 anos, poderia presumir que viverão até os 90, dando 25 anos de jantares restantes aos finais de semana (25 x 52), o que pode ser 1.300.

Entretanto, para ser mais cautelosa, pode querer usar a média de expectativa de vida (~76 para homens e ~81 para mulheres).

Isso daria 11 anos de jantares semanais com os dois pais (11 x 52), o que significa 572 jantares juntos restantes e presumindo que nenhum seja pulado.

4. Calcule a porcentagem do total de vezes que restam para fazer essa atividade. Seu tempo restante é mais limitado do que pensava?

Do número total de jantares com seus pais (6.824 + 572 = 7.396) restam apenas 8%.

$$\frac{572}{7.396} \times 100$$

Reconhecer que o que pode parecer uma atividade cotidiana não durará para sempre fará com que preste atenção. Esse cálculo o ajudará a decidir, priorizar e reservar esse tempo, e a aproveitar ao máximo esses momentos — aproveitando-os e valorizando-os mais.

Conscientizar-se de que seu tempo restante é, em última análise, escasso tornará o tempo que você gasta mais feliz. Embora possa ser inquietante notar que seu tempo é tão limitado, você prestará mais atenção e ficará mais apto a perceber as alegrias simples. Saber que "isso também deve passar" não só ajuda a enfrentar momentos difíceis, mas o lembra de fazer uma pausa para não perder os bons no caminho.

Transforme a Rotina em Ritual

Aqui está outra maneira de compensar a adaptação hedônica. No lugar de simplesmente prestar mais atenção ao comum, você pode transformar o comum em algo extraordinário.

Quando a irmãzinha de Leo começou na pré-escola no campus da UCLA, eu sabia que nossos deslocamentos juntas não durariam muito, então tive que aproveitá-los ao máximo. Essa percepção motivou a criação de Lita e a minha posição no *Encontro de Café da Manhã de Quinta-feira*. Deixei em itálico porque esse evento é importante *assim* e *assim* tido em alta consideração. Nosso *Encontro de Café da Manhã de Quinta-feira* é uma ocasião memorável muito esperada tanto por Lita quanto por mim. Ele é respeitado e um pouco invejado pelo irmão e pelo pai. Está ferozmente reservado em meu calendário. Ele é bem guardado em fotos (tiradas pelo celular). E é conhecido de longe: os professores, os amigos de Lita e meus alunos já ouviram falar sobre isso. É importante.

Após todas as quintas-feiras de manhã, assim que os garotos grandes saem de carro para a escola do Leo, nosso encontro começa. E começa com música. "Ei, Siri, toque..." Embora você não queira me ouvir cantando minha seleção de "Three Little Birds" de Bob Marley, as interpretações de Lita de "Girls Just Want to Have Fun" de Cyndi Lauper e "Higher Love" de Whitney Houston são inspiradoras. Ao chegar em nossa cafeteria local, Profeta, os baristas nos recebem com um sorriso (em si uma conquista cobiçada e duramente conquistada). Mesmo acabando com a vibe do lugar, eles eventualmente gostaram de nós e apreciaram nosso ritual semanal. E, apesar da longa fila, assim que chegamos ao balcão eles esperam pacientemente enquanto

Lita reúne timidamente a coragem para fazer seu pedido: "Gostaria de um chocolate quente em uma caneca pequena e um croissant simples, por favor?" Eles sabem que quero um café com leite desnatado. Lita fica particularmente entusiasmada quando Max está servindo porque ele tem um cuidado extra na elaboração das flores de coração na espuma de leite. Saboreando nossas bebidas quentes e cobrindo a mesa com farelos de croissant, Lita e eu celebramos nossa manhã. É nosso tempo precioso, só nós duas.

Transformamos o que de outra forma seria uma parada rotineira de cafeína. Transformamos esse hábito em uma tradição acarinhada e ritualizada. Demos-lhe um nome. Estabelecemos códigos de conduta implícitos e explícitos. Tiramos fotos. Graças a todos esses elementos deliberados, podemos falar sobre isso, sabemos o que esperar e temos documentado para ajudar a mantê-lo em nossas memórias. Nós o tornamos especial. Enquanto os hábitos servem para nos ajudar a passar o dia sem pensar demais, as tradições imbuem esses momentos passageiros de maior significado. As tradições servem para nos conectar uns com os outros e ao longo do tempo. Elas nos dão um senso de pertencimento.

Para compensar a adaptação hedônica, nomeie o evento. Em vez de apenas marcar noites para você e seu parceiro (ou você e seu amigo) saírem para jantar, chame-o de "um encontro". Até mesmo essa simples mudança de ressignificação o torna mais significativo. Coloque uma reflexão e cuidado extras nos componentes do evento, como fez James, de 7 anos, ao colocar a mesa de jantar de sua família com pratos especiais para combinar com o motivo da noite. Ou use utensílios diferentes. Uma experiência mostrou que os participantes instruídos a comer suas pipocas usando pauzinhos (em vez dos dedos, como de costume) apreciaram mais as pipocas e seu tempo de lanche em geral.[123] Toques especiais não precisam ser extravagantes. Sim, você poderia pegar o cristal e a prata que recebeu como presentes de casamento para elevar o nível do jantar em casa. Mas também poderia simplesmente colocar umas folhas do seu quintal em um frasco para criar um centro de mesa. Ou tentar arrumar lugares na varanda, para poder honestamente dizer a seus filhos (e a você mesmo) que está "saindo" para seu Encontro para Jantar semanal (especialmente útil durante o período de ficar em casa da Covid).

Em seus relacionamentos, requisite uma parte apreciada de sua rotina compartilhada como um ritual. Refira-se a ela como tradição. Isso é aplicável a qualquer coisa — um café da tarde com um colega, uma noite de cinema com um colega de quarto ou sair para jantar com o parceiro. Um casal que conheço começa cada jantar junto com uma dose de tequila. Uma vez me uni a eles nessa tradição e posso atestar que ela certamente unge a noite como uma celebração! Há um valor em ter rituais compartilhados. Pesquisas demonstraram que, no contexto das relações românticas, por exemplo, ter rituais explícitos compartilhados aumenta a satisfação e o compromisso com o relacionamento.[124]

O benefício de ter estabelecido tradições não se dá apenas com eventos comuns. Ao nos conectarmos um ao outro e a outros tempos, as tradições nos ajudam a passar por funerais,[125] tornam os casamentos mais significativos e enriquecem a experiência dos feriados anuais. Um estudo mostrou que as famílias que têm tradições de férias têm maior probabilidade de se reunirem durante esses períodos do ano. Não só elas têm mais probabilidade de passar esse tempo juntas, como também o desfrutam mais.[126] Portanto, declare as tradições de sua família. E, se você ainda não as tem, faça isso. Não há nenhuma boa razão para uma família comer fondue todo ano no inverno a não ser porque "é o que fazemos"... e mergulhar o pão em queijo derretido é ridiculamente delicioso.

Tudo isso é para celebrar esses momentos de tal forma que você *não consiga* deixar de percebê-los. Trata-se de santificar esse tempo, tornando-o mais significativo.

Dê um Tempo

Como você pode garantir que esses rituais preciosos não se revertam em eventos rotineiros?

Voltemos àquele pote de sorvete para ilustrar a próxima estratégia. Se fizer uma pausa após a oitava colherada — você coloca sua colher na máquina de lavar louça e o pote de volta no freezer — a próxima (nona) porção provavelmente teria um sabor tão divino quanto a primeira. De fato, estudos demonstraram um prazer renovado após uma pausa para fazer uma massagem, assistir a um programa de TV e comer chocolate.[127] Na experiência com chocolate, por exemplo, os pesquisadores instruíram uma parte de seus participantes amantes do chocolate a se absterem de consumi-lo durante uma semana inteira. Outro grupo foi instruído a comer o máximo de chocolate que pudesse confortavelmente, e os demais não receberam nenhuma instrução relacionada ao chocolate. Uma semana depois, todos os participantes foram convidados a voltar para o laboratório para comer um pedaço de chocolate. Aqueles que se abstiveram comeram o chocolate mais lenta e alegremente. Eles o saborearam mais[128] do que os outros dois grupos.

A felicidade que se segue de dar um tempo não acontece apenas com pequenos prazeres, como a TV e o chocolate. Deixe-me falar sobre a Cat. Ela sempre ficava frustrada quando os filmes que retratavam histórias de amor terminavam no dia do casamento. Ela achava que isso prometia de forma errada que simplesmente casar significava viver "feliz para sempre". No entanto, ela sabia sobre o padrão de dados de pico do casamento que descrevi anteriormente. Sabia que após o dia do casamento e o período de lua de mel terminarem, a grande parte da felicidade dos casais diminuía lentamente, por fim voltando à linha inicial individual de cada parceiro. Assim, quando chegou sua vez de se casar, estava determinada a estabelecer um rumo diferente.

Ela se certificou de sua felicidade duradoura, fazendo a escolha de se casarem todos os dias, isso é, em vez de olharem nos olhos um do outro para se comprometerem apenas uma vez no dia oficial de seu casamento, ela e seu novo marido reafirmariam seus votos todas as manhãs — enquanto colocavam suas alianças de casamento. Para ser clara, isso nunca envolveu um longo discurso. Cada um deles apenas declarava que estavam escolhendo um ao outro para hoje e para o resto de suas vidas, e fizeram isso todos os dias. Se cada dia fosse como o dia de seu casamento, seus níveis de felicidade certamente permaneceriam no auge do dia do casamento.

Não é bem assim. Após uma década de casamento, até mesmo esse ritual romântico e profundamente significativo se tornou um hábito. Tornou-se uma parte irracional de sua rotina matinal. Perdeu sua peculiaridade. Então eles fizeram uma pausa. Não um do outro ou de seu casamento, mas de colocar alianças nos dedos um do outro depois de escovar os dentes.

Alguns meses após o intervalo, em certa manhã, o marido de Cat pegou seu anel da bandeja ao lado da escova de dentes e pediu novamente sua mão em casamento. Seu coração se encheu de alegria, exatamente como antes. Ela foi lembrada da sorte que tinha por ter aquele homem maravilhoso, inteligente e bom em sua vida, e "Sim!"... claro que passaria o resto de sua vida com ele!

É bom ter uma pausa até mesmo das melhores coisas. Dar um tempo dessas partes da vida cotidiana que você gosta ajuda a compensar a adaptação a elas.

Adicione Alguma Diversidade

Finalmente, voltemos àquela manhã com Leo e minha caminhada até a pré-escola. E se, em vez de viver no sul da Califórnia, onde faz sol e calor o ano inteiro, tivéssemos voltado para a costa leste, onde há estações e temperaturas variáveis ao longo do ano? Se tivesse sido o primeiro dia quente da primavera, eu teria notado a perfeição daquela manhã.

A adaptação hedônica ocorre porque deixamos de perceber quando a mesma coisa boa acontece repetidamente. A mudança, no entanto, nos faz pausar e prestar atenção. Por exemplo: se trocasse para uma colher cheia de sorvete de menta após sua oitava colherada de chocolate com caramelo, você notaria. Jordan Etkin e eu conduzimos pesquisas mostrando que uma maior variedade entre as coisas boas nos mantém engajados — e, portanto, mais felizes. Na verdade, simplesmente focar a variação do que já está lá também funciona. Em um estudo, pedimos a alguns de nossos participantes que nos falassem sobre todas as coisas *diferentes* que tinham feito durante a semana, enquanto pedimos aos outros que nos falassem sobre todas as coisas *parecidas* que tinham feito durante aquele tempo. Os participantes que se concentraram na variedade relataram estar mais felizes e satisfeitos.[129] Em outra experiência, na verdade, dissemos às pessoas como passar o dia. Instruímos a metade dos participantes a passar o dia fazendo muitas coisas diferentes e a outra metade a passar o dia fazendo muitas coisas semelhantes. No fim do período, aqueles que tinham feito uma variedade de atividades estavam mais felizes e satisfeitos.

A variedade também pode apimentar as relações. Estudos realizados pelo famoso pesquisador de relacionamentos Arthur Aron e seus colegas mostraram que casais que fazem mais atividades novas juntos acabam menos entediados em seus relacionamentos e, portanto, mais felizes com seus cônjuges.[130] Logo, se você tiver uma noite de encontro permanente com seu parceiro, faça um esforço para sair e experimentar várias atividades. Conheço um casal que inventou uma tradição de Quartas-feiras Errantes. Toda quarta-feira à noite, depois do trabalho, tentam algo novo. Às vezes iam a um restaurante onde nunca haviam ido, uma vez participaram de uma aula de cerâmica, assistiram a uma variedade de concertos e apresentações, e nas noites em que não conseguiam inventar nada de novo, pediam algo que nunca haviam experimentado antes no cardápio de seu bar de vinhos da esquina. Anos mais tarde, juntos, ainda são errantes pela vida, de mãos dadas.

LIÇÕES DO CAPÍTULO CINCO

- A adaptação hedônica é nossa tendência psicológica a nos acostumarmos às coisas com o tempo, de tal forma que deixamos de percebê-las tanto.
- A adaptação hedônica é útil para nos fazer passar por eventos negativos.
- De uma perspectiva de felicidade, no entanto, a adaptação hedônica pode doer porque nos faz esquecer dos prazeres da vida — os pequenos e os grandes.
- Para continuar saboreando as alegrias da vida:
  - Reconheça que seu tempo restante é limitado e, portanto, precioso.
    » Isso acontece naturalmente à medida que você envelhece, quando enfrenta uma crise e no fim de uma fase da vida.
    » Você também pode se lembrar ativamente contando o tempo que lhe resta para fazer algo que ama (provavelmente com alguém que ama).
- Transforme uma atividade de rotina em um ritual celebrado e sagrado.
- Faça uma pausa ocasional do que você gosta de fazer.
- Incorpore várias atividades ao longo de seus dias e semanas.

MOVIDO A DISTRAÇÃO

Viva o momento atual.
— Thích Nhất Hạnh

Kate mantém uma lista de tarefas que carrega com ela em todos os lugares. Durante as reuniões de trabalho (às vezes tediosas), ela revê sua lista e com frequência junta suas tarefas pessoais às de trabalho:

- Comprar um presente para a festa de aniversário do Connor.
- Fazer reservas para o jantar com os Schwartzes.
- Enviar e-mail aos pais do futebol sobre o lanche.
- Finalizar os slides para a reunião de amanhã.
- Ligar para Maria com atualizações do projeto.
- Assistir ao seminário de pesquisa.

Durante um seminário de pesquisa, o palestrante compartilhou as conclusões aterrorizantes de seu laboratório sobre o perigo do uso da tecnologia: motoristas distraídos em seus celulares são ainda mais mortais na estrada do que motoristas bêbados.[131] No entanto, a apresentação chocante não foi compatível com a lista que chamou a atenção de Kate. Ela percorria suas tarefas e traçava estratégias sobre qual seria a próxima. Então, concordando com a cabeça como se estivesse prestando atenção, discretamente pegou seu telefone e encomendou o presente de aniversário de Connor, juntamente com um cartão e um papel para presente.

A lista de tarefas de Kate absorve e exige dela. Mesmo enquanto desempenha uma tarefa, em sua cabeça ela está planejando e coordenando outras. No fim do seminário, sentiu satisfação ao riscar dois itens da lista. Mais tarefas foram concluídas. Uma gratificante sensação de realização.

Todavia, como essa constante gestão e acompanhamento dos seus afazeres influencia a vivência de Kate *enquanto realiza* as atividades de sua lista? Ela ouviu alguma coisa que o palestrante disse? Ocupada ao telefone selecionando o motivo ideal de papel de presente para uma criança de 7 anos, ela ouviu o fato de que os acidentes de carro estão entre as principais causas de morte do mundo, ano após ano? Quando chega o fim de semana, ela fica ao celular durante o jogo de futebol do filho, trabalhando ansiosamente na lista em vez de vê-lo jogar? Correndo de atividade em atividade, enquanto se ocupa coordenando atividades futuras, ela raramente está presente.

Pesquisas mostram que muitos de nós somos como Kate e eternamente orientados para a produtividade.[132] Mas será que esse impulso para *fazer* nos distrai de apenas *sermos*? E há algo que possamos *fazer* para passar menos tempo planejando o que está por vir e mais tempo vivendo no momento? Por fim, será que isso nos tornaria mais felizes?

Distraído

Para avaliar o quanto estamos realmente distraídos, dois psicólogos de Harvard, Matt Killingsworth e Dan Gilbert, fizeram um estudo examinando com que frequência nossos pensamentos vagueiam por outros lugares e épocas em vez de ficarmos concentrados no aqui e no agora.

Killingsworth e Gilbert usaram um aplicativo para checar as pessoas por seus smartphones em momentos aleatórios ao longo do dia. Em cada um desses registros, os participantes foram questionados a) O que você está fazendo? b) Está pensando em algo diferente do que está fazendo agora? e c) Como se sente no momento?[133] Com milhares de adultos participando durante vários meses, os pesquisadores conseguiram captar quase 250 mil momentos. Os dados confirmam que Kate não é a única pessoa propensa à distração. A mente de todos vagueia — *com frequência*. Na verdade, as pessoas *não* focam o que estão fazendo aproximadamente metade do tempo (47%, para ser exata).

Além disso, não é apenas estar em uma reunião que impulsiona a mente a outro lugar. Acontece que o que as pessoas estavam fazendo não tinha um impacto significativo sobre se estavam ou não prestando atenção. Exceto enquanto estavam fazendo amor, as pessoas também podiam se distrair quando se exercitavam, se vestiam, se deslocavam, trabalhavam, faziam tarefas domésticas, relaxavam, assistiam à TV, liam um livro, tomavam conta de crianças ou conversavam com um amigo.

Isso é chocante porque, embora seja bom estar concentrado planejando o dia quando nos preparamos pela manhã, acho que você concordaria que deveríamos prestar atenção aos nossos amigos quando eles estão falando conosco. Certamente não queremos que os responsáveis por nossos filhos estejam desatentos. Queremos que os professores e os médicos prestem atenção.

Viajar mentalmente para outros lugares e épocas nem sempre é ruim. A divagação mental é na verdade um feito cognitivo incrível, único dos humanos. Ela liberta nossas mentes de ficarem presas quando em situações ruins e nos permite imaginar soluções. Permite que nos preparemos para o futuro e nos lembremos do passado. Dá-nos a capacidade de imaginar outras pessoas e o que elas estão fazendo sem ter que estar com elas. Mas, com nossa atenção em outro lugar metade do tempo, corremos o risco de perder mentalmente metade de nossas vidas.

De fato, os dados de Killingsworth e Gilbert advertem que, quando nossa mente divaga, nosso momento presente sofre. Lembre-se, além de pedir a seus participantes que relatassem o que estavam fazendo e se estavam pensando no que estavam fazendo, os pesquisadores também perguntaram como estavam se sentindo no momento. Os resultados foram definitivos: as pessoas ficam menos felizes quando estão distraídas. Isso é extremamente importante se estamos distraídos quase 50% do tempo.

Há mais uma lição em tais descobertas. Killingsworth e Gilbert mostram que, *se* as pessoas estão concentradas no que fazem, o impacto em sua felicidade é maior do que *aquilo* que estão fazendo. Tal fato sugere que prestar atenção à sua atividade atual poderia ser um determinante maior de sua felicidade do que a atividade em si. Isso também serve de advertência a todos nós que agimos assim sobre as consequências infelizes de estar constantemente distraídos.

Em nossa cultura do "vamos, depressa", desacelerar para realmente focar e estar presente pode ser um desafio. Todos nós precisamos de ferramentas concretas para saber quando e como passar do modo fazer para o modo ser, para que possamos aproveitar ao máximo nosso tempo. Aqui estão quatro estratégias empiricamente baseadas para experimentar:

N°1: Trate Seu Final de Semana como Férias

Quando foi a última vez que você acordou pela manhã sem sair correndo da cama a fim de se preparar para algo? Quando foi a última vez que permaneceu debaixo das cobertas, conversou durante o café da manhã ou ficou com uma xícara de café e o jornal da manhã em cima da mesa na sua frente? Você se lembra de um tempo em que se sentava em um restaurante com amigos, seus pratos de brunch vazios e pedia outra rodada de coquetéis porque, bem, por que não? Você não tinha aonde ir e nada urgente para fazer. Supondo que você seja capaz de evocar tal estado, provavelmente foi enquanto estava de férias.

Férias são gloriosas, o que as pesquisas confirmam. Tirar férias tem efeitos positivos na satisfação, na saúde, na criatividade e até mesmo no desempenho profissional.[134] Ao analisar os dados de centenas de milhares de norte-americanos pesquisados na Gallup's US Daily Poll dos EUA, Colin West, Sanford DeVoe e eu documentamos a felicidade das férias. Há uma pergunta na pesquisa sobre com que frequência as pessoas "arranjam tempo para viagens ou férias com amigos e família". Nossas análises mostram que aqueles que priorizam o tempo para férias desfrutam de emoções mais positivas e menos negativas em suas vidas diárias, bem como de uma maior satisfação com a vida em geral.[135]

Uma das principais razões para esse aumento no bem-estar é que as férias interrompem o curso rotineiro do tempo, permitindo dar uma pausa no corre-corre cotidiano. Infelizmente, porém, ficamos tão ocupados lidando com nossas listas de afazeres que muitas vezes não fazemos essas pausas necessárias. Não conseguimos arranjar tempo para as férias.

Acontece que os norte-americanos são particularmente ruins em tirar férias. Os EUA são a única nação industrializada sem férias exigidas por lei. Enquanto países europeus como França, Inglaterra e Alemanha dão a seus trabalhadores de 20 a 30 dias de férias remuneradas por ano, 1 em cada 4 trabalhadores norte-americanos não recebe um dia sequer.[136] A questão, no entanto, não se limita apenas à política. É também uma questão de tomada de decisão pessoal. Mesmo quando são concedidos dias de férias, mais da metade dos norte-americanos não as tira.[137] Uma razão é o dinheiro. A outra razão principal é o *tempo*.[138] As pessoas sentem que há muito o que fazer e simplesmente não têm tempo suficiente para se ausentar.

Felizmente, algumas pausas já estão incorporadas em nossas rotinas regulares. Em cada semana de trabalho, por exemplo, há o fim de semana. A maior parte dos trabalhadores tem (e tira) os sábados e os domingos de folga no trabalho. Mas, eis a questão: por que o fim de semana não *parece* uma pausa? Por que não ficamos todos na cama ou relaxando durante o brunch no sábado de manhã? É porque, como Kate, levamos nossas listas de afazeres dos dias úteis para nossos finais de semana. Continuamos a nos distrair ao nos concentrarmos no que precisa ser feito.

Então, e se você tratasse o fim de semana como se fossem férias? Seria mais parecido com a pausa que precisa? Não estou necessariamente falando em sair da cidade. Talvez você não precise acordar em um quarto de hotel havaiano para relaxar um pouco mais na cama. E talvez nem precise tirar mais dias de folga do trabalho para poder desfrutar de mais uma rodada de coquetéis. Se você simplesmente tratasse seu fim de semana como férias, talvez aproveitasse mais esse tempo de folga e voltasse ao trabalho mais feliz.

Colin, Sanford e eu testamos essa ideia.[139] Nos fins de semana regulares, realizamos experimentos com os funcionários em tempo integral. Na sexta-feira, indo para o fim de semana, demos aos nossos participantes instruções simples. Dissemos à metade: "Trate este fim de semana como se fossem férias, isso é, na medida do possível, procure pensar e comportar-se como se estivesse de férias." A título de comparação, instruímos a outra metade: "Trate este fim de semana como se fosse um fim de semana normal, isso é, na medida do possível, procure pensar e se comportar como normalmente faria em um fim de semana."

Deixando nossos participantes interpretando e aplicando as instruções da maneira como quisessem, nos reconectamos com todos após o fim de semana para ver como estavam se sentindo na segunda-feira, quando voltaram ao trabalho. Nossa ideia provou estar correta. Aqueles que haviam tratado seu fim de semana como férias acabaram mais felizes, menos estressados e mais satisfeitos. Eles também ficaram mais felizes durante o fim de semana, aproveitando mais o sábado e o domingo.

Apesar de termos previsto isso, ficamos um pouco surpresos e muito entusiasmados com esses resultados, pois as implicações foram significativas. Isso sugere que algo tão simples quanto reformular nosso tempo pode nos fazer mais felizes durante e depois disso. Colin, Sanford e eu queríamos entender *como*.

Primeiro analisamos como nossos participantes passaram o tempo durante o fim de semana. Acontece que aqueles que trataram seu fim de semana como férias se comportaram como se estivessem de férias: passaram menos tempo trabalhando e nos afazeres domésticos. Também relataram ter passado mais tempo "dedicando-se a relações íntimas" — por isso, permaneceram na cama um pouco mais. E passaram mais tempo comendo, então provavelmente relaxaram mais à mesa de brunch. Os resultados mostram que os "turistas" alocaram menos tempo para o que sabemos que são as atividades menos felizes e mais tempo nas atividades mais felizes. Curiosamente, no entanto, não foi a quantidade de tempo que gastaram com essas atividades que, no fim das contas, os levou a sentir felicidade quando voltaram ao trabalho.

A variável que *impulsionou* o aumento da felicidade das pessoas "de férias" na segunda-feira foi sua *atenção redobrada* durante todo o fim de semana. Eles estavam menos distraídos enquanto faziam suas atividades e isso os deixou mais felizes durante e depois daquele momento.

Kate se beneficiaria ao tratar seu fim de semana como se fossem férias. Embora ainda fosse ao jogo de futebol de seu filho e o levasse à festa de aniversário de Connor, essa pequena mudança mental poderia levá-la a abordar essas atividades de forma diferente e aproveitar melhor o tempo. Como ilustração, em um fim de semana normal, em sua típica movimentação hiperfocada para fazer as coisas, ela grita como um sargento para apressar sua família para encher as garrafas de água, atrapalha-se com as caneleiras e sai correndo pela porta para chegar ao campo. Ela então passa a maior parte do jogo no celular — enviando mensagens para coordenar as datas dos jogos, fazendo pedidos de almoço, comprando suprimentos na Amazon. Distraída por essas tarefas, perdeu a defesa de seu filho no gol. Mais tarde, ficaria irritada por ter que levá-lo à festa de aniversário — uma tarefa que tentaria realizar da maneira mais eficiente possível, para que pudesse continuar com sua lista de tarefas.

Entretanto, se em vez disso ela tratasse o fim de semana como férias,[140] sua família provavelmente chegaria ao jogo sem gritos. Talvez ela voltasse a relaxar em sua cadeira dobrável na linha lateral, felizmente imersa naquele momento de ar fresco e sol com a família. Ela poderia conversar com os outros pais e, quando seu filho fizesse a defesa, estaria observando e pulando, animada e orgulhosa. Mais tarde naquele dia, a caminho da festa de aniversário, aproveitaria a oportunidade para passar um tempo com seu filho, apenas os dois. Eles abaixariam os vidros do carro, aumentariam a música e, juntos, cantariam alto no karaokê.

Nossas experiências mostram que parte do benefício das férias é uma mudança de *mentalidade*. Quando fazemos uma pausa, mudamos do modo fazer e nos permitimos alguns momentos de simplesmente ser. E, como consequência, nos sentimos mais felizes

— mesmo sem ter que entrar em um avião ou pagar por um quarto de hotel elegante.

Embora Colin, Sanford e eu tenhamos testado e observado esses benefícios no contexto dos fins de semana, você poderia aplicar a mentalidade das férias a qualquer momento da semana. Poderia, por exemplo, tratar sua quarta-feira à tarde ou sua quinta-feira à noite, quando chega em casa do trabalho, como férias. Em vez de enfrentar sua lista de afazeres, poderia relaxar, ouvir algumas músicas e permanecer na mesa do jantar. É simples assim. Eu o encorajo a tentar. Faça uma pausa durante as pausas que já tem. Para o próximo fim de semana, trate-o como se fossem férias. Feche seu notebook, desacelere e aproveite a vista.

N°2: Pratique a Meditação

Mesmo que a prática nem sempre seja perfeita, ela certamente pode ajudar a melhorar. Meditação é a *prática* de ignorar as distrações e chamar sua atenção para o momento presente. Ela aumenta a *atenção plena* [em inglês, "mindfullness"], que é definida como um "estado de atenção e consciência do que está ocorrendo no presente".[141] Você provavelmente está familiarizado com esse termo porque, embora tenha uma longa história na tradição budista, a atenção plena agora se popularizou no Ocidente.

Apesar de alguns a considerarem uma pieguice, a atenção plena tem sido bem pesquisada e seus benefícios de longo alcance foram cientificamente validados. Estudos demonstraram que ela está ligada à melhoria da saúde mental, da saúde física, da regulação comportamental e das relações interpessoais.[142] Por exemplo: se os indivíduos são naturalmente inclinados ou encorajados a praticá-la, aqueles que o fazem relatam sentir-se mais felizes no momento e mais satisfeitos com a vida em geral. Evidências crescentes mostram que, além de nos tornar mais felizes, a atenção plena também pode nos tornar mais inteligentes (aprimorando nossas funções executivas) e mais agradáveis (aumentando os sentimentos de conexão).[143]

Mediante a prática de trazer seus pensamentos para o presente, a meditação elimina os pensamentos preocupantes sobre o futuro. Acalma as preocupações sobre ser capaz de fazer tudo. A meditação é, portanto, um método eficaz para tratar a ansiedade[144] — um sentimento muito difundido em nossa cultura de pobreza de tempo. Os transtornos da ansiedade[145] estão documentados como a questão de saúde mental mais prevalente nos EUA[146] e ao redor do mundo,[147] com as mulheres duas vezes mais suscetíveis de serem afetadas que os homens,[148] e os diagnósticos triplicaram durante a pandemia da Covid.[149] Portanto, se você é alguém que sofre de ansiedade, a meditação pode ser uma boa ferramenta no seu caso.

Então, como você faz isso? O objetivo principal é dirigir sua atenção para um único ponto de referência em seu ambiente atual. Sua respiração é uma boa opção para esse ponto de referência, pois está prontamente disponível, é contínua e faz com que você se sinta calmo à medida que vai acomodando seus pensamentos a cada profundo e longo movimento de inspirar e expirar.

Por quanto tempo você deve fazer? Bem, a pesquisa normalmente tem estudado os efeitos da meditação durante dez minutos diários. Entretanto, sentar-se quieto e em silêncio por dez minutos pode parecer desconfortavelmente longo para os iniciantes. Uma vez que seu objetivo é simplesmente fazê-lo, não desista da prática colocando-a em nível muito alto. Sugiro começar com uma sessão de três ou cinco minutos e ir aumentando a partir daí.

Dados os nossos muitos anos de prática na correria, pode ser um verdadeiro desafio desacelerar e manter o foco. Bem, a própria prática da meditação requer certa prática. Para começar, eu o encorajaria a procurar um guia. Felizmente, há muitos disponíveis para escolher. Por exemplo, o Mindful Awareness Research Center da UCLA oferece meditações guiadas gratuitas presenciais e online em vários idiomas.[150] Há também aplicativos como Headspace [há uma versão em português] e Lojong, que oferecem meditações guiadas abrangendo uma variedade de durações, temas e vozes. É importante que você encontre seu ajuste correto, pois, se a meditação é muito longa ou se a voz da pessoa o irrita, é menos provável que você volte a fazer.

Em meu curso, a tarefa final exige que os alunos planejem e implementem (por três semanas) uma "estratégia" que eles preveem que melhorará seu bem-estar. Ao longo dos anos, notei que a meditação está entre os projetos mais comuns. As práticas de meditação têm se mostrado eficazes para diminuir a ansiedade e aumentar a felicidade — contanto que meus alunos consigam identificar um guia de cuja voz e estilo eles gostem, uma duração que lhes seja adequada e um horário na agenda que os torne propensos a fazê-lo (por exemplo: logo pela manhã e sentado aos pés da cama, na cama antes de dormir, no carro por cinco minutos antes de entrar no trabalho).

Apesar de saber sobre os benefícios, sou muito agitada e impaciente, e acho extremamente difícil ficar parada para meditar. Para aqueles que são como eu e poderiam usar medidas mais corretivas, compartilharei uma prática de meditação simples que gosto. Você pode fazê-la sozinho ou envolver outras pessoas. Eu faço com meus filhos durante os passeios pelo quarteirão.

Exercício de Meditação dos Cinco Sentidos

Foque sua atenção no ambiente próximo a você usando cada um dos cinco sentidos.

Ao redor, identifique:

- Cinco coisas que pode ver.
- Quatro coisas que pode tocar.
- Três coisas que pode ouvir.
- Duas coisas que pode cheirar.
- Uma coisa que pode provar.

Você pode fazer essa meditação sozinho ou com outras pessoas. Caso faça isso acompanhado, vá em frente e compartilhe em voz alta as coisas que está percebendo com cada um de seus cinco sentidos.

Na meditação, você *pratica* estar atento. É um exercício de não se deixar distrair — um método para permanecer focado no momento presente. Mas o objetivo final é aplicar o músculo que você fortaleceu ao meditar nas atividades de seu dia. Seu objetivo é prestar atenção *enquanto* faz qualquer coisa naquele momento e estar mais presente ao longo de suas horas diárias.

N°3: Feche a Porta

Não importa o quanto você esteja atento, uma criança pedindo lanche, um telefone tocando ou um colega parando em sua mesa *irá* distraí-lo. Embora a meditação possa ajudar a manter sua mente longe de divagações, ainda precisa preparar seu espaço físico para se proteger de outras interrupções. Isso é extremamente importante se sua busca imediata requer um pensamento profundo ou criativo — se você está esperando entrar "na zona".

A zona também é referida como estar em um estado de "fluxo", que é uma condição transcendente de foco energizado estudada por Mihaly Csikszentmihalyi. Esse psicólogo húngaro-americano passou sua carreira entrevistando e observando milhares de indivíduos ao redor do mundo — incluindo monges, alpinistas, atletas profissionais, músicos de renome mundial, estudantes universitários e pessoas comuns em sua vida profissional habitual — para identificar e compreender seus momentos mais significativos. Em seu famoso trabalho *Flow: The Psychology of Optimal Experience* [sem publicação no Brasil], Csikszentmihalyi argumenta que as pessoas são mais felizes quando estão em estado de fluxo.

Quando você está em fluxo, está tão completamente imerso no que faz que perde a noção do tempo. E, quando você interrompe (e só quando interrompe, porque durante a atividade está absorvido demais para considerar como se sente), percebe o quão *incrível* se sentiu. É mais provável que aconteça durante atividades das quais você desfruta intrinsecamente e que requerem as habilidades que você tem.

Pergunte-se: quando foi a última vez que você esteve em estado de fluxo? Se conseguir identificar um momento, provavelmente pensará nele com carinho (porque se sentiu no seu melhor) e melancolia (porque é muito difícil de acessar em meio à frenética vida diária). Ao relembrar essa experiência, você sabe que quer ser capaz de senti-la novamente.

Os atletas geralmente se lembram de experimentar o fluxo durante uma competição ou no percurso como "o barato do corredor". Entretanto, para a maioria das pessoas, os estados de fluxo ocorrem durante o trabalho.[151] Dependendo do tipo de trabalho que você faz (e em quais tarefas profissionais é particularmente bom e gosta de fazer), pode ter experimentado um fluxo enquanto codificava, provavelmente enquanto escrevia ou talvez quando planejava uma apresentação. Para ser produtivo, *precisa* desse momento. E, para se sentir realizado, você *quer* esse momento. É nesses momentos que você cria. Mas isso só acontece no ambiente certo e mesmo assim não com tanta frequência.

Para estabelecer as condições apropriadas para entrar em estado de fluxo, é necessário remover todas as distrações. Aqui estão algumas dicas, usando o ambiente de trabalho como exemplo. Mas fique à vontade para se adaptar conforme necessário para criar sua própria zona:

1. **Limpe seu espaço de tudo aquilo que o leva para outras tarefas de sua lista de afazeres.**

    Como tarefas importantes geralmente requerem um esforço extra, é tentador procrastinar (ainda se sentindo produtivo), lidando com tarefas menores e mais acessíveis. Pesquisas mostram que muitas vezes somos desviados das tarefas importantes por tarefas aparentemente urgentes, mas sem importância.[152] Limpe sua mesa para evitar essa tentação. Retire dela o que se referir a outros projetos. Talvez tire de vista até mesmo as plantas de sua mesa de trabalho. Os três pequenos vasos de suculentas em minha mesa recebem muito cuidado. Especialmente quando estou me preparando para fazer um trabalho importante, muitas vezes me ocupo demais com a umidade do solo e a poda das folhas mortas.

2. **Deixe sua agenda livre por várias horas, pelo menos.**

    Pesquisas mostram que a transição entre as tarefas é dispendiosa porque impede que você entre na rotina de qualquer tarefa.[153] Por exemplo, sei que, para mim, reuniões requerem uma energia social particular e depois leva um tempo para que eu volte ao meu próprio pensamento. Portanto, tento reservar um tempo maior para escrever e consolido as reuniões em determinados dias ou no fim da tarde. Como o estado de fluxo envolve perder a noção do tempo, é importante que você não precise monitorar o relógio para ter certeza de que não está atrasado para o que vem depois.

3. **Crie esse espaço durante a hora do dia em que você está mais alerta.**

    Os especialistas em sono dizem que, apesar dos melhores esforços para mudar nossos relógios internos, algumas pessoas são cotovias (acordam cedo e são energizadas pela manhã) e outras são corujas (ficam acordadas até tarde e pensam melhor quando todos os outros já foram para a cama).[154] Eu sou definitivamente uma cotovia e sei que faço meu melhor antes do almoço. Portanto, guardo as horas matinais para meu trabalho de reflexão profunda e adio os e-mails, as reuniões e as outras tarefas para mais tarde no dia. Dependendo de você ser uma cotovia ou uma coruja, determine seu espaço temporal de acordo. Se você não tem o privilégio de controlar quando trabalha, administre sua cafeína para poder ligar seu cérebro quando tiver espaço e tempo.

4. **Feche a porta.**

    É tão simples, mas ao mesmo tempo tão eficaz. Feche a porta do seu escritório para comunicar aos colegas (ou se você trabalha de casa, aos membros da família) que você não deve ser incomodado. Embora seja importante estar acessível a colegas e estudantes, mesmo uma "pergunta rápida" descarrila meu foco. Tenho que proteger essas poucas horas preciosas para meu trabalho intenso, para conseguir estar verdadeiramente disponível quando minha porta *estiver* aberta. No caso de seu espaço de trabalho ser aberto e não haver uma porta para fechar, tente reservar uma sala de reuniões que tenha porta.

5. **Coloque tampões de ouvidos ou fones.**

   Ouvir conversas, a TV ou o som da construção ao lado inevitavelmente chama sua atenção para longe do que está fazendo. Para minimizar as distrações audíveis, use tampões para os ouvidos ou coloque fones de ouvido tocando um ruído branco ou uma música de fundo (e, se você estiver em um escritório sem divisórias, isso também serve como uma grande indicação para os colegas de que sua porta está efetivamente fechada).

6. **Feche o e-mail.**

   Apesar de nossos melhores esforços, não somos *realmente* capazes de ser multitarefas. Uma pesquisa descobriu que as pessoas que tentavam fazer múltiplas tarefas não automáticas de uma só vez não conseguiam fazê-las simultaneamente, mas alternavam entre elas — fazendo uma de cada vez.[155] Um estudo, por exemplo, mostrou que os alunos que ouviam uma palestra em sala de aula aprendiam e se lembravam menos se também tivessem seus notebooks abertos[156] (e é por isso que tenho uma política de "sem notebook ou tablet" em minhas aulas). É também por isso que aconselho você a fechar o e-mail quando estiver tentando trabalhar. Isso não só evitará a tentação de responder rapidamente a fim de checar alguns itens fáceis de suas tarefas (e você será sugado a limpar sua caixa de entrada inteira), mas também o protegerá de olhar ao som de cada nova mensagem.

7. **Deixe o celular longe.**
Não basta colocar o celular no modo vibrar ou virado para baixo em sua mesa. Tire tudo de vista, deixe-o completamente fora de alcance. Mais sobre isso a seguir...

Embora entrar em um estado de fluxo seja raro, vale a pena lutar por ele. É um momento em que você está no seu melhor — usando suas habilidades para se empenhar totalmente em fazer algo, criando algo. Assim que você ressurgir, perceberá que essas horas foram realmente felizes.

N°4: Coloque o Celular Longe

Hoje, o principal culpado por estarmos tão distraídos são nossos telefones. Um estudo recente mostra que os norte-americanos pegam seus smartphones pelo menos 96 vezes por dia, isso é, uma vez a cada 10 minutos. Os jovens de 18 a 24 anos verificam seus celulares duas vezes mais.[157] Tal frequência significa que nenhuma atividade é poupada, mesmo aquelas tão sagradas como jantares e igreja.[158] Encontros, passeios com crianças no parque e reuniões com familiares e amigos são todos suscetíveis a interrupções.

Além de ser um sério perigo para quem dirige um veículo, essa distração se mostra cara — tanto pessoal quanto interpessoalmente. Já aprendemos sobre o golpe em sua felicidade por estar distraído, mas toda vez que você verifica seu celular também está sinalizando para aqueles ao redor que sua atenção está em outro lugar. Isso comunica que eles não merecem sua atenção completa. Ao nos tornar menos presentes, a mera visão de celulares ameaça minar a conexão social — a única coisa que poderia nos fazer mais felizes.

Isso foi demonstrado de modo vívido e simples em uma experiência feita pela psicóloga social Elizabeth Dunn e sua equipe de pesquisa. Eles recrutaram pequenos grupos de amigos para comerem juntos em um café. Usando um disfarce para evitar que os participantes adivinhassem o que estava sendo testado, os pesquisadores solicitaram a alguns dos participantes que guardassem seus celulares. Para fins de comparação, permitiram que os outros mantivessem seus celulares na mesa (como costumavam fazer). Os resultados mostraram que aqueles destituídos de celular aproveitaram mais de sua experiência na refeição. Aqueles cujos celulares estavam à vista gostaram menos, porque estavam mais distraídos.[159]

A lição aqui é simples: deixe o celular longe.

A primeira tarefa em meu curso é fazer exatamente isso — exceto que, em vez de apenas seus celulares e apenas para uma refeição, instruo meus alunos a se desconectarem de todos os dispositivos digitais por seis horas completas. Essa tarefa é, sem falha, recebida com resistência. Meus alunos não acreditam que possam fazê-lo — e também não acreditam que isso seja de alguma forma benéfico. Ainda assim, insisto, e vinculo isso a 5% de sua nota final.

Exercício de Detox Digital

Determine um período de seis horas durante seu tempo acordado para ficar "offline", ou seja, sem telefone, e-mail, rede social, TV ou qualquer forma de internet durante esse período (streaming de música ou ler um livro em um Kindle serve, porque o componente digital é o modo, não a atividade). Depois, escreva um breve texto de reflexão sobre o impacto desse tempo desconectado digitalmente em suas emoções, pensamentos e comportamento.

Como nós, e todos à nossa volta, estamos habituados a ficar constantemente com o celular, é fácil acreditar que *precisamos* deles, por isso nunca os guardamos. O texto de reflexão serve como um lembrete pessoal útil para ler mais tarde o quão transformador foi, desta vez, o fato de estarmos offline. Ele também me permite avaliar se meus alunos realmente fizeram a tarefa e (por motivos egoístas) ficaram satisfeitos ao ler sobre sua felicidade resultante.

Mesmo que cada um tenha seu momento ideal, há uma cadência compartilhada de como esse exercício é vivenciado. Primeiro vem a ansiedade. As pessoas ficam nervosas por deixar de atender os que querem contatá-las e frustradas comigo por limitar sua capacidade de fazer as coisas durante essas horas. Essa sensação continua ao longo da primeira hora, durante a qual elas costumam apalpar o local onde normalmente guardam o aparelho. Nesse período inicial, algumas descrevem sentir-se desconfortáveis nos ambientes sociais, desejando evitar o constrangimento parecendo ocupadas enquanto esperam — em um evento, em uma fila para café ou na classe antes da aula começar.

Mas, logo, uma mudança ocorre. As pessoas se contentam com o que estão fazendo e com quem quer que estejam naquele momento. Desconectar-se de todos os acontecimentos mais distantes e conectar-se completamente com o presente traz calma e realização. Elas percebem que, na realidade, as pessoas não estão tentando contatá-las. E, mesmo que estejam, não há problema em esperar algumas horas para responder.* Aprendem que sem meios tão fáceis de procrastinar, estão mais aptas a fazer as tarefas importantes que estavam adiando. Portanto, contra o medo inicial de não conseguir fazer nada, muitas vezes acabam sendo *mais* produtivas durante esse tempo.

Os benefícios desse exercício se estendem também à esfera social. Sem seus telefones como válvula de escape, meus alunos são

⬦⬦⬦⬦⬦
* Há sempre exceções. Uma de minhas alunas saiu de sua desintoxicação digital com uma mãe e um grupo de amigos furiosos. Se você tem pessoas em sua vida que esperam uma resposta imediata (seu chefe pode se enquadrar nessa categoria), deve avisá-las que estará offline durante esse período de tempo. As expectativas dos outros, no entanto, não devem impedir que você dê a si mesmo tempo para se desconectar. Nesses casos, é ainda mais importante — reconectar-se consigo mesmo. Os outros aprenderão que essa breve separação não diminui sua relação (ou sua produtividade) em geral, e pode até mesmo melhorá-la. A equipe de trabalho de meu marido, por exemplo, espera que ele se desconecte às sextas-feiras às 18h e volte a se conectar no domingo à noite, depois de colocar as crianças na cama — rejuvenescido e animado para voltar a atacar.

mais propensos a iniciar uma conversa com um estranho, o que aprendemos que pode ser surpreendentemente agradável e conectante.[160] Mas não se trata apenas de estranhos. Liberados da distração dos celulares, meus alunos estabelecem conexões mais profundas uns com os outros. Uma aluna descreveu o contraste entre jantar com um colega antes de fazer esse exercício e jantar com o mesmo colega enquanto o fazia. Durante a refeição pré-desintoxicação, ambos ficavam no feed do Instagram, interagindo apenas quando um chegava a algo engraçado para mostrar ao outro. Todos nós já experimentamos ou observamos essa dinâmica de jantar. Ela relatou sua refeição posterior durante a desintoxicação digital como drasticamente diferente. Com seu celular guardado, ele guardou o dele também. Apesar de terem jantado juntos antes, desta vez eles realmente se conheceram, conversaram e riram. Durante a refeição sem distrações, dois colegas de classe se tornaram amigos.

Outro aluno observou — como Tiffany Shlain em seu livro *24/6: The Power of Unplugging One Day a Week* [sem publicação no Brasil] — que isso é exatamente o que sua família e a comunidade judaica têm feito todas as semanas, desde o pôr do sol de sexta-feira até o pôr do sol de sábado. Atribuindo a proximidade com sua família e amigos à sua observação do Shabbat, ele estava entusiasmado em compartilhar essa tradição com seus colegas de classe.

Apesar da resistência inicial e do período de afastamento, muitos estudantes acham esse tempo desligado de seus dispositivos digitais tão maravilhosamente conectante que passam a implementá-lo voluntariamente em suas rotinas regulares — embora por períodos mais curtos. Mas ainda funciona, porque os benefícios de estar desconectado vêm mais rapidamente e podem ser desfrutados até mesmo por breves períodos, uma vez que você já tenha se desintoxicado antes.

Uma Ressalva

Neste capítulo, expliquei os efeitos prejudiciais de se distrair e ofereci maneiras de minimizar as distrações para ajudá-lo a obter mais do tempo que você gasta. No entanto, às vezes *queremos* uma distração.

Quando a situação atual é realmente terrível, pode ajudar a desviar nossa atenção, ao menos durante parte do tempo. A necessidade de escapar mentalmente é evidente nas pesquisas que mostram uma maior preferência pela leitura de livros mais leves e por assistir a filmes mais engraçados durante períodos econômicos mais difíceis.[161]

Além disso, devo advertir que a remoção das distrações revelará a realidade de sua situação atual. Durante a quarentena da Covid, sem poder se ocupar de outra forma, algumas pessoas se viram presas em casa em relacionamentos ruins ou inexplicavelmente solitárias. Durante esse tempo, junto com o aumento da ansiedade, os índices de depressão e violência doméstica subiram.[162] Sem distração, somos forçados a contar com o tecido subjacente de nossas vidas e em nós mesmos. Minha esperança é que, removendo as distrações, possamos nos concentrar nas mudanças que talvez precisemos fazer. E minha maior esperança é que todos tenham os meios e a força para fazer essas correções.

LIÇÕES DO CAPÍTULO SEIS

- Muitas vezes somos distraídos por nossas mentes divagando e isso diminui a felicidade no presente. Portanto, para aumentar sua felicidade, remova estrategicamente as distrações e concentre-se no aqui e no agora.
- Tirar tempo para férias aumenta a felicidade, bem como a criatividade e o desempenho no trabalho.
- Tratar o fim de semana como férias pode aumentar a felicidade ao aumentar sua interação durante esse tempo de folga.
- Implementar uma prática de meditação o ajuda a aprender a estar atento ao presente e pode ajudar a acalmar pensamentos ansiosos sobre o futuro.
- Prepare seu ambiente para se proteger das distrações externas, aumentando a probabilidade de entrar em um estado de fluxo.
- A mera presença de smartphones pode ser uma distração, portanto guarde o seu para uma ocasião mais feliz.

O POTE DO TEMPO

*O Tempo é a moeda de sua vida. É sua única moeda, e somente
você pode determinar como será gasta. Tome cuidado
para não deixar que outras pessoas a gastem por você.*
— Carl Sandburg

Um professor entra na sala de aula, todos os lugares ocupados, e coloca um grande pote transparente na mesa. Ele coloca uma grande sacola na cadeira. Dela, retira uma caixa de bolas de golfe e coloca todas as bolas dentro do pote. Ele pergunta aos alunos: "O pote está cheio?" Com as bolas de cima chegando à abertura do pote, a turma inteira acena e responde: "Sim."

O professor parece concordar. Mas, então, ele volta a pegar a sacola e retira um recipiente de pedrinhas. Ele as despeja no pote. As pequenas pedras caem sobre as bolas de golfe, enchendo as fendas, e o professor pergunta a seus alunos: "Está cheio agora?" Novamente, a turma acena e responde: "Sim."

Em seguida, da sacola sai um frasco de areia, que o professor despeja no pote. A areia cobre as bolas e as pedras, preenchendo os buracos restantes. O professor sacode ligeiramente o pote e, com a ajuda da gravidade, a areia fica no fundo do pote. "E agora? O pote está cheio?" Os estudantes estão agora sorrindo enquanto acenam com a cabeça, percebendo seu ponto de vista.

Parece que a demonstração terminou porque não há mais espaço no pote. Porém, o professor retira duas garrafas de Corona. Com isso, a turma inteira começa a rir. Pegando um abridor do bolso, ele abre as duas garrafas. Derrama uma das cervejas sobre as bolas de golfe, pedrinhas e areia, e toma um gole da outra.

Segurando sua cerveja, o professor caminha até a frente da mesa, parando ao lado do pote. Ele explica: "Esse pote representa sua vida. As bolas de golfe são as coisas importantes: sua família, seus amigos, sua saúde e suas paixões. As pedrinhas são as outras coisas importantes: seu trabalho, sua casa. E a areia é todo o resto; são apenas as pequenas coisas. Agora, se você colocar a areia no pote primeiro, não terá espaço para as pedras e as bolas de golfe. O mesmo vale para a vida. Se você gastar toda sua energia e tempo com as pequenas coisas, não terá tempo para todas as coisas realmente importantes para você… Coloque suas bolas de golfe primeiro. Defina suas prioridades, porque todo o resto é somente areia."

Um dos alunos levanta então a mão e pergunta: "Professor, o que representa a cerveja?" O professor ri: "Ainda bem que você perguntou. Isso mostra que, por mais cheia que sua vida pareça, sempre há espaço para duas cervejas com um amigo."

Esse curta-metragem de Meir Kay,[163] que reproduzo no primeiro dia do meu curso, nos lembra que precisamos ser conscienciosos na alocação de nossas horas. Cada pessoa tem um pote representando o tempo de nossa vida e temos que ponderar bem ao decidir quais atividades deixamos entrar e colocar em nosso pote — quais atividades ganham espaço em nossas vidas.

É uma analogia útil para o tempo que muitas vezes uso quando tomo minhas próprias decisões para gastá-lo: começo a assistir a outro episódio? Topo dar uma palestra? Aceito um convite social? Participo do grupo de pais e mestres... ou fico como treinadora de futebol da Lita? Dou uma rápida olhada na minha caixa de e-mail para ver se há algo precisando de uma resposta urgente? Rob e eu passaremos o fim de semana fora?

Esse pequeno filme faz um grande sentido. É sobre priorização. Se o professor tivesse deixado a areia encher o pote primeiro, não haveria espaço suficiente para as atividades mais importantes — as bolas de golfe. Se você gastar todo seu tempo com as pequenas coisas, é o equivalente à areia enchendo o pote e não terá mais tempo para *suas* bolas de golfe — as atividades que são mais importantes para você. Você se verá sofrendo de pobreza de tempo, com seus dias cheios de atividades que realmente não importam.

Somente se você identificar o que realmente importa, poderá conquistar e proteger o tempo. Trata-se de colocar suas bolas de golfe em primeiro lugar. Uma vez que as atividades importantes tenham seu espaço garantido na programação da semana, então você pode permitir que seu horário seja preenchido com outros afazeres, novas solicitações, ou ficar à toa.

Como o espaço no pote, nossas horas são finitas. Há 24 horas no dia, 1/3 das quais são passadas dormindo. Isso deixa apenas 16 horas. No início, pode parecer bastante. No entanto, considere que, para cada dia de trabalho, metade dessas horas são gastas no escritório, uma provavelmente é gasta no deslocamento até o escritório (30 minutos para lá e 30 minutos para casa), e leva uma hora para se arrumar pela manhã. Sobram apenas seis horas — apenas 1/4 do dia — para fazer todo o resto.

"Todo o resto" inclui todas as coisas que você *tem* que fazer (passear com o cachorro, fazer compras, preparar o jantar, lavar a louça, levar as crianças à escola, ir buscá-las, colocá-las na cama, lavar o carro, lavar a roupa, limpar a casa, comprar sapatos novos, pagar aquela maldita multa de estacionamento, cortar o cabelo), todas as coisas que você *realmente quer fazer* (dar uma corrida, assistir à aula de dança de sua filha, sentar-se para um jantar relaxado em família, ler uma história de dormir para as crianças, beber um copo de vinho sem pressa com seu parceiro) e todas as coisas que *realmente gostaria de fazer* (encontrar-se com um velho amigo para uma bebida, encontrar-se com um novo amigo para uma bebida, terminar o livro do clube do livro, fazer as unhas, ler o artigo que seu parceiro tão atenciosamente separou, sabendo que você acharia interessante, arrumar a gaveta de meias). Claramente, nem tudo caberá em suas seis horas diárias disponíveis. Na verdade, seu horário semanal só tem espaço para algumas dessas atividades. Você precisa ser exigente.

Armadilhas na Areia

Cheryl é loucamente ocupada. Trabalha em tempo integral como gestora no setor de saúde e dedica suas noites e seus fins de semana a trabalhar em seu MBA. Ela completou o Exercício de Monitoramento do Tempo do Capítulo 3. Examinando seus dados de uso do tempo durante duas semanas, ela contou o número de horas que passou em suas diversas atividades (por exemplo: trabalhando no hospital, frequentando aulas, fazendo seus trabalhos de curso). O cálculo que realmente a chocou foi a quantidade de tempo que passou nas redes sociais:

> *Monitorei 12 horas e 30 minutos na minha primeira semana e 10 horas e 30 minutos na segunda semana em redes sociais. Embora seja um tempo enorme, considerando tudo o mais que me ocupa,*

infelizmente sei que esses números não são nem mesmo um verdadeiro reflexo do meu pleno uso. Eu literalmente nunca estou sem meu celular o dia todo, todos os dias. Se eu tiver mesmo uma pequena pausa no dia, estarei instantaneamente verificando as redes sociais. Ou, se estiver entediada, também o faço. Embora ache que será apenas uma verificação rápida, sempre fico mais tempo do que pretendo e, aparentemente, esses minutos realmente se acumulam. Além disso, meu tempo nas redes sociais me faz demorar mais tempo fazendo outras coisas, como me preparar de manhã. Fico perdida verificando, escrevendo para alguém ou lendo as respostas aos meus posts.

O tempo de tela se revela uma grande armadilha na areia para muitos de nós. Como ela observou, o que se pretende ser alguns minutos navegando aqui e ali pode se transformar muito rapidamente em um número significativo de horas semanais. Ou, como vimos com a colega de classe de Cheryl no Capítulo 3, o que se pensa ser uma maneira fácil de relaxar com o parceiro no fim do dia de trabalho pode inadvertidamente se transformar em 20% de toda a semana em frente à TV.

O uso das redes sociais de Cheryl não é algo exclusivo, nem as noites distraídas das pessoas no sofá. Pesquisas mostram que, em média, os norte-americanos passam três horas por dia em seus smartphones. E não se trata apenas da juventude viciada no celular. Sim, os millennials passam mais tempo por dia em seus celulares (média de 3,7 horas) do que os da geração X (média de 3 horas), mas nem tanto. Os baby boomers também passam várias horas diárias (média de 2,5 horas) nas telinhas.[164] Estatísticas indicam ainda que, em média, os adultos de várias gerações passam aproximadamente cinco horas assistindo à TV todos os dias.[165] Isso significa que não seria incomum para alguém passar dezenas de horas, semana após semana, em tempo passivo de tela.

Nem sempre, é claro, o uso da TV ou do smartphone é uma perda de tempo. De fato, há uma diferença entre as horas em que uma pessoa fica completamente absorta versus as que são gastas deliberadamente. Uma organização sem fins lucrativos que educa sobre o uso seguro da mídia, a Common Sense Media, é conclusiva: nem todo o tempo de tela é criado de forma igual. Quando há uma oportunidade de educação, contar histórias que aumentam a empatia ou o envolvimento ativo com entes queridos, as telas (grandes ou pequenas) fornecem um portal para o bem. Mas, ainda assim, há a questão do tempo.

Se o tempo não fosse limitado, as horas que Cheryl passava navegando não seriam tão problemáticas. Mas, como a parábola do pote destaca, o tempo é limitado. Ela lamenta que, dado seu trabalho intenso e sua agenda escolar, "não tem tempo" para socializar com os amigos ou sua irmã. Entretanto, se cortasse as horas que passa nas redes sociais (uma atividade que classificou com um medíocre 5 em sua escala de 10 pontos de felicidade), teria tempo para ver os amigos (que ela deu uma classificação média de 7,5) ou jantar com sua irmã (um 10).

Qual é sua areia? O que preenche involuntariamente suas horas, de tal forma que olha para trás sentindo pontadas de arrependimento, percebendo que gostaria de ter passado esse tempo melhor?

Meu e-mail é minha principal armadilha na areia. Responder a e-mails engole minhas horas de trabalho e minhas horas de casa da mesma forma. Eu me vi com bastante frequência no fim de um dia de trabalho não tendo conseguido nada de substancial por causa do tempo consumido respondendo a e-mails. Na verdade, levei um dia inteiro para completar esta exata página, porque continuo sendo interrompida por e-mails "urgentes"! Eu nunca seria capaz de escrever um capítulo (muito menos um livro inteiro), completar um trabalho de pesquisa ou preparar uma palestra se ficasse com minha caixa de entrada atualizada.

O e-mail não só ameaça minha produtividade, como também ameaça o tempo para um prazer verdadeiro. Depois do jantar, sinto a compulsão de entrar de novo para ter certeza de que estou em dia. O problema é que sempre há outra solicitação, outra pergunta, outro e-mail precisando de resposta. É uma tarefa interminável que preenche todo o tempo que dou. E o tempo dado ao e-mail diminui as horas que poderia passar curtindo uma taça de vinho com Rob, um passeio noturno com meu vizinho, ler por prazer, assistir a um filme ou ligar para meu irmão para saber como ele e as crianças estão.

Quer cheguem na forma de e-mail ou não, as solicitações recebidas que não são impiedosamente gerenciadas podem preencher muito rápido todo o nosso pote. É implacável, e parece sufocar. Você fará parte deste comitê? Poderia me fazer um favor? Gostaria de um conselho seu, vamos marcar um café? Pode levar as crianças? Você falará neste painel? Trará os lanches? Providenciará o nosso presente? Você pode coordenar o evento?... Muitas vezes você nem percebe que está sendo soterrado até ser tarde demais — está comprometido demais, sobrecarregado e não sabe o que vale a pena (se algum vale).

Parte do dilema é que, quando nos perguntam, é mais fácil dizer sim. Concordamos em falar no painel, levar os petiscos. Mesmo que não haja um segundo disponível agora, certamente haverá depois. Mas então, no dia do painel ou do evento que precisa do lanche, por que inevitavelmente nos vemos correndo freneticamente nos perguntando o que diabos estávamos pensando quando dissemos sim?

Os pesquisadores Gal Zauberman e John Lynch conduziram experimentos explicando a psicologia por trás de nossa tendência ao excesso de comprometimento.[166] Em um estudo, pediram aos participantes que pensassem sobre as atividades que eles têm hoje e seu tempo livre disponível. Em seguida, pediram que pensassem sobre suas atividades e seu tempo livre disponível para o mesmo dia da semana, um mês a partir de agora. Após essa visão clara de suas ocupações atual e futura, os participantes classificaram seu tempo disponível em uma escala de 10 pontos que varia de 1 = *muito mais tempo disponível hoje* a 10 = *muito mais tempo disponível no próximo mês*. Os resultados de Gal e John revelam uma crença consistente que todos têm: teremos bem mais tempo disponível no próximo mês do que temos hoje.

É claro que isso é ridículo. Na verdade, hoje é um dia como qualquer outro, inclusive o que acontecerá daqui a um mês. Assim como hoje, haverá apenas 24 horas, e teremos nos comprometido demais, tendo dito anteriormente sim aos pedidos. Entretanto, é exatamente porque esperamos ter mais tempo disponível no futuro que dizemos sim agora. Gal e John referem-se apropriadamente a tal conclusão como "Efeito do Sim... Droga!"

Felizmente, há uma solução fácil. Conhecendo a psicologia subjacente, você pode neutralizar o efeito. A estratégia para combater armadilhas na areia é apenas dizer sim aos pedidos que você ficaria feliz em dedicar seu tempo *hoje*.

Outra parte delicada do problema é a dificuldade em dizer não e as mulheres são muito piores nisso do que os homens.[167] Embora empiricamente demonstrada na academia, essa mesma dinâmica se manifesta em todos os contextos. Sara Mitchell e Vicki Hesli fizeram uma pesquisa com mais de mil professores em departamentos de ciências políticas. Descobriram que as professoras são bem mais propensas a ser convidadas para participar de comitês e fazer outras tarefas de serviço sem prestígio e sem progressão de carreira do que seus colegas homens. Mas não é apenas o fato de serem solicitadas com mais frequência; elas *dizem sim* com mais frequência.[168]

Concordar com pedidos frequentes para fazer trabalhos administrativos atrapalha o tempo para as pesquisas. Contudo, a pesquisa, para início de conversa, é a principal razão pela qual muitos buscam carreiras no meio acadêmico: ela é gratificante. Além disso, a pesquisa forma a base da avaliação ao concorrer a uma promoção, o que pode explicar por que o corpo docente feminino tem menos probabilidade de avançar nas posições acadêmicas. Note que 36% dos professores assistentes são do sexo feminino, contra apenas 19% dos professores titulares. A relutância em dizer "não", portanto, se revela onerosa — tanto emocional quanto profissionalmente. Tais resultados são importantes para alertar contra sempre dizer sim aos pedidos recebidos. Embora possa parecer mais fácil no momento, os inconvenientes são contraproducentes.

Agora, é claro que às vezes lhe serão apresentados pedidos que valem a pena aceitar e aos quais você vai *querer* dizer sim. Reconhecer o espaço finito em seu pote de tempo é útil aqui. Ele o encoraja a aplicar filtros rigorosos para peneirar a areia. Esses filtros devem ser baseados em seu propósito pessoal (tornar suas horas significativas) e nas atividades que oferecem maior felicidade (tornar suas horas agradáveis).

Filtro do Propósito

Expliquei no Capítulo 4 o valor de identificar o propósito em seu trabalho: *por que* você faz o trabalho que faz. Conhecer seu propósito é fundamental porque o ajuda a se concentrar nas tarefas que são fundamentais para atingir seus objetivos, e também aumenta o prazer e a motivação em realizar essas tarefas. Entretanto, o valor de identificar seu propósito vai muito além do âmbito profissional. Há valor na identificação de seu propósito de forma mais geral: *por que* você faz o que faz. O que o motiva? Qual é seu objetivo final?

Em conversas ao longo dos anos, ouvi indivíduos articularem seus propósitos de diversas maneiras:

"Para dar voz aos que não têm."
"Para tornar realidade o futuro que vejo."
"Para ser um bom pai."
"Para entreter."
"Para construir coisas que melhorem vidas."
"Para ficar sóbrio."
"Para fazer amigos."
"Para deixar o mundo um lugar melhor."
"Para ser útil."

Conhecer seu propósito o ajudará a peneirar a areia e determinar as atividades que lhe parecem significativas e que valem seu tempo. Como o brinquedo de plástico que minha pequena Lita usa para recolher conchas, seu "por que" de ordem mais alta funciona como uma peneira eficaz, separando as atividades que valem a pena de todo o resto. Isso ajudará a esclarecer quais atividades devem ser priorizadas: em quais dedicar tempo e quais deixar passar.

Usando a mim mesma como exemplo, até agora você já ouviu dizer que meu objetivo é disseminar a felicidade. Isso está intimamente relacionado ao propósito profissional que compartilhei no Capítulo 4: criar e disseminar conhecimento sobre o que faz as pessoas felizes. Assim, posso prever com mais precisão quais atividades serão interessantes e significativas. Quando solicitada a falar em um painel, eu digo sim ou não, dependendo se isso ajudaria a difundir a compreensão do bem-estar emocional. Ou, se me pedem para participar de um comitê, decido com base em se seria melhor o bem-estar daqueles de quem gosto: meus filhos, a comunidade deles ou minha comunidade de colegas e estudantes. Esse filtro reduz o tributo emocional e o tempo que gasto respondendo aos pedidos, pois a resposta correta é óbvia.

Filtro da Felicidade

A partir do Exercício de Monitoramento do Tempo no Capítulo 3, você identificou as atividades específicas em sua vida diária e as características em comum que realmente lhe proporcionam felicidade. Esse conhecimento pode servir como filtro para peneirar quais atividades provavelmente lhe trarão alegria e aquelas que ameaçam encher desapercebidamente seu pote.

Vou me oferecer novamente como exemplo. Ao analisar meus dados de monitoramento do tempo, identifiquei que uma característica comum em minhas atividades preferidas era fazer coisas *com* meus filhos (em oposição a algumas atividades menos divertidas, que envolviam fazer coisas *para* meus filhos). Saber que me dá muita alegria fazer coisas com Leo e Lita é útil, porque posso usar isso como filtro para os gastos relacionados a crianças. Por exemplo, quando me pediram para participar do comitê de gala da escola deles, foi um não fácil e rápido. Nada nesse trabalho teria envolvido eu passar um tempo com eles. Entretanto, quando me pediram para dar assistência à professora da turma da Lita, concordei. Claro, isso envolveria o envio de alguns e-mails aos pais e à coordenação de eventos em sala de aula, mas eu poderia ajudar a criar uma experiência positiva para a comunidade da turma da minha filha naquele ano. Mais importante ainda, estaria com ela na sala de aula para esses eventos. E, quando me pediram para acompanhar a viagem de campo da turma do Leo ao Museu do Grammy, também disse que sim. Sair do trabalho para me juntar a Leo e seus amigos, enquanto aprendia sobre a criação e a apresentação de gravações musicais, valeu com certeza absoluta meu tempo. Passei o dia com meu filho.

Muitos de nós somos pobres de tempo. Estamos estressados por termos muito a ver com horários excessivamente comprometidos e não temos tempo suficiente para fazer tudo. Todavia, ao peneirar a areia, você pode criar espaço em seu pote de tempo para o que é mais importante.

Suas Bolas de Golfe

Seu propósito e seus filtros de felicidade o ajudarão a reagir aos pedidos recebidos. No entanto, você deseja, em última instância, tornar-se mais proativo na decisão de como gastar seu tempo. Precisa, antes de mais nada, colocar as bolas de golfe em seu pote do tempo. Dê prioridade a elas. O próximo capítulo o orientará em como colocar suas bolas de golfe de forma otimizada no cronograma da semana. Mas, antes, precisa determinar quais são elas. Quais são suas atividades mais importantes — aquelas que realmente o deixam mais feliz?

O Exercício de Monitoramento do Tempo no Capítulo 3 é uma abordagem baseada em dados para identificar suas bolas de golfe. Sugiro que o faça, porque os resultados podem ser surpreendentes. Entretanto, pode selecionar suas bolas de golfe mesmo sem fazer o exercício completo. Refletindo sobre suas últimas duas semanas, pergunte-se: *quais foram as atividades que provocaram mais alegria?*

Isso é muito parecido com o conselho da guru Marie Kondo de como arrumar sua casa.[169] Ela diz para segurar cada peça de roupa e se perguntar se ela fala com seu coração e "provoca alegria". Caso não, agradeça-lhe por sua serventia e se livre dela. Entretanto, não se trata apenas de suas camisetas velhas. Você pode usar a mesma pergunta para determinar como gastar seu recurso mais precioso.

Quando meu marido escaneou suas semanas para identificar as atividades que lhe causaram alegria, percebeu que a leitura de *Harry*

Potter com Leo lhe deu uma felicidade tremenda. Com as luzes apagadas, sentado ao lado de Leo em sua cama durante as noites, Rob encontrou contentamento. Naquele espaço tranquilo, sua energia e a de seu filho se alinharam, e suas mentes viajaram juntas para um mundo fantástico de possibilidades infinitas. Apesar de sua implacável carga de trabalho e da rotina noturna frenética de nossa família, ele percebeu que vale a pena proteger todos os dias esses trinta minutos de leitura com Leo. É uma prioridade.

Quando minha cunhada, Christina, relembrou suas duas semanas anteriores, encontrou sua alegria em uma caminhada de fim de semana com uma amiga. Ela gostou da atividade, porém, mais do que se sentir bem fisicamente, gostava de estar ao ar livre e de socializar. Com o céu aberto sobre ela e nenhuma tarefa em vista, apreciou ouvir e compartilhar. Essa sensação de conexão e felicidade não exigia uma caminhada de um dia inteiro. Na verdade, era tão simples quanto sair e caminhar com qualquer pessoa de quem ela gostava.

Para mim, sair à noite com Rob é um dos meus maiores motivos de alegria. Quando saímos para jantar, nos afastamos da rotina e das disputas logísticas, para longe da limpeza da cozinha, e nosso foco principal é um e o outro. Mesmo durante a Covid, impedidos de ir a restaurantes, pedíamos entrega e comíamos em uma pequena mesa que eu preparava com velas e música em nossa varanda da frente — *por fora* da nossa porta da frente. Após nossas semanas de convivência e trabalho lado a lado, é quando nos viramos e nos olhamos para uma conversa real. Esse tempo garante que não percamos o contato em meio à agitação do dia a dia, por isso *tem que ser* uma prioridade.

Exercício das Atividades Alegres

Analisando suas duas últimas semanas, quais atividades "despertaram alegria" em você?

1.
2.
3.
4.
5.

Tempo para Pensar

Além dos momentos que encontrou para si mesmo, deixe-me sugerir outra bola de golfe para priorizar: a "Hora Shultz". O escritor do *New York Times* David Leonhardt descreve como o ex-secretário de Estado norte-americano, George Shultz, defendia uma hora por semana para uma reflexão silenciosa:

> *Ele se sentava em seu escritório com um bloco de papel e uma caneta, fechava a porta e dizia à secretária para interrompê-lo somente se alguma destas duas pessoas ligasse: "Minha esposa ou o presidente", lembrava Shultz.*
>
> *Shultz... me disse que sua hora de solidão era a única maneira de encontrar tempo para pensar sobre os aspectos estratégicos de*

seu trabalho. Caso contrário, seria constantemente puxado para questões táticas de momento a momento, nunca conseguindo se concentrar em questões maiores de interesse nacional. E a única maneira de fazer um ótimo trabalho, em qualquer campo, é encontrar tempo para considerar as questões maiores.

Não estou defendendo a política externa de Shultz. Estou defendendo sua prática ponderada. Experimente. Reserve um tempo para uma reflexão tranquila. Nem precisa ser uma hora — comece com meia hora ou até mesmo quinze minutos dedicados a deixar sua mente transbordar de pensamentos.

Para sua Hora Shultz (ou quinze minutos), livre-se das distrações comuns, incluindo pessoas, e-mails, textos, chamadas telefônicas, rádio e TV. Assim como você faz para criar espaço para o estado de fluxo, para este tempo feche a porta e esconda seu celular. Ou você pode se afastar da sua mesa e sair para dar uma volta.

O valor da Hora Shultz excede a satisfação de remover a distração, que já discutimos. É durante esse tempo que você pode processar mais profundamente, criar mais ilimitadamente e elaborar mais habilmente estratégias sobre as decisões importantes que esperam sua atenção: dará o próximo passo em seu relacionamento? Dará o passo realmente difícil de terminar seu relacionamento? Deve ir em frente e mudar de bairro, para o outro lado do país, para o outro lado do mundo? Deveria pedir demissão mesmo que não tenha outro emprego em vista? Voltar para a faculdade? Que tradições quer cultivar para sua família? Deveria tentar ter outro filho? Deveria ceder aos pedidos de seus filhos por um filhote de cachorro? É finalmente hora de ter aquela conversa difícil com seu amigo?

Todas essas decisões merecem seu próprio espaço em seu pote do tempo. Você não deve se apressar em passar por elas. Leonhardt observou: "Se você passar todo seu tempo coletando novas informações, não deixará tempo suficiente para dar sentido a elas." Priorize o espaço para pensar.

Priorize Suas Prioridades

Dianna e Justin receberam um presente e tanto de casamento: duas noites no Rancho San Ysidro. É um esconderijo idílico aninhado no sopé de Santa Bárbara, Califórnia. Os chalés cobertos de vinhedos, cada um com jardim privado e requintadamente ajardinado, são perfeitos para que os casais passem as manhãs relaxando em linho fino, saboreando croissants quentes entregues em uma cesta junto com geleias caseiras. Aqui, as janelas são deixadas bem abertas para convidar os aromas de jasmim e flores de laranjeira, e o som alegre de beija-flores e abelhas. O lugar é tão perfeito para escapadelas românticas que os norte-americanos John e Jackie Kennedy passaram a lua de mel aqui, e as estrelas de Hollywood Laurence Olivier e Vivien Leigh trocaram juras sob as copas das árvores. Embora seja pitoresco, ficar no Rancho San Ysidro tem um preço muito alto. Não é preciso dizer que foi um presente muito bom, e Dianna e Justin mal podiam esperar para desfrutá-lo.

Dez anos depois, eles ainda não haviam resgatado o presente. Ainda eram casados e muito felizes. No entanto, uma década depois, ainda não tinham tido tempo para fugir apenas os dois. Não era porque não gostavam da companhia um do outro ou porque o canto da sereia de manhãs tranquilas comendo croissants quentes havia acabado. E, claramente, o custo não era o obstáculo porque era um presente. A única razão pela qual Dianna e Justin ainda não tinham ficado no Rancho San Ysidro devia-se a que algo mais sempre aparecia. Reservaram o chalé em várias ocasiões, mas o aniversário de um primo, um jogo de futebol infantil ou a pressão no trabalho interferia e acabavam cancelando a viagem toda vez. Apesar de ser uma prioridade, eles nunca a priorizaram.

Em meu campo de tomada de decisões comportamentais, a maioria dos pesquisadores aborda questões associadas ao fato das pessoas serem míopes ou terem uma visão reduzida — sucumbindo à tentação do que é próximo e fácil. Isso significa que as pessoas escolhem imediatamente opções agradáveis e ignoram as consequências negativas que tais opções imporão no futuro. De fato, a maior parte da pesquisa se concentrou em como incentivar as pessoas a escolher os "deveres" em vez dos "quereres", e virtudes em vez de vícios. Com base no enorme número de estudos e décadas de pesquisa, existem alguns livros maravilhosos, incluindo o de Katy Milkman, *Como Mudar*, que oferecem táticas para ajudar as pessoas a melhorar seu autocontrole: comportar-se de maneiras que podem não ser divertidas no momento, mas que são mais saudáveis e inteligentes no longo prazo. Tendo testemunhado os graves custos sofridos por indivíduos que consistentemente falham em exercer autocontrole em seus hábitos alimentares ou decisões financeiras, concordo que esse é um trabalho incrivelmente importante.

Todavia, tenho notado com igual frequência pessoas que sofrem com o problema oposto. Há pessoas que sacrificam constantemente o prazer imediato para evitar a culpa de não alcançar o melhor resultado mais tarde. Em nosso sistema escolar e ambientes profissionais altamente competitivos, há uma grande compulsão para trabalhar em vez de se divertir, fazer coisas em vez de relaxar. Nesse campo, admito que minha resolução mais desafiadora de Ano Novo não era ir à academia todos os dias, mas sim *não trabalhar* nos fins de semana.

Os pesquisadores Anat Keinan e Ran Kivetz também observaram o fenômeno. Eles o chamaram inteligentemente de *hipermetropia*: a tendência a ser excessivamente perspicaz, escolhendo sempre o futuro em detrimento do presente. É uma questão de autocontrole excessivo.[170] Eles dizem que, sim, é mais saudável escolher uma maçã em vez de um pedaço de bolo de chocolate para um lanche; entretanto, se você escolher a opção do tipo maçã todas as vezes, nunca experimentará o prazer da delícia do chocolate. Se você *sempre* escolhe os deveres em vez dos quereres, nunca há uma oportunidade para o prazer. E, depois de anos e anos tomando apenas decisões que deveriam ser tomadas, pode olhar para trás e sentir um intenso pesar por perder a felicidade que a vida tem a oferecer, incluindo farelos de croissant em lençóis de linho branco.

Keinan e Kivetz conduziram vários experimentos demonstrando esse ponto. Em um estudo, pediram às pessoas que se lembrassem de uma situação que ocorreu anos antes na qual elas estavam deliberando entre passar tempo no trabalho ou no prazer e, em última análise, escolheram entre trabalho ou prazer. Em comparação com os que escolheram o prazer, aqueles que haviam escolhido o trabalho relataram sentir um arrependimento bem maior e como se tivessem perdido. Em outro estudo, Keinan e Kivetz pediram aos estudantes universitários que refletissem sobre suas férias de inverno do ano anterior. Pensando em como haviam passado seu tempo, os estudantes estavam muito mais propensos a concordar com a afirmação "eu deveria ter viajado mais" do que com a afirmação "eu deveria ter trabalhado mais".

Para evitar esse arrependimento, você tem a chance de priorizar suas atividades. É importante não apenas identificar suas bolas de golfe, mas colocá-las de fato em seu pote do tempo. Não bastava que Dianna e Justin fizessem uma reserva no Rancho San Ysidro; eles precisavam *ir* de fato para lá.

É verdade que há tardes de sexta-feira em que ainda não terminei o trabalho que pretendia, e sinto que deveria ficar para terminá-lo. Seria extremamente fácil cancelar a noite do encontro. Rob aprecia todo meu malabarismo. Além disso, ele não se importaria de relaxar em frente à TV depois de sua atarefada semana de trabalho. Não deveríamos adiá-lo para uma hora mais tarde? *Não*. Justamente porque esse tempo é tão fácil de *não* gastar, é especialmente importante comprometer-se a gastá-lo.

Para garantir que nós realmente cumprimos e saímos para a noite do encontro, implementamos o que os economistas comportamentais chamam de *dispositivo de compromisso*. Tal dispositivo é uma forma de se blindar e seguir em frente em seu objetivo, e você faz isso impondo um custo a si mesmo se não cumprir. Por exemplo, Dianna e Justin poderiam ter feito uma reserva não cancelável no Rancho San Ysidro, de modo a perder o preço da estada se decidissem não ir. Como um dispositivo de compromisso para nossas noites de encontro, Rob e eu programamos e nos comprometemos a pagar uma babá para toda sexta-feira à noite. Isso não só elimina a tarefa de encontrar (ou a desculpa de não encontrar) uma babá, mas ter esse adulto de confiança invariavelmente em nossa casa às sextas-feiras às 18h nos obriga a abrir a porta e sair. E inevitavelmente, uma vez que saímos e nos afastamos das outras tensões da vida, Rob e eu não temos arrependimentos.

Além de tais dispositivos de compromisso e estratégias de programação que compartilharei no próximo capítulo, a simples percepção de seu tempo limitado pode ajudar a motivá-lo a ir em frente e a gastar esse tempo importante. Por mais que o Exercício do Tempo Restante no Capítulo 5 o lembre de fazer mais das horas que lhe trazem alegria, a analogia do pote do tempo o lembrará de priorizar os momentos que lhe trazem alegria.

Vi Dianna alguns dias depois que ela voltou de sua estada com Justin no Rancho San Ysidro e ela parecia radiante. Justin estava fazendo meu curso e tinha visto o filme sobre o pote do tempo. Eles haviam dedicado seu tempo ao que finalmente importava.

Arrume Tempo

Espero que você volte à analogia do pote como um lembrete de como seu tempo é limitado ao tomar suas próprias decisões de gastos. Há horas finitas para você alocar. Se você deixar a areia — qualquer "coisa" que lhe for jogada ou pedida, ou que o atraia para a inconsciência — preencher essas horas, não haverá tempo suficiente em seus dias para as atividades realmente gratificantes e significativas. Não terá mais tempo para o que realmente vale a pena. Você tem que ser intencional na forma como gasta suas horas. Seja proativo, ao invés de reativo, na determinação de onde seu tempo vai. Você precisa colocar as bolas de golfe em primeiro lugar e se comprometer com esse tempo, independentemente de estar com disposição ou de a areia aparecer.

LIÇÕES DO CAPÍTULO SETE

- Somos propensos a deixar que nossos dias se encham de atividades insatisfatórias.
- Uma razão é que com muita frequência dizemos sim às solicitações recebidas porque acreditamos (incorretamente) que teremos mais tempo livre no futuro.
- Outra razão é que muitas vezes escolhemos recompensas futuras em vez do prazer atual.
- Entretanto, sempre adiar atividades agradáveis para mais tarde pode levar a um maior sentimento de arrependimento.
- Portanto, identifique, comprometa-se e priorize o espaço em seu pote de tempo finito para as atividades que lhe trazem alegria.

Oito

ELABORAÇÃO DO TEMPO

Você não pode parar as ondas, mas pode aprender a surfar.
— Jon Kabat-Zinn

Agora que conhece a ciência, é hora de criar arte. Ajudarei você a compor suas horas para planejar uma semana ideal, como juntar os azulejos de um mosaico. Gosto de pensar nesse processo como a elaboração do tempo.

À medida que elabora seu tempo, pense em suas atividades como azulejos. Variando em cor e tamanho, alguns são inerentemente mais atraentes do que outros. Neste ponto do livro, você sabe quais são os azulejos mais bonitos: quais são os mais interessantes e significativos para você, quais atividades "despertam alegria". Mas você também sabe que pode mudar sua perspectiva para iluminar qualquer azulejo. E você tem estratégias para amplificar a beleza dos azulejos que já são bonitos, compensando a adaptação hedônica e eliminando as distrações. Tem até mesmo estratégias para tornar mais brilhantes os azulejos menos bonitos (afazeres domésticos, trabalho e deslocamentos).

Neste capítulo, eu o ajudarei a descobrir a melhor maneira de juntar todos esses azulejos para criar um mosaico magnífico — um que reflita seu propósito, o inspire e seja sustentável. Vou orientá-lo em como colocá-los e sequenciá-los de forma ideal entre aqueles que já estão definidos. No processo, você aumentará o impacto de seus favoritos e minimizará o impacto dos menos favoritos.

Embora seu mosaico pareça intrincado, as etapas da elaboração do tempo são básicas e as sugestões, práticas. Ao longo do capítulo, vou lembrá-lo de conceitos que já abordamos anteriormente e sugerir maneiras simples de aplicá-los na concepção de sua semana ideal. Este é realmente um exercício de programação, mas, ao contrário da forma como já abordou seu calendário antes, agora você está informado pela ciência e equipado com suas prioridades e objetivos pessoais. Você será deliberado e atento ao decidir quais azulejos colocará e onde — no fim das contas, elaborando o tempo de sua vida

Sua Tela

O calendário semanal em branco a seguir é a tela na qual colocará seus azulejos. Sugiro que o imprima do meu site, www.cassiemholmes.com ou no site da editora www.altabooks.com.br (procure pelo nome do livro ou ISBN), e siga os passos, esboçando seu desenho a lápis. Tenha uma borracha à mão, porque provavelmente desejará revisar e reavaliar suas decisões ao longo do caminho.

Já que é útil ter um exemplo concreto a seguir, mostrarei como elaborei uma das minhas próprias semanas. Entretanto, lembre-se que as atividades em que se envolve e como as coloca devem ser específicas para você. É sobre o que é interessante e significativo para *você* — o que traz alegria para *você*. Observe também que sua semana estará sujeita à sua própria realidade logística e à sua estrutura familiar, assim como ao seu trabalho e à flexibilidade desse trabalho. Por exemplo, por ter filhos pequenos, todas as minhas horas fora do horário escolar das crianças devem ser coordenadas com elas, a educação delas e Rob. Se você não tiver filhos pequenos, provavelmente terá maior autonomia na elaboração do seu horário. Por outro lado, como acadêmica, tenho mais controle do que a maioria dos profissionais sobre como passo minhas horas de trabalho. Embora algumas das minhas responsabilidades de ensino tenham estabelecido horas em sala de aula, a maior parte do meu trabalho é autodeterminada. Eu decido quais projetos faço e quando trabalho neles. Nesse aspecto, sou minha própria chefe. Portanto, vários elementos do planejamento que se aplicam ao meu horário de trabalho só serão relevantes para aqueles que têm horários de trabalho igualmente flexíveis.

Ao reconhecer que muitas profissões não têm essa flexibilidade em seus dias de trabalho, também compartilharei o exemplo de minha cunhada, Christina. Como diretora do programa de uma escola que ajuda crianças pequenas com necessidades especiais, ela é obrigada a estar no escritório durante todo o horário escolar. Além de seu "trabalho diário", ela faz sessões em casa para ajudar estudantes com necessidades especiais individualmente, e essas sessões acontecem nos mesmos horários todas as semanas ao longo do ano letivo. Seus dias de trabalho são, portanto, altamente estruturados e ela tem um controle mínimo sobre as horas que trabalha. Ela é um bom exemplo de alguém que está particularmente motivado para elaborar seu horário após o trabalho e nos fins de semana para aproveitar ao máximo esse tempo disponível.

Embora estratégias particulares de elaboração de tempo sejam mais relevantes para algumas pessoas do que para outras, os passos básicos são os mesmos para todos. Portanto, imprima sua tela, pegue um lápis e acompanhe.

Sua tela

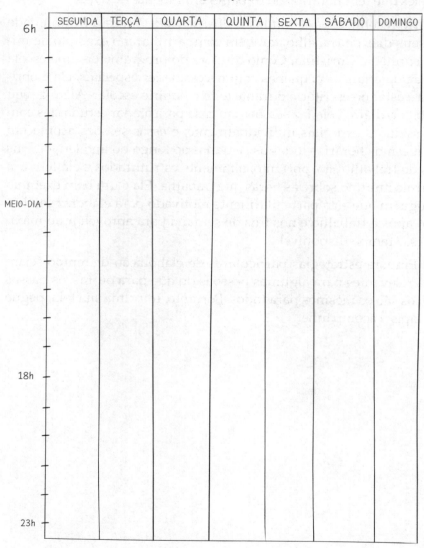

1° Passo: Coloque os Azulejos Já Definidos

Provavelmente, você tem algumas atividades obrigatórias toda semana, com horários definidos. É útil ter uma noção clara do que são antes de começar a tomar decisões. Estimar esses azulejos fará com que saiba exatamente que horas tem disponíveis para a elaboração.

Em sua tela, coloque primeiro as atividades definidas. Estruture essas horas e as identifique. Não bloqueie completamente essas horas, porque pode haver oportunidades mais tarde no processo de elaboração para criar mais. Por exemplo: você pode decidir que deseja agrupar uma dessas atividades com outra, mais agradável. Ou pode se beneficiar da quebra ou da consolidação dessas horas para administrar seu impacto geral.

Quais são suas atividades definidas deve estar claro para você. No entanto, não é tão simples assim definir o que você faz atualmente todas as semanas. Você deve contar apenas aquelas atividades para as quais *não tem escolha sobre se as faz nem quando as faz*. Por exemplo, se você tem um emprego fora de casa com horário de trabalho estabelecido, deve colocar esse trabalho e o trajeto associado como um conjunto de azulejos. Ou se você é responsável por levar seus filhos à escola e buscá-los em horários específicos todos os dias, se você tem uma reunião semanal permanente ou uma consulta obrigatória que só seria cancelada em caso de emergência, deve incluí-los como seus azulejos definidos.

Christina, por exemplo, tem que estar na escola em Manhattan das 8h às 15h30, de segunda a sexta-feira. Ela mora nos subúrbios de Nova York e tem uma hora de viagem de ida e volta em cada sentido. Além disso, às segundas, às quartas e às quintas-feiras, ela vai para a casa dos estudantes para sessões individuais, e nessas noites ela chega em casa às 19h. Seus azulejos, portanto, incluem seu trajeto e suas horas de trabalho.

172 ♦ HORAS MAIS FELIZES

Elaboração do Tempo de Christina: Colocar os Azulejos

	SEGUNDA	TERÇA	QUARTA	QUINTA	SEXTA	SÁBADO	DOMINGO
6hs							
	DESLOCAMENTO	DESLOCAMENTO	DESLOCAMENTO	DESLOCAMENTO	DESLOCAMENTO		
MEIO-DIA	TRABALHO	TRABALHO	TRABALHO	TRABALHO	TRABALHO		
	SESSÕES EM CASA	DESLOCAMENTO	SESSÕES EM CASA	SESSÕES EM CASA	DESLOCAMENTO		
18hs	DESLOCAMENTO		DESLOCAMENTO	DESLOCAMENTO			
23hs							

No meu exemplo, eu elaborei uma semana durante um mês quando lecionava na UCLA. Devo estar na frente da turma às quartas das 13h às 16h e das 19h às 22h, e às quintas das 8h30 às 11h30. Gosto de chegar na sala de aula trinta minutos antes do início para estar disponível para as perguntas dos alunos e normalmente fico por ali um pouco depois. Por isso, coloquei esses azulejos em minha tela nos horários estabelecidos. Além disso, todas as sextas de manhã e durante a hora do almoço, tenho reuniões e seminários obrigatórios para os professores. Coloquei-os também como definidos. É claro que entre a preparação das aulas, a pesquisa e as tarefas administrativas, trabalho outras dezenas de horas durante a semana; no entanto, exatamente por ter flexibilidade no trabalho, não incluo essas horas entre meus azulejos definidos.

174 ♦ HORAS MAIS FELIZES

Elaboração do Tempo de Cassie: Colocar os Azulejos

	SEGUNDA	TERÇA	QUARTA	QUINTA	SEXTA	SÁBADO	DOMINGO
6h							
	DESLOCAMENTO	DESLOCAMENTO		DESLOCAMENTO	DESLOCAMENTO		
			DESLOCAMENTO	AULA			
					REUNIÕES DA FACULDADE		
MEIO-DIA							
			AULA				
18h	DESLOCAMENTO	DESLOCAMENTO		DESLOCAMENTO	DESLOCAMENTO		
			AULA				
23h			DESLOCAMENTO				

2° Passo: Coloque os Azulejos Alegres Primeiro

Com os azulejos colocados, é possível ver que horas você tem disponíveis para elaborar. Esse próximo passo é o mais importante no processo: *Coloque os azulejos alegres primeiro*.

O capítulo anterior destacou a importância de dar prioridade às atividades que realmente são importantes para você. Este passo é análogo ao de colocar suas bolas de golfe no pote do tempo em primeiro lugar. Uma diferença aqui é que você está especificando onde dentro do pote suas bolas de golfe devem ficar. Ao elaborar seu tempo, você quer dedicar suas melhores horas às atividades mais significativas e também desejará bloquear completamente essas horas. Isso ajudará a proteger essas horas preciosas de outras obrigações, solicitações e tempo de tela sem sentido.

Para esse passo, precisará primeiro reunir os principais azulejos: as atividades que "despertam alegria". São as atividades às quais você quer garantir que dedicará tempo, pois são verdadeiramente gratificantes e significativas. Para identificá-las, volte atrás e veja o que escreveu no Exercício das Atividades Alegres no Capítulo 7 e suas Atividades Mais Felizes na Parte II do Exercício de Monitoramento do Tempo no Capítulo 3.

Estratégia de Elaboração do Tempo 1

Proteja o tempo para a conexão social.

Como aprendemos no Capítulo 3, alguns de seus azulejos alegres provavelmente envolvem conexão social. Se você é introvertido (como eu), provavelmente é mais feliz ao se conectar com suas pessoas favoritas, e, se você é extrovertido (como meu Leo), é feliz ao se conectar com qualquer pessoa.

Mas os horários ocupados tendem a afastar o tempo que dedicamos aos outros. Nossos dias ficam tão lotados que é fácil negligenciar o simples ato de pegar o celular para ter a alegria de dizer oi a um amigo ou a um parente. As horas são tão corridas que muitas vezes não desaceleramos e nos distraímos na companhia dos que nos rodeiam. Para garantir que não haja mais semanas sem construir e desfrutar dessas relações, coloque esses azulejos em sua tela primeiro. Bloqueie e proteja esses horários na programação de sua semana.

Noite do Encontro. Como você sabe, minhas conversas com Rob me proporcionam um profundo sentido de conexão e me dão imensa alegria. Pode-se pensar que, por vivermos sob o mesmo teto, podemos conversar em qualquer noite da semana, portanto não há necessidade de exagerar a importância disso. Mas é precisamente porque parece tão fácil que é perigosamente fácil de se livrar. E, na realidade, nossos filhos absorvem nossa atenção quando não estamos cada um absortos no trabalho. Portanto, *precisamos* bloquear esse tempo juntos. Fazemos isso agendando uma Noite do Encontro semanal.

Além de ganhar tempo, é importante colocar esse azulejo em um local ideal. As noites de sexta-feira são perfeitas. Esse local em minha tela estabelece tais noites como especiais. A noite do encontro nos dá algo para se esperar durante toda a semana de trabalho, e com bom vinho e comida saborosa cria uma maneira comemorativa de começar todos os fins de semana. Além disso, como não temos que acordar cedo e ser produtivos na manhã seguinte, nosso prazer não é comprometido por preocupações relacionadas ao trabalho.

Com esse azulejo no lugar, Rob e eu programamos jantares de trabalho ou noites fora com amigos em outras noites da semana, e programamos compromissos sociais que incluem as crianças em outras partes do fim de semana.

> ## Estratégia de Elaboração do Tempo 2
> Proteja da distração as horas que realmente importam para você ao torná-las uma "zona sem celular".

Como sabemos, a presença de nossos smartphones nos distrai do que estamos fazendo e reduz nosso prazer. Como você certamente não quer se distrair durante as atividades que lhe trazem maior alegria, proteja esses horários durante a semana como "zonas sem celular". Deixe seu celular fora de vista. Sem espiar os e-mails e os feeds de redes sociais, experimentará uma conexão mais profunda.

Jantar em Família. Apesar de seu trabalho nunca estar terminado, ele deixava o escritório todas as noites às 18h30 em ponto, a fim de chegar em casa a tempo de jantar com sua esposa, sua sogra e suas duas filhas. Durante as duas horas seguintes, até colocar Sasha e Malia na cama, seus funcionários sabiam que não deveriam incomodá-lo. O presidente Barack Obama não se concentrava nas preocupações da nação ou do futuro do mundo. Estava completamente concentrado em suas meninas. Ele se envolvia nos relatos delas no parquinho, o que haviam aprendido na escola, quais músicas eram as mais badaladas — exatamente as conversas que pairam sobre a maioria das mesas de jantar. O ex-presidente dos EUA descreveu esses rotineiros jantares familiares como sua tábua de salvação.[171]

Também valorizo o "estar com os pés no chão" e a sensação de conexão que vem da hora do jantar. Assim, às 17h30 (exceto nas noites em que leciono), estando ou não em um ponto razoável para interromper o trabalho, eu vou para casa. Rob faz o mesmo. Nossa rotina começa às 18h, quando se liga a música.

As duas horas seguintes são protegidas como uma zona sem celular, então Rob e eu deixamos os nossos na porta da frente. Na elaboração do seu tempo, Christina descobriu que reservar as noites como zonas sem celular era talvez a mais poderosa das estratégias. Ela descreveu isso como "transformador" e disse que conheceu melhor seus filhos. Ao remover essa distração por apenas algumas horas, sentiu como se compensasse anos de tempo perdido.

Estratégia de Elaboração do Tempo 3
Maximize as horas de alegria ao terceirizar os afazeres domésticos.

Em nossa casa, leva cerca de quinze minutos para colocar o jantar na mesa. Como há tão pouco tempo entre chegar em casa do trabalho e a hora de dormir de Leo e Lita, dei prioridade a passar esse tempo *com eles* em vez de ir separadamente às compras e trabalhar em uma receita. Por isso, pagamos por um serviço de refeições que entrega jantares deliciosos e saudáveis à nossa porta. Dessa forma, posso ter uma refeição quente na mesa no tempo que as crianças levam para pôr a mesa.

Estratégia de Elaboração do Tempo 4
Atribua tempo para focar o que é bom.

Como os Obamas, nossa conversa durante o jantar nos dá a oportunidade de ouvir sobre os dias uns dos outros e de estar em sintonia com a vida de cada um. Além disso, utilizo-a como uma oportunidade para nos concentrar nos acontecimentos felizes. Estudos mostram que pessoas que refletem regularmente ao longo de seus dias e escrevem sobre o que são gratas são mais felizes durante seus dias e mais satisfeitas com suas vidas em geral.[172]

Manter um diário de gratidão é eficaz porque nos treina a dirigir nossa atenção para o que é bom em nossas vidas e no mundo, e há muito. Tal prática pode realmente mudar as pessoas de estilo "copo meio vazio" para pessoas perpetuamente mais alegres, ajuda todos nós a compensar a adaptação hedônica e a continuar a notar prazeres simples. Não preciso que meus familiares mantenham diários de gratidão, mas, enquanto comemos, peço a todos que compartilhem sua parte favorita do dia ou algo bom que aconteceu. Contar histórias com foco positivo ajuda a nos levar para as experiências uns dos outros, ao mesmo tempo em que aumenta nossa felicidade com essas experiências.

Minha amiga instituiu uma prática semelhante e graciosa com seus filhos realizada durante os trajetos de carro da escola para casa. Quando todos estão com o cinto de segurança, ela pede a cada um para compartilhar sua rosa (algo bom que aconteceu), seu espinho (algo ruim que aconteceu, o que é útil porque abre a conversa para a solução de problemas) e seu botão (algo que os anima). Essa prática não é apenas para crianças. Uma de minhas alunas me disse que faz algo semelhante com sua melhor amiga. No início de seus encontros telefônicos semanais, cada uma delas compartilha aquilo pelo qual é grata na semana. Tal prática também não precisa envolver outras pessoas. Você poderia atribuir alguns minutos durante qualquer atividade de rotina — talvez enquanto escova os dentes antes de dormir — para refletir sobre o que é bom. Quando e como o fizer, desfrutará de maior satisfação ao inserir tempo para se concentrar no positivo.

Estratégia de Elaboração do Tempo 5
Estabeleça a tradição de se reunir regularmente.

Como aprendemos no Capítulo 5, famílias que têm tradições de férias são mais propensas a se reunir para celebrar e desfrutar mais desse tempo. Uma razão é que as tradições permitem que todos saibam o que esperar. Todos podem então planejar e ansiar por elas. Além disso, ao estabelecer a intenção de que as pessoas se reúnam novamente uma próxima vez, as tradições mantêm um senso de conexão ao longo do tempo e aumentam o pertencimento. Existem tradições que você pode estabelecer com os membros de sua família ou amigos? Há eventos que pode agendar ao mesmo tempo todas as semanas para ritualizar esse momento especial?

Encontro de Café da Manhã de Quinta-feira. No Capítulo 5, descrevi a tradição que tenho com Lita de um Café da Manhã de Quinta-feira. Depois de deixar Leo na escola nas manhãs de quinta-feira, Lita e eu parávamos na Profeta a caminho de sua pré-escola e do meu escritório. Porém, quando Lita começou o jardim de infância e ficava na escola com Leo, ela e eu precisamos encontrar outro tempo dedicado apenas a nós duas. As manhãs de sábado não funcionavam porque estávamos frequentemente correndo para ir a jogos de futebol ou festas de aniversário. Mas, sendo as madrugadoras da família, decidimos que podíamos deixar Leo e papai dormir, e ter nosso encontro nas manhãs de domingo. Agora, às 7h30 da manhã, colocamos camisetas e chinelos de dedo, e saímos escondidas pela porta da frente. Damos as mãos e conversamos em nossa caminhada de 800m até a cafeteria. Somos as primeiras da fila quando eles abrem a porta às 8h da manhã.

Estratégia de Elaboração do Tempo 6
Dedique tempo para estimular amizades.

Pouco depois de chegar à Wharton como professora assistente, pedi conselhos a uma colega veterana (que eu admirava): "Como você conseguiu fazer tudo isso?" Ela não só era uma pesquisadora altamente respeitada e professora de primeira linha, mas era feliz no casamento e tinha ótimos relacionamentos com seus dois filhos, agora adultos. Além disso, quando começou, havia ainda menos mulheres professoras nas escolas de administração, o que significava que ela enfrentou ainda mais desafios. Ela, porém, havia administrado sua carreira com requinte, por isso queria aprender com seu sucesso.

A resposta dela à minha pergunta foi tão factual quanto ela: "Eu apenas fiz." Eu sabia, por outros, que o "apenas fiz" dela incluía lecionar para uma sala cheia de alunos de MBA (em sua maioria homens) apenas cinco dias após ter dado à luz. Felizmente, as políticas haviam sido atualizadas para tornar minha versão de "apenas fiz" mais viável. Embora seu pragmatismo fosse informativo, o que ela disse em seguida me impressionou e influenciou como invisto meu tempo desde então: "Cassie, eu não consegui fazer tudo isso. Perdi a oportunidade de ter amizades femininas."

Isso ressoou em mim porque eu podia facilmente me imaginar vinte anos depois nessa mesma situação. Entre as crianças, Rob e o trabalho, que absorve tanto do meu tempo e da minha energia emocional, resta pouquíssimo. Além disso, sei que estabelecer e cultivar boas amizades requer muito tempo e energia emocional. No entanto, atendendo à advertência de minha admirada colega e reconhecendo a energia que ganho ao passar tempo com mulheres de quem gosto e respeito, faço disso uma prioridade.

Aula de Dança da Lita. Deixo meu escritório às 14h de quinta-feira para buscar Lita na escola e levá-la para a aula de dança. É engraçado vê-la e seus amigos saltando. Entretanto, a verdadeira razão pela qual dedico esse tempo é pela oportunidade de conhecer e cultivar amizades com as outras mães.

Clube do Livro. Vou ao meu clube do livro na primeira quinta-feira à noite de cada mês. Gosto de ter essa motivação para ler por prazer. Contudo, de novo, meu verdadeiro motivo de passar esse tempo é conectar-me com as mulheres de quem gosto e com as quais posso aprender.

Agora, admito que minha forma atual de sair "com as meninas" pode fazer você parar ("A aula de dança de Lita não é apenas uma desculpa para passar mais tempo com sua filha?") ou bocejar ("Desculpe, mas as noites das meninas deveriam realmente incluir bebidas e dança."). No entanto, hoje eu acho essas formas de passar o tempo com os amigos absolutamente encantadoras.

Colocar esses azulejos na quinta-feira é o ideal, porque a esta altura da semana estou cansada de dar aulas, portanto me sinto menos estressada e mais aberta. Além disso, as noites de sexta-feira já estão guardadas para Rob e os finais de semana estão reservados para Rob e as crianças.

Estratégia de Elaboração do Tempo 7

Para ter certeza de que a fará, junte uma atividade que quer fazer com uma atividade que tem que fazer.

No Capítulo 4, aprendemos o valor do agrupamento de atividades para aumentar nossa motivação para realizar as tarefas. Aqui, sugiro o agrupamento como uma forma de garantir que dedique tempo às tarefas de que gosta. Ao ligar uma atividade que *quer* fazer (por exemplo: conversar com um amigo) a uma atividade que *tem* que fazer (por exemplo: deslocamento), estará mais propenso a gastar o tempo para fazer o que quer fazer. Melhor ainda, se você ligar duas atividades que *quer* fazer (por exemplo: conversar com um amigo e sair para correr), estará mais propenso a encarar isso como tempo que com certeza deve gastar, então você o faz. Para ser clara, a elaboração do tempo é um exercício de ser intencional para gastar tempo com o que vale a pena, e não meramente para ser eficiente. Esse, no entanto, é um caso em que você pode fazer as duas coisas: ser eficiente em gastar seu tempo de maneira que valha a pena.

Encontros por Celular. Moro longe de alguns dos meus amigos mais próximos. Para continuar fazendo parte da vida um do outro, agendamos encontros por celular. Todavia, como estamos todos ocupados fazendo malabarismos com carreiras e famílias, temos poucos minutos de sobra para parar e conversar assim. Portanto, tento agendar chamadas para quando estou em trânsito: durante minha caminhada do escritório para casa, por exemplo.

Correr com um Amigo. No último capítulo, descrevi uma das bolas de golfe de Christina. Quando ela relembrou suas semanas anteriores, percebeu que sentiu uma grande alegria quando saiu para caminhar com uma amiga. Ela adorava estar ativa e saudável ao ar livre, assim como ter tempo para socializar. Isso a levou a planejar uma maneira de fazer exercícios mais regulares com os amigos. Agora, nas manhãs de terça e de quinta-feira, antes de se arrumar para o trabalho, Christina e uma amiga se encontram para correr no início da manhã. Vale a pena o alarme às 5h30. Ela começa esses dias com alegria.

Estratégia de Elaboração do Tempo 8

Proteja o tempo sem distrações para buscar seu propósito.

Ao contribuir para seu senso de propósito, algumas atividades de trabalho podem ser vivenciadas como significativas e satisfatórias. Para sua semana ideal, identifique o trabalho (remunerado ou não) que contribui para seus objetivos de ordem superior. Você pode voltar ao Exercício dos Cinco Porquês no Capítulo 4 para ajudar a descobrir o que essas atividades são para você. Em sua agenda, reserve as horas para esse trabalho durante as partes da semana em que você tem maior energia mental e quando é mais capaz de minimizar as distrações externas. Para ajudá-lo a identificar suas principais horas de trabalho, observe quando se sente mais alerta durante o dia (sem a ajuda da cafeína) e é mais capaz de se isolar dos distúrbios.

Estratégia de Elaboração do Tempo 9

Programe quando precisa estar alerta durante os horários que está naturalmente alerta.

Considere a colocação ideal desses principais azulejos em sua tela. Mesmo que tenha dezesseis horas acordado todos os dias e sete dias disponíveis, você não está em seu melhor em todos eles. Quando você tem mais energia mental? Durante quais horas é mais produtivo? Dedique essas horas às atividades que exigem seu melhor.

Trabalho Feliz. Sou uma pessoa matutina e estou mais alerta no início do dia. Escrevi praticamente toda a minha dissertação de doutorado nas primeiras horas da manhã. Logo quando acordava, puxava meu notebook para a cama e escrevia até precisar do café da manhã. Mas agora que tenho filhos que precisam do café da manhã, não posso ficar na cama trabalhando das cinco da manhã até o meio-dia. Entretanto, uma vez que meus filhos vão para a escola e estou em meu escritório, ainda protejo o início do dia para o trabalho que requer meu melhor raciocínio.

Em todos os dias da semana possíveis, bloqueio das 9h às 13h para pesquisa e escrita — o trabalho que contribui para meu propósito: meu "Trabalho Feliz".

> ### Estratégia de Elaboração do Tempo 10
> Para os momentos em que deseja ser produtivo, remova as distrações e estabeleça condições favoráveis para entrar em estado de fluxo.

Bloqueio esse tempo em minha agenda e me bloqueio de todas as distrações. Seguindo as dicas do Capítulo 6, estabeleço as condições apropriadas para entrar em estado de fluxo. Para essas horas, fecho o e-mail, desligo o toque do celular e fecho a porta do escritório. Até levo meu almoço para continuar trabalhando quando tiver fome. Embora fosse bom comer com meus colegas todos os dias, para progredir em minhas pesquisas sem cortar as noites e os fins de semana com Rob e as crianças, preciso proteger minhas horas produtivas. Então, à tarde — quando tenho menos energia mental — abro a porta e a agenda para o "Trabalho Trabalhoso", incluindo reuniões, lidar com a indispensável caixa de e-mails e as tarefas administrativas.

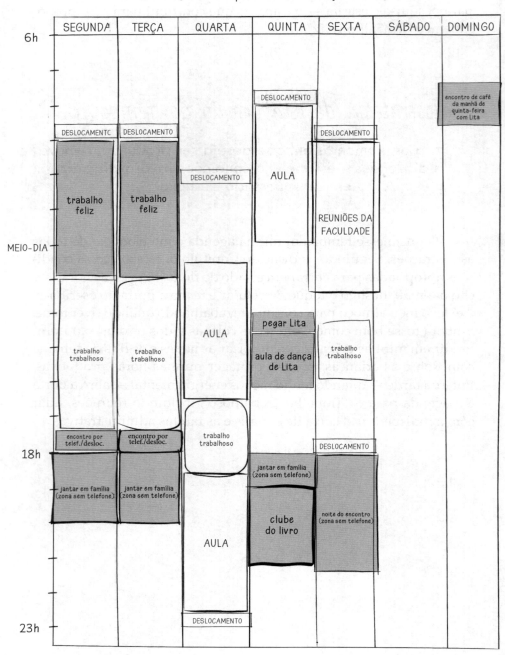

ELABORAÇÃO DO TEMPO ♦ 187

Elaboração do Tempo de Christina: Azulejos da Alegria

	SEGUNDA	TERÇA	QUARTA	QUINTA	SEXTA	SÁBADO	DOMINGO
6h		correr c/ amigo		correr c/ amigo			
	DESLOCAMENTO	DESLOCAMENTO	DESLOCAMENTO	DESLOCAMENTO	DESLOCAMENTO		
	TRABALHO	TRABALHO	TRABALHO	TRABALHO	TRABALHO		academia com amigos
MEIO-DIA							assistir PJ jogar futebol
		DESLOCAMENTO			DESLOCAMENTO		
	SESSÕES EM CASA	caminhar com uma das crianças	SESSÕES EM CASA	SESSÕES EM CASA			
18h	DESLOCAMENTO		DESLOCAMENTO	DESLOCAMENTO			
	zona sem telefone	zona sem telefone	zona sem telefone	zona sem telefone	noite de jantar divertido e TV com Sam (zona sem telefone)		
23h							

3º Passo: Algum Espaço

Os artistas são propositais na forma como incorporam o espaço em meio à cor. Às vezes deixam partes da tela vazias a fim de aumentar o impacto visual do restante. Da mesma forma, ao elaborar seu tempo, deve considerar deixar porções de sua semana em branco. Entretanto, para impedir que esses espaços fiquem cobertos por cor (ou cheios de areia), pode precisar programá-los para descansar, refletir e ser espontâneo.

> *Estratégia de Elaboração do Tempo 11*
> Divida o tempo para gastar como *você* quiser.

Como mãe de crianças pequenas, você está em constante demanda. Entre alimentar, dar banho, escovar os dentes, vestir, ajudar com os deveres de casa, encher as mochilas, preparar os almoços, organizar, brincar, ensinar, permanecer envolvida (e fora das telas), garantir que a casa esteja limpa e que a geladeira esteja abastecida com alimentos, raramente há um momento de descanso. Raramente há um momento que não é gasto para atender às necessidades de outra pessoa. Se você também trabalha fora, há ainda menos momentos não preenchidos. Mesmo quando não se está sendo solicitado a fazer algo, sua mente se agita com uma lista mental de todas as tarefas que você sabe que ainda precisam de sua atenção. As partes vazias de sua tela nunca estão livres.

É por isso que mães e pais de crianças pequenas são os mais pobres de tempo da população — e as mães até mais do que os pais.[173] Pesquisas mostram que, entre casais com filhos em que ambos os parceiros trabalham fora, as mães tendem a assumir mais responsabilidades domésticas e de criação dos filhos do que os pais.[174] Talvez não seja surpreendente, então, que as carreiras das mães tenham sido as que mais sofreram durante a pandemia da Covid — com um número desproporcionalmente maior de desistências e de abandono da força de trabalho quando as crianças ficaram em casa por causa da escola.[175] Ashley Whillans e seus colegas coletaram dados de uso do tempo de mais de trinta mil pessoas em todo o mundo durante aquele período. Os resultados mostraram que, quando todos estavam em casa na pandemia, as mães passavam bem mais tempo nos afares domésticos e assumiam mais responsabilidades de cuidar das crianças do que os pais. Além disso, as mães estavam muito menos felizes.[176]

Manhãs de Folga. Depois que tive filhos, as horas que mais sentia falta eram as manhãs dos dias de semana. É quando tenho mais energia e tempo para sair para correr e estou ansiosa para fazer meu trabalho intencional. Não fiquei feliz quando a correria frenética de preparar as crianças e ir à escola todas as manhãs substituiu minhas próprias manhãs produtivas. Tentando ser um colaborador igualitário, Rob estava por perto para ajudar nos dias em que não estava viajando. Mas refletindo as estatísticas, eu era a responsável final, o que ele sabia, e eu desejava não ser.

Assim, Rob e eu desenvolvemos uma solução de cronograma. Em vez de nós dois estarmos de plantão para preparar as crianças *todas* as manhãs, dividimos os dias. Designamos que um de nós estivesse "ligado" com as crianças e totalmente responsável pelo início do dia, e o outro estivesse "de folga" e pudesse começar seu próprio dia como quisesse (ir correr, começar a trabalhar cedo, encontrar um amigo para um café, o que fosse).

O que nós (realmente, eu) *não podemos* fazer em uma manhã "de folga" é intervir na forma como o outro pai está lidando com as crianças. Se o cabelo de Lita não for escovado como eu gostaria ou as roupas de Leo não combinarem, eu tenho que ficar bem com isso. Não há nenhum *"maternal gatekeeping",*[*] como Sheryl Sandberg descreve.[177] Seguimos as regras de Eve Rodsky sobre como dividir o trabalho doméstico entre casais.[178] Rob e eu concordamos que isso significa delegação total e completa. Sei que Rob é capaz e que as crianças ficarão

---

◇◇◇◇◇

* "Mãe guardiã", em tradução livre; refere-se às crenças protetoras da mãe sobre quanto e se o pai deve se envolver na vida de seus filhos. [N. da R.]

bem. Além disso, os benefícios superam em muito o custo de Leo ir ocasionalmente à escola com meias que não combinam.

É importante ter seu próprio e protegido espaço na semana. Por exemplo, Christina descobriu que ir a uma aula de ioga aos sábados de manhã era o momento ideal para ela mesma. Após uma hora e meia serena, ela volta para casa revigorada e animada para passar o resto do fim de semana com sua família e seus amigos. Quanto a seu tempo, você pode gastá-lo como quiser. Pode buscar um hobby pessoal, como se inscrever em uma aula de pintura ou de tênis. Talvez dedicar uma hora a você mesma para passear pela cidade e ver vitrines. Ou talvez se aninhar em sua cadeira favorita e ler um livro.

Esse tempo para cuidar de suas próprias necessidades e desenvolver seus próprios interesses é particularmente importante para as mulheres que muitas vezes se consomem cuidando dos outros. Não se sinta culpada por reservar um tempo para si mesma. Lembre-se de que somente se cuidando você poderá cuidar total e plenamente das pessoas que ama. A analogia de máscaras de oxigênio em aviões é adequada: em emergências, os adultos são instruídos a colocar suas próprias máscaras primeiro.

Estratégia de Elaboração do Tempo 12
Crie tempo para pensar.

A Hora Shultz. No Capítulo 7, descrevi o valor de uma "Hora Shultz": a hora protegida para uma reflexão silenciosa. Em meio a toda a pressa de fazer as coisas, este é o momento de parar e pensar — de forma ampla e criativa. Atribua espaço em sua tela para uma "Hora Shultz" (mas tudo bem se você conseguir apenas meia hora ou quinze minutos).

Na segunda-feira de manhã (minha primeira manhã "de folga" da semana), vou correr. Como descrevi no Capítulo 2, esse é o momento em que me sinto mais confiante de que posso realizar o que me propus a fazer. É quando me sinto menos pobre de tempo. Juntei minha Hora Shultz com minha corrida de segunda-feira de manhã para que, ao pensar nas decisões mais importantes de vida e trabalho, eu as abordasse com otimismo. Isso me capacita a pesar minhas várias opções de acordo com suas conveniências e não apenas com suas viabilidades. Nessas corridas em particular, não ouço música nem podcasts. Dedico o tempo a pensar em questões com as quais estou lidando atualmente, como qual deveria ser o título deste livro. Ou simplesmente deixo minha mente divagar.

Coloque sua Hora Shultz durante um período de tempo em que é menos provável estar objetiva ou subjetivamente apressado. Christina designou a dela para sexta-feira à tarde quando chega em casa do trabalho. Antes de ser engolfada pelas crianças e pela diversão do fim de semana, ela coloca o cachorro deles, Slash, em uma coleira e sai para uma caminhada de meia hora. Enquanto Slash faz seu exercício, ela reflete sobre sua semana e faz estratégias para o ano. Como alternativa, você poderia colocar esse espaço como seu homônimo, George Shultz, fez: em seu escritório com a porta fechada, um bloco de papel na sua frente e o toque do celular desligado. Quer você o agrupe com outra atividade, quer lhe atribua seu próprio azulejo, dê a si mesmo tempo em sua semana para pensar.

Estratégia de Elaboração do Tempo 13
Reserve um tempo para não fazer nada.

Como você sabe, somos propensos a nos sobrecarregar. Relutamos em dizer não e dizemos sim a muitos compromissos futuros porque pensamos que teremos mais tempo depois. Além disso, somos levados a ser produtivos *e* sociais. Sem intenção, nossos potes de tempo se enchem rapidamente. Mesmo com intenção, nossas telas são cobertas.

Mas isso pode desgastá-lo. E não deixa espaço para a espontaneidade. Não deixa espaço para viver no momento. Para economizar tempo para estar presente, você precisa agendar um tempo para se manter não programado.

O valor de limpar nossos calendários tornou-se evidente durante a pandemia da Covid. Sem se afastarem para as atividades individuais, muitos casais e famílias ficaram mais próximos. Sem a pressão de chegar a algum lugar, fomos todos forçados a diminuir a velocidade. Sem entretenimento externo, tivemos que descobrir como nos entreter. Nós nos tornamos mais criativos. Nossas horas estavam abertas para fazer o que o momento sugeria — jogando Banco Imobiliário, tirando uma soneca ou não fazendo absolutamente nada. Apesar de experimentar o alívio dos calendários abertos, assim que as restrições foram suspensas e as atividades normais puderam ser retomadas, preenchemos nossos calendários de novo.

Nada. Para manter a presença que minha família desfrutava nesses horários abertos juntos, reservamos as tardes de domingo para continuar sem programação. É o momento de fazer tudo o que queremos ou nada. Também fazemos dessa hora uma zona sem celular para garantir que não seja preenchida e desperdiçada sem sentido.

ELABORAÇÃO DO TEMPO ♦ 193

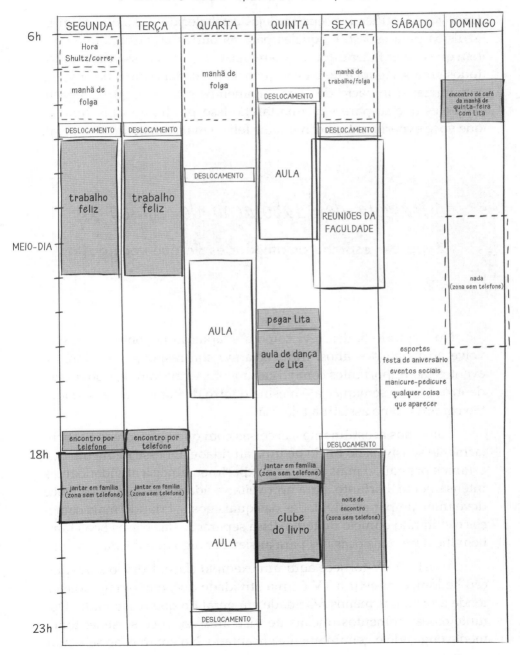

4° Passo: Sequencie Seus Azulejos

Uma vez identificados seus azulejos estabelecidos, azulejos alegres, azulejos para espaço e aqueles para as outras atividades que você tem que e quer fazer durante a semana, o próximo passo é colocá-los todos juntos. Agora é hora de sequenciá-los na tela com o objetivo de maximizar o impacto dos bons momentos e minimizar o impacto daqueles que se parecem uma tarefa. Isso produzirá uma semana que você experimentará como mais feliz e mais satisfatória no geral.

> *Estratégia de Elaboração do Tempo 14*
> **Separe e espalhe as atividades de que você gosta.**

No Capítulo 5, descrevi como a adaptação hedônica se desenvolve ao longo dos anos, influenciando sua resposta emocional a eventos tão importantes como o casamento. O mesmo padrão ocorre dentro de uma semana e até mesmo dentro de horas para atividades tão comuns como assistir à televisão.

Como nos acostumamos às coisas com o tempo, somos particularmente sensíveis no início de uma atividade. É nesse momento que estamos prestando mais atenção e experimentamos a atividade mais intensamente. Portanto, para aproveitar a adaptação hedônica, você deve interromper as atividades das quais gosta, criando mais começos e evitando o início do tédio. Essa separação das coisas boas também lhe dará mais ocasiões para ansiar por algo que lhe dá prazer.

Assistir à TV fornece aqui um exemplo claro. Devido à adaptação hedônica, assistir à TV é uma atividade que, embora agradável, tende a produzir menos felicidade em geral do que o esperado. Durante esses momentos iniciais de visualização, você se sente totalmente engajado e genuinamente encantado. No entanto, ao se sentar no sofá por mais tempo, você começa a se distrair e a gostar menos de assistir. Se não fosse pela habilidade dos escritores de Hollywood para terminar episódios com ganchos, você provavelmente não começaria o próximo.

Entretanto, se você aplicasse essa estratégia e, em vez de assistir cinco horas de uma vez, dividisse seu tempo de TV em cinco sessões de uma hora durante a semana, desfrutaria mais dessas cinco horas. De fato, um estudo mostrou que, essencialmente criando mais começos, os intervalos comerciais levam as pessoas a gostar mais de assistir ao programa.[179]

Se você quiser mais uma estratégia para escapar das garras dos escritores de Hollywood, pode empregar um truque que minha amiga usa. Ela desliga a TV dez minutos antes do fim do episódio. Isso não apenas evita uma noite inteira cheia de maratonas, mas, quando assistir da próxima vez, começará com um gancho superexcitante e imediatamente verá ele como se resolve.

Ao empregar a Estratégia de Elaboração do Tempo 14, considere a quantidade ideal de tempo necessária para obter o máximo de determinada atividade. Há algumas atividades que requerem um pouco de tempo para se estabelecer, e você não gostaria de separá-las. Não interromperia um estado de fluxo segmentando essa atividade em incrementos menores, por exemplo. Você não pausaria um encontro no momento em que entra em uma conversa mais profunda. Em uma pesquisa que fiz com Jordan Etkin sobre a felicidade proveniente da variedade, descobrimos que, quando as pessoas tentam fazer muitas atividades diferentes em poucas horas, elas acabam *menos* felizes.[180] O pingue-pongue entre as atividades deixa as pessoas com a sensação de que nunca são realmente capazes de completar nada. Entretanto, incorporar uma variedade de atividades *durante* a semana mantém as pessoas interessadas, engajadas e mais felizes.

Estratégia de Elaboração do Tempo 15
Consolide as atividades de que não gosta.

Quanto às atividades que particularmente não gosta de fazer, mas que devem ser feitas, essa mesma psicologia aconselha agrupar esses momentos em uma única sessão. Isso dará a você menos começos para temer e sentir intensamente.[181]

Veja seus afazeres domésticos. Mesmo que você tenha seguido minha sugestão de terceirizar, provavelmente ainda terá alguns trabalhos que precisará fazer. Alguém uma vez me disse que se eu fizesse apenas um pouco a cada dia, não seria tão ruim assim. Entretanto, por causa da adaptação hedônica, esse não foi um bom conselho. Espalharia o incômodo de começar as tarefas durante toda a semana e me sujeitaria a temer ter que fazê-las durante toda a semana. Em vez disso, eis aqui um conselho baseado em evidências: consolide todas as suas tarefas. Dessa forma, você pode tirá-las do caminho com eficiência... e realmente, por causa da adaptação hedônica, elas não serão tão ruins assim que começar.

Afazeres Domésticos. Christina aplicou essa estratégia reservando a noite de quarta-feira para lavar a roupa e limpar a casa. Em vez dos afazeres domésticos se acumularem e esperarem por ela no domingo à noite, sua consolidação e a colocação cuidadosa desse azulejo evita que tais atividades aborrecidas ocupem sua mente durante todo o fim de semana. Fico ainda mais ansiosa para tirar minhas tarefas domésticas da frente e designar as noites de segunda-feira para cumpri-las.

Estratégia de Elaboração do Tempo 16

Agregue a seus afazeres domésticos uma atividade que gosta de fazer.

Para tornar suas tarefas de quarta-feira menos onerosas, Christina aplicou a estratégia de agrupamento do Capítulo 4. Há muito tempo ela queria ouvir podcasts. Seus colegas de trabalho e amigos haviam lhe falado sobre alguns realmente fantásticos que sabiam que iria gostar. Essa era sua oportunidade para dedicar algum tempo para expandir sua mente. Assim, enfileirava as sugestões de seus amigos e escutava enquanto lavava e dobrava. Foi um sucesso: ela havia reelaborado seu tempo, transformando-o de uma chatice em um prazer.

Estratégia de Elaboração do Tempo 17

Programe uma atividade positiva logo após uma atividade negativa.

A felicidade ou a infelicidade que você experimenta em determinada atividade pode se estender muito além do tempo que você passa fazendo-a. Reconhecendo isso, você pode sequenciar com todo o cuidado seus azulejos para gerenciar de forma ideal os efeitos resultantes dessa atividade.

Por exemplo, você sabe que, ao entrar em certas atividades, é provável sair delas se sentindo mal. Infelizmente, esses sentimentos negativos — de estresse, raiva ou tristeza — tendem a permanecer e tomar o resto do seu dia, e talvez até o resto da semana. Para diminuir esses efeitos duradouros, você pode programar uma atividade que sabe que melhorará seu humor logo após uma que seja previsivelmente péssima. Isso encurtará a duração do mau sentimento subsequente, e saber que algo de bom está esperando do outro lado do evento prenunciado ajudará a motivar você a fazer e superar esse evento.

Caminhada de Bolhas. As reuniões de professores de todo o corpo docente da escola tendem a me estressar. Embora realmente goste de meus colegas em relacionamentos "individuais", por alguma razão a dinâmica de grupo mais ampla me causa ansiedade. Isso posto, quando vejo uma reunião de todo o corpo docente no meu calendário, vou em frente e marco uma caminhada para tomar um chá de bolhas com um dos meus colegas depois. O estresse da reunião é rapidamente dissipado quando me conecto com um amigo, caminhando pelo belo campus que compartilhamos.

Estratégia de Elaboração do Tempo 18
Continue a revisitar mentalmente suas experiências positivas.

Como você já pôde verificar, um grande conjunto de pesquisas mostra que as experiências produzem maior felicidade imediata e duradoura do que os bens materiais. Uma razão para isso é que, enquanto nos adaptamos aos bens que desordenam nossas prateleiras, podemos continuar a revisitar as experiências em nossas mentes e sempre as sentimos de novo.[182] Portanto, ao notar suas fontes de gratidão, conte essas bênçãos. Tendo já investido o tempo, pense em tais alegrias com frequência.

Trata-se de uma estratégia fundamental. Ela permite que o impacto da qualidade do tempo que gastamos supere o tempo usado para determinar nossa satisfação. Isso é crucial para todos nós que somos pobres de tempo, querendo mais horas. Sim, eu gostaria de ter mais tempo com Rob, as crianças e os amigos; no entanto, sinto um profundo sentimento de conexão na Noite do Encontro, no meu Encontro de Café da Manhã de Quinta-feira e no Encontro de Lita nas manhãs de domingo, nas discussões do Clube do Livro e nos minutos que passo cantando para Leo na hora de dormir. Esses sentimentos permeiam meu humor durante toda a semana — especialmente quando os revisito em meus pensamentos. Se em outros momentos eu me sentir para baixo ou estressada, posso guiar minha mente de volta a esses momentos alegres.

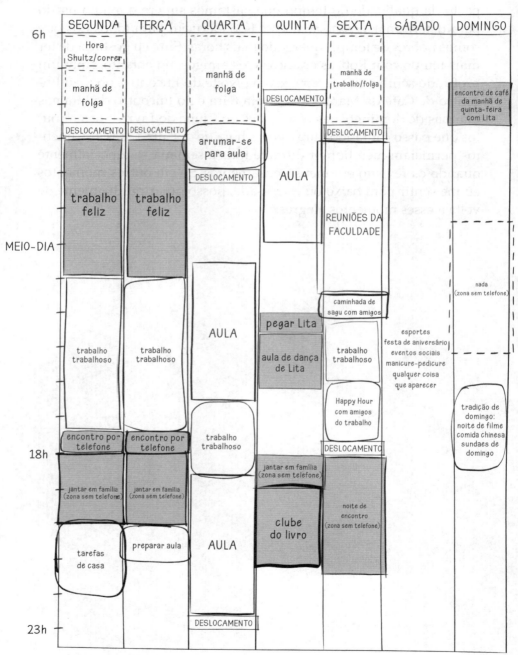

ELABORAÇÃO DO TEMPO ♦ 201

Elaboração do Tempo de Christina: Semana Ideal

	SEGUNDA	TERÇA	QUARTA	QUINTA	SEXTA	SÁBADO	DOMINGO
6h		correr c/ amigo		correr c/ amigo			
	DESLOCAMENTO	DESLOCAMENTO	DESLOCAMENTO	DESLOCAMENTO	DESLOCAMENTO		
							academia com amigos
						ioga	
	TRABALHO	TRABALHO	TRABALHO	TRABALHO	TRABALHO		
MEIO-DIA							
							assistir PJ jogar futebol
		DESLOCAMENTO			DESLOCAMENTO	tempo para socializar	
	SESSÕES EM CASA	caminhar com uma das crianças	SESSÕES EM CASA	SESSÕES EM CASA	meia hora Shultz/ passear com o cachorro		
18h	DESLOCAMENTO		DESLOCAMENTO	DESLOCAMENTO			
	zona sem telefone	zona sem telefone	afazeres domésticos/ ouvir podcasts	zona sem telefone	noite de jantar divertido e TV com Sam (zona sem telefone)		
23h							

A Beleza do Mosaico

De perto, qualquer azulejo pode ser bonito ou não. Mas os azulejos não são colocados sozinhos. Não se vive apenas um momento. Você vive muitos. É a junção desses muitos momentos que cria a textura de seus dias, o padrão de suas semanas e o mosaico de sua vida. Só quando se afasta e vê a complexidade colorida é que pode apreciar a verdadeira beleza de suas horas.

Infelizmente, muitas vezes não recuamos. Nossa atenção fica presa no único azulejo que está imediatamente à nossa frente. Ficamos preocupados com as questões iminentes, sentindo a pressão dos minutos que passam. Perdemo-nos em nossas horas, não pensando em como elas fazem parte de algo maior ou como se encaixam para formar algo maior.

Essa visão míope enquadra questões de como gastar o tempo que temos com decisões "tudo ou nada", causando conflito, culpa e arrependimento. Independentemente de escolher investir em algo que *quer* fazer ou que *deve* fazer, você acaba sentindo arrependimento por não ter gasto com o outro. Se optar por ficar no escritório em vez de se encontrar com seu amigo para jantar, se sente culpado por ser um mau amigo e perder essa oportunidade de se conectar. E, se optar por parar de trabalhar quando ainda não terminou seu projeto para poder se encontrar com seu amigo, se sente culpado por não ter levado seu trabalho a sério. Não há como ganhar.

Entretanto, se você der um passo atrás e olhar seu mosaico, consegue ver esses momentos como peças em um quadro maior. Ao olhar todas as horas de sua semana (as semanas de seu ano e os anos de sua vida), suas decisões de gastos mudam de questões de *se* para questões de *quando*. Você não sente mais conflitos sobre o que fazer *nessa* hora, porque tem a oportunidade de decidir *quais* horas atribuirá ao que realmente importa. Pode escolher *quando* realizará todas as atividades que lhe trazem alegria. Se jantar com seu amigo é uma fonte de alegria, você arruma esse tempo. Também não se sente mal com isso, porque pode olhar imediatamente sua semana e notar todas as outras horas intocadas que protegeu para o trabalho que lhe interessa. Você está tranquilo sabendo que também passará esse tempo. No entanto, se esse jantar parece uma obrigação que não contribuirá para seu senso de conexão, agora fica mais evidente que não vale a pena ter espaço para ele em sua tela.

Ver seu tempo como um mosaico ajuda a esclarecer que uma única hora não é um veredito sobre seus valores — ou sobre sua vida. Uma única hora não define quem você é. É a combinação de horas que representa *tudo* o que valoriza e *todas* as dimensões de si mesmo. É possível ter múltiplas prioridades, múltiplas fontes de alegria. As noites de encontros, os jantares em família, as corridas com os amigos, o trabalho feliz e as manhãs de folga irradiam um espectro de prazer. Você não precisa escolher apenas uma cor. Não tem que escolher entre ser um bom pai e ter uma carreira. Responder a perguntas sobre *quando* em vez de *se* lhe permite cultivar conexões profundas em sua vida *e* produzir um trabalho significativo. Então, quando você sai do escritório às 15h para buscar seu filho na escola, essa não é pessoalmente uma decisão conflituosa, carregada de culpa, definitiva. Você apenas olha seu mosaico e pode ver facilmente as muitas horas que dedica diligentemente ao trabalho ao lado daquelas passadas com seu filho. Sua tela está cheia e é gratificante.

Essa perspectiva era a resposta que eu procurava no trem naquela noite fatídica. Sim, não posso fazer tudo isso e ser tudo em determinada hora. Mas *posso* fazer tudo durante as horas da semana. *Posso* através dos anos da minha vida. E você também pode.

Essa perspectiva oferece ainda outro benefício: permite que você gaste cada hora com mais presença. Em sua colocação proposital dentro do mosaico, os azulejos individuais podem brilhar mais. Ver os outros azulejos em paralelo reduz a preocupação em relação a *se* será capaz de fazer tudo isso, pois você sabe *quando* fará. Não precisa mais apressar suas horas tentando fazer mais rápido, porque esse é o tempo que estabeleceu para essa atividade. Você pode desacelerar, concentrar-se e aproveitar o que está fazendo atualmente. Você faz com que seu tempo valha a pena, alocando-o para o que vale a pena. Ao contrário de outras abordagens de gerenciamento de tempo, a elaboração do tempo não é compelida pela eficiência. Trata-se da alegria que experimenta durante seu tempo, gastando no que é mais importante para você.

E mais: aqui, você é o artista. Você não é apenas um observador, sujeito a uma visão passiva. Este é o *seu tempo*. Você escolhe e coloca os azulejos. Você decide a melhor maneira de sequenciá-los durante a semana. O mosaico que cria é a vida magnífica que *você* tem para viver.

LIÇÕES DO CAPÍTULO OITO

- Elabore seu tempo, de preferência com um auxílio visual. Como um artista que cria um mosaico, selecione, espalhe e sequencie suas atividades para criar uma semana ideal.
- Você pode programar suas atividades para aumentar o impacto dos bons momentos e minimizar o impacto de seus afazeres domésticos.
- Bloqueie as horas para suas atividades mais importantes (ou seja, suas atividades mais conectantes, atividades que o ajudam a cumprir seu propósito, tempo para pensar, tempo para não fazer nada, tempo para si mesmo).
- Aplique "zonas sem celular" a essas horas, para que você não se distraia durante elas.
- Para garantir que gaste no que deseja, agrupe as atividades que *quer* fazer com as atividades que *tem* que fazer.
- Para tornar seus afazeres domésticos mais agradáveis, agrupe essas atividades que *tem* que fazer com outras atividades que *quer* fazer.
- Distribua suas atividades felizes para intensificar o prazer que experimenta ao fazê-las e para lhe proporcionar mais bons momentos ansiando por elas.
- Consolide suas atividades menos felizes para minimizar a quantidade de tempo que lhe parece intensamente oneroso e que você gasta com receio dessas tarefas.
- Olhar as horas de sua semana pode reduzir o conflito e a culpa ao reestruturar suas decisões de gasto de tempo em questões de *se* para questões de *quando*.

O MOMENTO DE SUA VIDA

O tempo é muito lento para os que esperam,
Muito rápido para os que têm medo,
Muito longo para os que lamentam,
Muito curto para os que festejam;
Mas, para os que amam, o tempo é eterno.[183]
— Henry van Dyke

Reunidos para celebrar uma vida, fomos lembrados de como pode ser bom. Tremendo levemente e cheia de emoção, a oradora se aproximou da frente da sala. Ela puxou um pedaço de papel e o colocou no púlpito.

Como estamos aqui hoje para lembrar Nicole, quero deixar claro que este funeral está acontecendo contra a vontade dela. Em seus últimos dias, ela disse: "Sei que você me dará um funeral chique, mas eu odeio ser o centro das atenções. Basta me enterrar... ah, e garantir que todos estejam bem alimentados... talvez pequenas latas de granola caseira como lembrancinhas?"

Essa era Nicole. Ela gostava de viver uma vida sob o radar onde encontrava realização em pequenos momentos de alegria e em se cercar de pessoas que amava. Era uma mãe prática e amorosa, mas sempre cuidadosa para não sufocar seus filhos. Quando seu filho mais velho falou: "Não quero ir para a faculdade", ela simplesmente deu de ombros e disse: "Por mim tudo bem... Eu tenho uma pequena quantia de dinheiro que economizei para seu fundo de faculdade. Volte a mim com um plano para ser feliz e autossuficiente e é seu para gastar como quiser." E, como vocês sabem, ambos seus filhos são felizes, autossuficientes e prósperos.

Nicole foi uma esposa amorosa e provocou um grande frenesi com um ensaio em seu livro Ideas, Reconsidered [Ideias, Reconsideradas, em tradução livre], no qual ela foi pioneira na ideia do casamento de cinco dias por semana, explicando como todos se beneficiam de dois dias por semana de separação. Com suas economias, ela e seu marido compraram um pequeno apartamento que alternavam para se divertirem. Parece ter funcionado para eles, casados e felizes por 45 anos! Ela estava sempre questionando a maneira como as coisas eram feitas. "Por que prendemos animais em nossas casas, os isolamos de suas famílias e organizamos nossos horários inteiros com base em seus hábitos urinários?", escreveu ela em seu ensaio sobre o absurdo de ter animais de estimação. Ela perguntou: "Por que as pessoas se casam antes de ter filhos? Por que não decidem ter um filho — o que efetivamente os une mais do que o casamento jamais poderia — e, depois de 15 ou 18 anos, consideram se querem passar a segunda metade de suas vidas juntos?" Ideas, Reconsidered é um grande exemplo do legado que Nicole deixa. Ela encorajou as pessoas ao seu redor a pensar de maneira diferente sobre ideias comuns que aceitamos como normais.

Nicole também estava comprometida com uma vida de fazer o bem aos outros e capacitá-los a fazer o bem a si mesmos. A obra de caridade que ela começou, Cooking with Elders [Cozinhando com Idosos, em tradução livre], conectou jovens que queriam aprender a cozinhar com pessoas mais velhas que não tinham nenhuma fonte de renda. Em sua essência, os mais velhos ganhavam dinheiro ensinando aos jovens os pratos que eles dominavam. No entanto, Nicole desenvolveu o programa para tornar os benefícios abrangentes: ele proporcionou companhia aos idosos solitários, bem como deu a eles um senso de dignidade ao ganharem uma *renda em sua própria casa. Ele reuniu a comunidade em torno da comida, e não era por acaso que mais da metade dos idosos nascera no exterior, infundindo um senso de tolerância e apreço por outras etnias.*

Sentiremos falta de Nicole, mas seu legado continua vivo em seus filhos, Ideas, Reconsidered, Cooking with Elders *e a linda plantação de frutas e legumes que ela cuidou de forma tão cuidadosa. Em sua memória, espero que você tente mudar sua opinião sobre algo que sempre tomou por certo como "a maneira como as coisas são feitas". Ah, e não se esqueça de sua lata de granola caseira.*

Comemorar a vida de Nicole nos lembrou de aproveitar ao máximo a nossa.

Mas como? Como você vive uma vida plena? Como pode gastar seu tempo para vivê-la de forma significativa? Que legado você quer deixar? Que escolhas o farão feliz no final? Essas são as grandes questões da vida que enfrentaremos neste capítulo e que estão na base da intenção de todo este livro. Ao diminuir o zoom para analisar sua vida em geral, você ganha clareza sobre como aproveitar ao máximo cada hora e cada dia.

Ter uma Visão Panorâmica

Até agora neste livro nos concentramos em horas. Cobrimos em quais atividades deve gastá-las e como estar atento enquanto as gasta. Também aprendemos como programar essas horas ao longo da semana de forma otimizada. Agora teremos uma visão mais ampla, pensando em termos de anos e décadas. Vou pressioná-los a considerar sua vida por inteiro. O objetivo é fazer você mais feliz, e tenho dados (é claro) que sugerem que a tática de diminuir o zoom pode funcionar.

Tayler Bergstrom, Joey Reiff, Hal Hershfield e eu fizemos pesquisas perguntando a centenas de pessoas como pensam sobre seu tempo.[184] Descobrimos que aqueles que frequentemente empregam uma perspectiva mais ampla são mais felizes. Nossos resultados mostraram que, independentemente da idade e de outras variáveis demográficas relevantes, os indivíduos que tinham uma visão panorâmica do tempo relatavam sentir uma emoção mais positiva e menos negativa em seus dias. Eles também relataram maior satisfação geral e maior significado na vida. Identificamos essas pessoas como aquelas que concordavam muito com as seguintes afirmações:

- *"Eu tenho uma visão panorâmica do meu tempo, olhando para baixo e vendo todos os momentos da minha vida de uma só vez."*
- *"Tenho a tendência de ver meu tempo como se estivesse olhando para baixo em um calendário, vendo todos os meus dias, semanas e meses já vividos."*
- *"Eu tento ter uma visão ampla do meu tempo, pensando em termos de anos, em vez de horas."*
- *"Eu tomo decisões pensando em toda minha vida."*

Seu Mosaico

Há múltiplas razões para o aumento da felicidade causado por ter uma perspectiva mais ampla do tempo. Uma delas é a beleza do mosaico. No fim do capítulo anterior, descrevi o benefício de olhar todas as horas de sua semana como uma combinação de azulejos — e não ficar preso às limitações de um azulejo e sua cor única. Ao diminuir mais o zoom de horas e semanas para olhar os anos e as décadas, esses benefícios continuam a surgir. Você reconhece que está atualmente em apenas uma parte do conjunto maior. Um ano ruim passará, assim como alguns poucos anos ruins. Um relacionamento difícil, uma fase ruim em um relacionamento, um emprego errado, a perda de um ente querido, uma pandemia global... ainda há espaço em sua tela para novos começos, para novos padrões, para mais vida.

Olhar seus anos faz perceber que você não tem que passar seus dias com tanta pressa. Você tem mais de 40 anos entre o término da faculdade e a aposentadoria. Com os millennials permanecendo em um emprego por uma média de quatro anos, isso significa que a maioria das pessoas hoje terá aproximadamente dez empregos diferentes durante suas carreiras. Esse é um lembrete importante para meus alunos e a pressão que eles exercem sobre aquele primeiro emprego pós-graduação. Eles não têm que arrasar no primeiro emprego logo de cara.

Isso também é importante para os pais terem em mente. Se você tem filhos, seus jovens só viverão sob seu teto por aproximadamente 18 dos 40 anos de carreira; isso é menos da metade. E você só precisará se levantar com eles no meio da noite por alguns anos. As fases de exaustão serão surpreendentemente breves, assim como as melhores.

Então, após esses 40 anos de carreira, você terá outros 25 para alocar na pós-aposentadoria. Ter essa visão panorâmica mostra os muitos anos vibrantes que você já viveu, ao mesmo tempo em que destaca todos aqueles que ainda tem para elaborar.

Essa tela maior convida uma multiplicidade de cores — tempo investido em múltiplos interesses e prioridades. Mesmo que não possa fazer tudo de uma só vez, pode realizar uma série de atividades ao longo da vida. Lembre-se, essa visão é útil para mudar suas decisões de gasto de tempo de questões de *se* para questões de *quando*. Quando poderia dedicar mais tempo à família, a uma vocação, ao outro, à aprendizagem, à aventura, a si mesmo (o que quer que isso signifique para você)? Além disso, não tem que dividir seu tempo em grandes blocos monocromáticos. Você pode ser criativo e entrelaçar tudo isso durante todos os seus anos, simplesmente alterando a quantidade de cada cor que incorpora em cada fase.

Mudanças Baseadas em Idade

Olhar sua vida também lhe permite apreciar suas fases inerentes. As preocupações que hoje parecem urgentes não são as mesmas que o afligiram na adolescência, e não serão os mesmos desafios que o mantêm acordado à noite nos últimos anos. Se você mantém um diário, pode ter notado essas mudanças ao comparar as entradas atuais com as anteriores ou pode ter percebido isso enquanto ouvia as dificuldades atuais dos entes queridos que estão em uma fase diferente da vida.

É também evidente ao pesquisar online e ler "os diários da era digital".[185] Sep Kamvar e Jonathan Harris escreveram um programa de computador que rastreava a blogosfera (a antecessora do mundo das redes sociais), extraindo instantaneamente todas as expressões de emoção. Esse programa de computador chamado We Feel Fine captou cada instância na qual alguém escreveu: "Eu sinto..." ou "Eu estou sentindo..." Com as informações do perfil dos blogueiros, o We Feel Fine pôde identificar em tempo real quem estava sentindo o quê.[186]

Sep e Jonathan analisaram milhões dessas emoções expressas, revelando uma mudança global do que nos preocupa à medida que envelhecemos. As preocupações de autodefinição e insegurança na adolescência dão lugar a ansiedades em torno de conquistas aos nossos 20 anos; a estabilizar-se, a desacelerar os corpos e os desafios de ter filhos aos 30 anos; e depois, às responsabilidades da família, da comunidade e de um impacto mais amplo na segunda metade da vida.

Intrigada por essa fonte de dados, conversei com Sep na fila de um churrasco, perguntando o que ele poderia nos dizer sobre felicidade. Em nosso subsequente projeto de pesquisa com Jennifer Aaker, descobrimos que, além das preocupações, a idade também tem uma profunda influência sobre a felicidade. Embora não esteja claro a partir desses dados se a idade influencia *quanta* felicidade sentimos ao longo de nossas vidas, a pesquisa — bem como os estudos posteriores que realizamos — mostra que tanto *o que nos faz sentir felizes* quanto *a maneira como nos sentimos felizes* muda ao longo da vida.[187]

Lembra-se quando Amit e eu estávamos comparando nossos finais de semana felizes? Nesses estudos, descobrimos que as diferenças de idade influenciam a felicidade que desfrutamos de experiências comuns e extraordinárias.[188] Para as pessoas mais jovens, experiências extraordinárias (marcos de vida, férias de uma vida, eventos culturais) geram maior felicidade. Entretanto, para as pessoas mais velhas, experiências comuns (simples momentos compartilhados com os entes queridos, guloseimas saborosas, notar a beleza da natureza) produzem tanta felicidade quanto as mais caras e menos acessíveis experiências extraordinárias. Ou seja, conforme envelhecemos, nos tornamos mais propensos e capazes de extrair felicidade de momentos mundanos na vida. À medida que envelhecemos, nos tornamos mais aptos a desfrutar de prazeres simples.

Os dados dos blogs mostram ainda que a idade não só influencia quais experiências nos fazem mais felizes, como também a *forma* como experimentamos a felicidade. Na juventude, experimentamos a felicidade mais como excitação — um sentimento positivo mais alto e mais cheio de energia. Isso é evidente nas pessoas na adolescência e na casa dos 20 anos sendo bem mais propensas a expressar uma felicidade empolgada:

- *"Sinto-me feliz, entusiasmado — incrivelmente feliz!"*
- *"Sinto-me tão animado e feliz."*
- *"Sinto-me feliz, livre, animado e muito estressado, mas tão, tão feliz com a vida sendo o que é."*

No entanto, conforme envelhecemos, começamos a experimentar a felicidade mais como uma tranquilidade calma — um sentimento mais calmo, mais sereno e contente. Enquanto as pessoas na casa dos 30 anos têm a mesma probabilidade de expressar ambas as versões de felicidade, as pessoas na casa dos 40, 50 anos e posteriores são cada vez mais propensas a expressar uma felicidade calma:

- *"Eu me sinto feliz, relaxado e em paz."*
- *"Sinto-me muito calmo e feliz neste momento."*
- *"Sinto-me feliz e calmo hoje, depois de um fim de semana relaxante e sem estresse."*

A empolgação e a calma são ambas positivas, mas, como o gráfico seguinte ilustra, as duas formas de felicidade aparecem em proporções diferentes à medida que percorremos as décadas de nossas vidas.

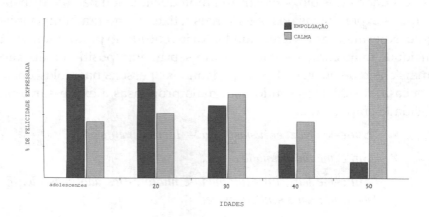

Os resultados sugerem que, quando uma pessoa de 20 anos e uma de 50 anos se sentem felizes, provavelmente estão sentindo coisas bem diferentes. Reconhecer isso pode aumentar nossa compreensão emocional dos outros — e de *nós mesmos* — em todas as idades. Isso nos ajuda a não julgar a nós mesmos através das lentes de nossos eus mais jovens. Lembra-se de como eu estava feliz após aquele fim de semana tranquilo com Rob e meu bebê Leo? Uma versão adolescente de mim provavelmente teria revirado os olhos se sujeita a essas atividades de fim de semana. Contudo, não é que meus dias tivessem se tornado chatos e infelizes; é que minha felicidade tinha mudado. Trata-se de uma lição importante: o que constitui uma gloriosa noite de sábado mudará verdadeiramente. O que constitui uma "vida feliz" mudará, se já não mudou. Não é uma coisa ruim. Além disso, esse conhecimento pode ajudá-lo a elaborar com sucesso suas fases futuras da vida e a transição a partir de uma fase anterior. Embora a felicidade possa parecer um pouco diferente, há muito dela disponível em cada uma das fases da vida.

A Importância Acima da Urgência

Outra razão fundamental para apoiar uma perspectiva mais ampla do tempo é que pensar em termos de anos pode ser vital para fundamentar como passar suas horas, ou seja, pensar na vida em geral destaca seus valores, que podem então orientar melhor as decisões imediatas sobre como gastar seu tempo.

De fato, voltando às pessoas que Tayler, Joey, Hal e eu pesquisamos, descobrimos que os indivíduos que relataram ter uma visão panorâmica do tempo dedicavam mais tempo durante a semana ao que consideravam importante, em vez do que era meramente urgente.[189] Isso é crítico, porque a pesquisa de outra equipe havia advertido que, quando nos sentimos apressados durante nossos dias, tendemos a gastar tempo com o que é urgente *independentemente de sua importância*.[190]

Essas constatações, em conjunto, o exortam a ter uma visão mais ampla do tempo. Pensar sobre a vida em geral irá lembrá-lo de gastar suas horas no que é importante para você, e não apenas no que parece urgente. Tal mudança de perspectiva pode reduzir as limitações que experimenta por ser pobre de tempo; pode ajudá-lo a lutar contra a constante distração de sua lista mental de tarefas urgentes; e evitar que seu pote do tempo fique cheio de areia.

Ademais, essa visão pode ajudar a identificar *o que é* importante para você. Nos capítulos anteriores, aconselhei como identificar as atividades que "despertam alegria", bem como as atividades que auxiliam a atingir seus objetivos de ordem superior. Além de saber quais momentos contribuem para sua felicidade e seu propósito, para viver sua melhor vida você também precisa reconhecer os momentos que são condizentes com seus valores: o que, em última análise, é importante para você. É aí que entram os dois próximos exercícios. No primeiro, você se projetará até o fim de sua vida e olhará para trás. No segundo, aprenderá com alguém que viveu uma vida plena e está olhando para trás. Ao incitá-lo a considerar a vida por inteiro, ambos exercícios oferecem uma visão do que constitui uma vida significativa e importante para *você*.

Seu Fim de Vida

Como você quer ser lembrado? No fim de sua vida, ao olhar para trás, o que deseja que as pessoas digam e quais histórias quer que compartilhem? Em poucas palavras, qual o legado que deseja deixar?

Para impulsioná-lo em direção a suas respostas, lhe darei a mesma tarefa que dou a meus alunos: escrever seu discurso fúnebre. Isso não é fácil. Reconhecer sua própria mortalidade pode ser muito desconfortável. Mas há também um tremendo potencial positivo: estar lúcido sobre a inevitabilidade de sua morte é uma das maneiras mais poderosas de levá-lo a viver plenamente sua vida. Responder a estas perguntas ajudará a esclarecer o que, em última análise, é importante para você: seus valores. Suas respostas podem fundamentar como você passa hoje, amanhã e todos os dias que se seguem.

Exercício do Discurso Fúnebre

Como você será lembrado? Que efeito terá produzido sobre o mundo e aqueles que amou? Quais objetivos alcançou? O que você criou? Como contribuiu? Quais palavras serão usadas para descrevê-lo?

Após sua morte, seu discurso fúnebre é o discurso que alguém que sobrevive a você escreverá e apresentará em sua memória. Para este exercício, escreva seu próprio discurso. Ao escrevê-lo, tome a perspectiva do outro (você pode escolher quem; por exemplo: filho, cônjuge, amigo, parceiro de negócios), e assuma que você viverá até os 90 anos.

O discurso fúnebre de abertura deste capítulo foi escrito por minha aluna Nicole. Aqui está outro belo exemplo escrito por meu aluno Justin.

> Meu pai nem sempre me deu as coisas que eu queria... em vez disso, ele sempre me deu o que eu precisava... embora não tenha sido fácil quando "coisas" específicas pareciam importantes para

mim — olhando para trás agora, isso me deu algumas das lições mais valiosas na vida. As "coisas" que realmente valem a pena ter, aspirar e querer não são compradas com dinheiro, mas sim com amor, trabalho árduo e dedicação.

Meu pai foi um marido, um pai e um amigo incrivelmente dedicado — que elogiava constantemente todos os seus filhos por seu trabalho — e não o resultado que vinha do trabalho deles. Além disso, algo que era um pouco irritante em tenra idade — mas algo que me fez passar pelos momentos mais difíceis da vida — eu continuava a ouvir a voz do meu pai dizer: "Você está trabalhando tanto que vai superar esse desafio — esse desafio está aqui por uma razão." E assim trabalhei, superei e pensei constantemente em meu pai enquanto fazia as duas coisas.

Meu pai me aconchegava na cama todas as noites quando estava na cidade — e todas as noites ele sussurrava "palavras especiais", como nós as chamávamos, em meus ouvidos. Elas eram diferentes para cada um dos meus irmãos — então eu só posso falar o que elas eram para mim. Eram sempre sobre o quão especial, carinhoso, atencioso, corajoso, curioso e perseverante eu era. O quanto ele e mamãe me amavam, e como se orgulhavam de mim. Mas, ainda mais importante, o quanto eu deveria estar orgulhoso de mim mesmo. E ele sempre terminava suas palavras especiais com a sorte que sentia por ser meu pai e o quanto estava animado para passar o amanhã comigo. Embora não possamos passar o amanhã juntos — quero transmitir essa mesma devoção, amor e incentivo aos meus filhos. E, assim, não passa uma noite que eu não lhes sussurre palavras especiais nos ouvidos e lhes diga o quanto são especiais, carinhosos e maravilhosos — o quanto os amamos — o quanto nos orgulhamos deles e o quanto eles devem estar orgulhosos de si mesmos.

Papai, eu te amo — e quero que saiba como todos nós estamos orgulhosos do pai, do marido e do amigo que você foi. Trouxe tanta alegria, felicidade e dedicação a tudo e a todas as coisas que fez. Você trouxe paixão, compreensão, comprometimento e uma forma de pensar que tornou todos à sua volta muito mais inteligentes... mais sábios... e mais bondosos. Eu te amo.

Embora esses dois discursos fúnebres ofereçam ideias sobre como abordar esta tarefa, seu discurso deve ser pessoal e sobre *você*. O que espera que seja dito sobre você no fim de sua vida?

Com os discursos fúnebres de Nicole e Justin, aprendemos as qualidades que cada pessoa valoriza em si mesma. Fica claro as vidas que eles aspiram levar. Na verdade, eles já estão vivendo essas vidas. Claro, algumas de suas experiências de vida notáveis (filhos, casamento, escrever um livro) ainda não aconteceram. Mas como esperam ser descritos no fim de suas vidas é como eu descreveria cada um deles hoje: Nicole é instigante. Justin é dedicado. E ambos são genuinamente bons e amorosos. Com base em quem eles querem ser, nós aprendemos quem eles são. Ao escreverem como querem ser lembrados, seus valores e o que lhes importa ficam evidentes. Nicole valoriza a mentalidade aberta. E Justin valoriza o trabalho árduo e seus filhos, e valoriza infundir o valor do trabalho árduo nos filhos.

Escrever seu discurso será igualmente revelador e inspirador. Esclarecerá os atributos pessoais que mais valoriza em si mesmo — o que, em última análise, é importante para você. Isso o guiará na forma como interage com o mundo, em que dedica seus esforços e como gasta seu tempo.

Em minha aula, há outro passo nesse exercício (como se escrever seu próprio discurso fúnebre não fosse suficientemente difícil). O discurso de cada aluno é lido em voz alta, por outro aluno da classe. Apesar de ser muito difícil, essa etapa é valiosa por algumas razões. Primeiro, ouvir seu próprio depoimento ao lado de outros destaca que o que você aspira é em grande parte único para você. Isso é útil para estabelecer suas métricas pessoais para o sucesso. É somente por essas dimensões (e não pelas ambições dos outros) que você deve avaliar como está se saindo na vida. E, quando observa uma lacuna entre onde você está e onde aspira estar, é apenas sua régua que deve motivá-lo a mudar ou a fazer mais.

Além de revelar como seus valores divergem dos de seus pares, essa etapa também permite que veja para onde convergem seus valores. Reconhecer valores compartilhados pode ajudar a forjar uma comunidade maior e um senso de pertencimento. E, como sabemos, esse sentimento de conexão é um caminho seguro para aumentar a felicidade.

Finalmente, ouvir seu discurso fúnebre lido por outra pessoa o lembra de que modo você existe na mente e no coração dos outros. Que impacto você tem e quer ter? É uma boa oportunidade para agir de acordo.

A Sabedoria dos Outros

Escrever seu discurso fúnebre o encoraja a projetar sua vida até o fim e olhar para trás. O próximo exercício o encoraja a olhar para os outros que se aproximaram um pouco mais do fim de suas vidas e pedir que *eles* olhem para trás. Embora nosso próprio tempo possa ser um de nossos recursos mais valiosos, o tempo vivido pelos outros é, inegavelmente, outro. Pedir às pessoas que admiramos que compartilhem suas experiências, suas reflexões e o que aprenderam ao longo do caminho é uma oportunidade preciosa.

Entrevistei alguém que respeito muito e que (da minha perspectiva) acertou na vida. Uma mulher à frente de seu tempo, Jane começou a trabalhar em 1964 na profissão de publicação universitária dominada por homens. Com seus 40 anos de carreira, ela tem muito do que se orgulhar. Em seus anos de trabalho, Jane foi editora de livros e executiva editorial. Como se isso não fosse suficiente, depois de se aposentar ela começou uma nova carreira como autora e publicou quatro livros próprios. No entanto, quando lhe perguntei sobre sua maior fonte de orgulho, olhando para trás em todos os seus 82 anos, ela disse, sem pausa: "Meus filhos: o caráter deles." Ela então explicou: "Eu tenho dois filhos, e ambos são extremamente bem-sucedidos. Mas o mais importante é que tipo de seres humanos eles são. Um dos meus trabalhos como mãe, e agora como avó, é cultivar a natureza moral das crianças. Minha família está realizada. Meus pais cresceram em completa pobreza como filhos de imigrantes no bairro Lower East Side de Nova York. Portanto, a realização é importante. Mas quem você é, como você trata as pessoas e como você se comporta — isso é tudo. Espero que meu legado e minha impressão digital estejam no caráter de meus filhos e netos."

Nessa próxima tarefa, instruo meus alunos a fazer exatamente isso: entrevistar alguém cuja vida eles admiram.

Exercício de Aprender com Idosos Admirados

Enquanto você descobre como levar uma vida feliz, há muito a aprender com alguém que já viveu uma. Encontre um idoso cuja vida você admira e entreviste essa pessoa sobre sua experiência. Peça que reflita sobre suas realizações, seus erros e as escolhas que fez ao longo do caminho. É algo que pode indicar suas próprias escolhas de vida para o futuro. Em particular, pergunte sobre suas fontes de orgulho e arrependimento para ajudar a orientar como você pode usar seu tempo agora para mais tarde olhar para trás satisfeito com sua vida.

Definitivamente, faça estas duas perguntas:

- Olhando para trás em sua vida em geral, quais são suas maiores fontes de orgulho?
- Olhando para trás em sua vida em geral, quais são suas maiores fontes de arrependimento?

Se sobrar tempo (respeitando o deles, é claro), você pode potencialmente fazer estas perguntas:

- Quais foram as decisões mais importantes que tomou em sua vida?
- Já houve casos de conflito entre sua vida e sua carreira? Quando e como eles aconteceram?
- O que acabou sendo mais importante do que esperava?
- O que acabou sendo menos importante do que esperava?

Então, durante a aula seguinte, meus alunos compartilham o que ouviram em suas entrevistas.

A maioria dos idosos admirados era um membro da família (por exemplo: um dos pais, um avô, um sogro), um amigo da família ou um mentor profissional. Eles representavam os gêneros igualmente, várias nacionalidades (norte-americano, indiano, chinês, coreano, colombiano, britânico) e inúmeras profissões (incluindo aqueles que trabalhavam em casa cuidando da família).

Apesar de suas origens variadas, há uma consistência notável no que essas pessoas relataram como sua maior fonte de orgulho na vida. E, assim como para Jane, a resposta principal foi a família (67%). Esses idosos reverenciados estavam mais orgulhosos de ter relações fortes com seus familiares, de saber quem seus filhos se tornaram, por terem sido bons pais ou avós, e por darem prioridade a essas relações quando necessário. Outros 9% compartilharam seu orgulho de ter conseguido cuidar da família enquanto buscavam suas carreiras. Assim, ao todo, aqueles que mencionaram sua família como maior fonte de orgulho constituíram 76% dos entrevistados.

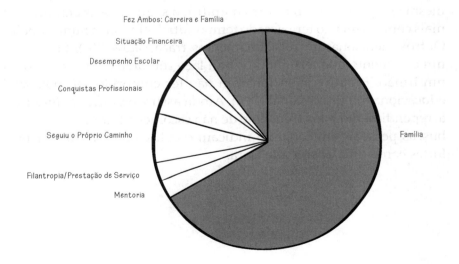

Com a família mencionada com mais frequência, outras fontes de orgulho incluem realizações individuais — educacionais (2,5%), profissionais (6%) ou financeiras (2,5%) — assim como ter coragem de seguir o próprio caminho (7,5%), mentoria (2,5%) e filantropia (2,5%).

Apesar de ser baseado em uma amostra distorcida de pessoas particularmente felizes admiradas por meus alunos de MBA, o que é ilustrado neste gráfico é extremamente consistente com as conclusões de um dos estudos de pesquisa longitudinal mais abrangentes da história.[191] No Estudo de Desenvolvimento de Adultos de Harvard, os pesquisadores reuniram um grupo de homens jovens e os acompanharam ao longo de 75 anos. Alguns dos participantes eram estudantes em Harvard, outros eram de bairros de operários em Boston. Todos os anos, os pesquisadores analisavam e entrevistavam esses homens para ver onde estavam, o que faziam e como estavam indo. Robert Waldinger, o atual diretor do estudo, compartilhou as descobertas em seu TED Talk "What Makes for a Good Life?" [O Que Faz uma Boa Vida?, em tradução livre]. Acontece que o maior indicador da verdadeira felicidade e satisfação na vida não é nem a riqueza nem a fama. É a presença de relações fortes e de apoio. É a família (ou ter amigos bons o suficiente para que se sintam como família).

E os arrependimentos? Voltando ao que os entrevistados compartilharam como sua maior fonte de arrependimento, chegamos à mesma resposta. Como mostra o gráfico a seguir, o arrependimento mais comum foi não ter passado tempo suficiente com a família (38%). Outros mencionaram relacionamentos fracassados (7%), tais como, um casamento que terminou ou um laço rompido com um filho ou um irmão. E outros mencionaram não ter cumprido seu potencial educacional ou profissional (18%). Ainda assim, o gráfico anterior e o arrependimento mais frequente de não escolher a família em vez das buscas pessoais em conjunto indicam o cultivo de relacionamentos fortes como uma prioridade clara.

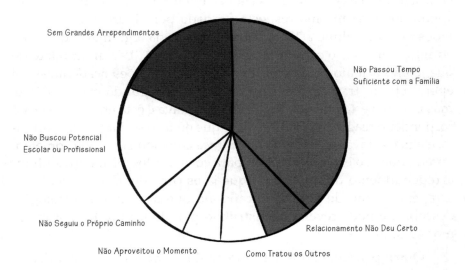

Essa conclusão de como viver uma boa vida é a mesma a que chegamos repetidamente neste livro. Reservar e proteger o tempo para as pessoas que você ama. E, durante esse tempo, estar totalmente presente e sem distrações. Guarde seu celular. E, sim, os relacionamentos levam tempo. Mas eles valem com certeza absoluta o investimento.

Sem Ressentimentos

Ao longo de nossa jornada de vida, o arrependimento pode servir como um guia útil. É um sentimento que nos faz saber quando cometemos um erro, nos orientando sobre como tomar uma decisão melhor na próxima vez. Mas, com uma vida para viver, ninguém quer chegar ao fim — quando não há uma próxima vez — com grandes arrependimentos pendentes. É por isso que é tão útil aproveitar a visão a posteriori dos outros.

Quando perguntei a Jane sobre seus maiores arrependimentos, ela disse que não tinha nenhum. A princípio não acreditei nela. Sim, eu a achava maravilhosa, mas ela não era infalível. Ninguém é. Mas, vendo que essa mesma resposta foi dada por alguns dos entrevistados de meus alunos (18%), percebi que havia algo mais aqui. Jane admitiu lamentar o comportamento dos outros: "Lamentar o fato de que, como a maioria das mulheres em publicações acadêmicas na época, eu era tratada como uma cidadã de segunda classe? Claro, mas isso não está em meu poder. O que estava e está em meu poder é responder e reagir aos meus erros, o que eu faço seriamente." Portanto, ela não estava me dizendo que nunca cometeu erros. Ela cometeu. Porém, quando errou, trabalhou para consertá-los. Não tem nenhum arrependimento duradouro porque já os corrigiu. O tratamento do arrependimento de Jane se encaixa no que a pesquisa psicológica descobriu e pode revelar-se instrutivo para todos nós que procuramos evitá-lo.

O arrependimento é definido como a emoção negativa decorrente da percepção de que uma decisão diferente do passado poderia ter trazido um resultado melhor do que o que realmente aconteceu. Quando os pesquisadores pediram às pessoas que relatassem seus arrependimentos atuais, descobriram que havia dois tipos.[192] Há os de ação: algo que *não* deveria ter feito ("eu *não* deveria ter dito isso", "eu *não* deveria ter aceitado aquele trabalho"). E há os de inação: algo que *deveria ter* feito ("eu *deveria* ter dito algo", "eu *deveria* ter me candidatado àquele emprego").

Ainda que sejam igualmente difundidos, esses dois tipos de arrependimento seguem trajetórias temporais distintas. No curto prazo, as ações geram mais arrependimento; no longo prazo, a inação gera mais. É um padrão que ocorre porque os arrependimentos de ação tendem a ser mais severos — portanto, motivando as pessoas a ir em frente e consertar o que quer que tenham feito. Por exemplo: se você disse algo que não deveria ter dito, sabe disso imediatamente. Então pede desculpas para retificar a situação. Ou, se você aceitou um emprego que claramente foi a decisão errada, pede demissão (se puder se dar ao luxo de fazer isso). Nossa inclinação para corrigir esses erros graves explica por que nossos arrependimentos de ação (felizmente) são de curta duração.

Por outro lado, os arrependimentos de inação tendem a ser mais inócuos. Muitas vezes, não há nada claro para consertar. Infelizmente, isso permite que eles surjam e durem mais tempo. Se houve uma oportunidade profissional que você perdeu, raramente há um evento que o impeça a ir em frente e fazer uma tentativa. E é muito fácil continuar a deixar as coisas por dizer.

Algo realmente importante que muitas vezes fica por dizer é "obrigado". Não expressar gratidão a alguém que você valoriza, antes que seja tarde demais, é definitivamente um arrependimento que você quer evitar. Para dar a meus alunos o empurrão necessário, exijo que escrevam e entreguem uma carta de gratidão a alguém em sua vida. Ouvindo sobre as experiências de meus alunos realizando essa tarefa, e tendo feito isso várias vezes eu mesma, posso atestar que esse exercício pode ter um impacto profundo tanto sobre quem escreve quanto sobre o destinatário. Agora quero que você também tenha essa experiência.

Exercício da Carta de Agradecimento

Escreva uma carta de agradecimento a alguém que você não agradeceu corretamente. Depende de você como entregar a carta. Você pode lê-la pessoalmente ou por telefone, ou pode simplesmente enviar a carta por e-mail ou pelo bom e velho correio, à moda antiga.

Voltando à pesquisa, o curso temporal documentado dos arrependimentos fornece uma visão do que vimos no gráfico do Maior

Arrependimento. A dinâmica das ações lamentáveis que são corrigidas e das inações lamentáveis que ficam por aí explica por que muitos dos grandes arrependimentos de vida dos entrevistados foram de inação: *não* passar mais tempo com a família, *não* alcançar o próprio potencial educacional ou profissional, *não* seguir o próprio caminho ou *não* viver o momento. Mas isso não é apenas verdade entre os idosos ilustres com quem meus alunos falaram. Outra equipe de pesquisadores analisou os residentes de um asilo e encontrou resultados semelhantes. Olhando para o fim de suas vidas, os maiores arrependimentos das pessoas normalmente envolviam coisas que elas *não* fizeram e desejavam ter feito:[193]

- Não passar tempo suficiente com a família e os amigos.
- Perder uma oportunidade educacional.
- Deixar de aproveitar o momento.
- Perder uma oportunidade romântica.

Devemos aprender com nossos mais velhos e levar suas experiências a sério. A partir deles, podemos reconhecer que a maioria dos grandes arrependimentos da vida envolve *não* agir — *não* gastar tempo com o que importa. Fomos advertidos de que é pouco provável que recebamos avisos que nos pressionem a corrigir esses erros. E é por isso que, neste capítulo, eu o incentivei a analisar a conclusão da jornada de sua vida. Minha intenção em lhe dar alguns exercícios evidentemente desafiadores é ajudá-lo a perceber as ramificações de ser passivo sobre suas escolhas. As consequências são severas: momentos perdidos, alegrias perdidas e arrependimento no fim de tudo isso. Para evitar a infelicidade, vá em frente e aja.

Escrevi este livro para lhe mostrar como. E dei as ferramentas para começar agora. Não deixe que os sentimentos de pobreza de tempo ou a falta de confiança fiquem atravessados em seu caminho. Passe o tempo para realizar atos de bondade, para se exercitar — e você perceberá quanto pode realizar com o tempo que tem. Gaste sabiamente, não desperdiçando horas em frente a uma tela e, em vez disso, investindo-as nas pessoas e nas experiências que lhe trazem alegria, e no que o ajudará a alcançar seu objetivo (aquele que você definiu). Diga obrigado às pessoas que tornam sua vida boa e conte o tempo restante que tem com elas para aprimorar ainda mais seu tempo compartilhado. Nunca é tarde demais para viver a vida pela qual você aspira ser lembrado — uma vida sem arrependimento.

Isso não é uma impossibilidade. Alguns, como Jane, conseguiram. Você também pode.

Elaborar o Tempo de Sua Vida

Vidas sem arrependimento não são uniformemente positivas. Nem todos os momentos de uma vida feliz são ou precisam ser felizes. Até que ponto avalia sua vida como satisfatória e significativa depende não apenas do que realmente escolhe fazer, mas o que escolhe *focar*: o que você tira dela e as histórias que conta.

Significado

Quando você olha sua vida em geral, quer se sentir feliz e também quer vê-la como significativa. Por sorte, tais objetivos não estão em desacordo entre si. Rhia Catapano, Jordi Quoidbach, Jennifer Aaker e eu analisamos a felicidade e o significado experimentados por mais de 500 mil indivíduos em 123 países. Nossos resultados revelam que a felicidade e o significado na vida estão altamente correlacionados.[194]

No entanto, experimentar o sentido da vida (isso é, ver sua vida como importante, proposital e fazendo sentido) não requer sentir-se constantemente feliz.[195] Na verdade, experiências negativas podem ajudá-lo a encontrar o significado — *se* você superá-las, aprender com elas e desenvolver uma narrativa que capte como você acabou melhor.[196] Por exemplo: quando meu casamento foi cancelado e meus sonhos despedaçados, peguei os pedaços e me recuperei. E aprendi uma lição importante que me deu maior confiança em mim mesma e em minha felicidade: eu tenho escolha. Não confio na alegria inerente ou em circunstâncias ideais para experimentar a satisfação em minha vida. Eu tenho agência naquilo em que me concentro e faço.

Estou melhor agora tendo percebido que tenho — *todos temos* — um grande controle sobre o quanto me sinto feliz.

Embora eu desejasse poupá-lo de experimentar qualquer dor na vida, não posso. Infelizmente, isso é inevitável. Quando acontecer, porém, conseguirá superar. E ter esse entendimento o ajudará a recuperar seu equilíbrio mais rapidamente. Sei que você pode fazer isso, porque já o fez. A pandemia da Covid foi uma experiência objetivamente horrível para todos, e ainda mais para uns do que para outros. Mas você sobreviveu. Você continua passando por ela. Além disso, todos nós aprendemos lições importantes: podemos permanecer genuinamente conectados, apesar de estarmos fisicamente distantes. Cada vez que estamos juntos é algo precioso. Nós nos beneficiamos do espaço disponível em nossos calendários para pensar, interagir e criar. Somos resilientes.

Ao superar esses tempos difíceis, é útil voltar à metáfora do mosaico. Você pode ver os obstáculos como azulejos, que contribuem para a rica textura de sua montagem. O essencial é como você incorpora essas peças no esquema. É preciso juntar os eventos negativos na história geral de sua vida — vendo que, quando testado, você foi realmente capaz de sobreviver e até mesmo prosperar.

Memória

Em seu TED Talk e livro *Rápido e Devagar: Duas Formas de Pensar*, o ganhador do Prêmio Nobel Daniel Kahneman sugere que contar histórias tem um grande papel em nossa felicidade. As histórias que contamos sobre nossas vidas são baseadas no que nos lembramos. Por sua vez, essas histórias influenciam o que lembramos depois e a felicidade que finalmente sentimos.

Deixe-me explicar. Kahneman faz distinção entre duas avaliações da felicidade: experiência e memória. A vivência da felicidade é *ser feliz em nossas vidas*: isso é o quanto nos sentimos positivos a cada momento durante o tempo. Recordar a felicidade é ser *feliz sobre nossas vidas*: é assim que nos sentimos olhando para trás e avaliando como nos sentimos em geral sobre o tempo. Para ilustrar, ele aplicou tal distinção ao menor espaço de tempo das férias. Sua felicidade vivenciada é como você se sentiria durante cada dia de férias. Nós pesquisadores medimos sua felicidade vivida fazendo com que registre ao longo de cada dia como você está se sentindo no momento (como você fez no Exercício de Monitoramento do Tempo). Sua felicidade lembrada, por outro lado, é como você se recordaria depois e avaliaria as férias como um todo.

Claro que o que experimenta alimenta o que você se lembra. E as atividades em que dedica tempo contribuem para as duas formas de felicidade. Um jantar fabuloso com bons amigos, por exemplo, seria experimentado *e* lembrado com alegria. Isso ficou evidente em um estudo que realizei.[197] Perguntei a um grupo de pessoas como passariam sua próxima hora caso seu objetivo fosse maximizar a felicidade que vivenciaram. Perguntei a outro grupo como passariam a hora seguinte caso seu objetivo fosse maximizar a felicidade que se lembravam. Os resultados mostraram que a grande maioria das atividades relatadas por ambos os grupos era igual: socializar com a família e os amigos, desfrutar de uma boa refeição e estar ao ar livre.

Todavia, mesmo que as felicidades vivida e lembrada estejam entrelaçadas, elas são distintas. Kahneman foi estimulado a fazer a delimitação quando sua equipe mediu, para uma variedade de eventos (de colonoscopias a férias e filmes), o quanto as pessoas se sentiram positivas em todo o processo e, separadamente, o quanto se sentiram satisfeitas depois. Os resultados mostraram que os sentimentos de cada momento das pessoas não se resumiam simplesmente às suas avaliações retrospectivas desses eventos, ou mesmo à média delas. Em vez disso, as memórias das pessoas foram determinadas pelo auge do evento e pelo seu final.[198] Isso é, simplesmente somar como você está se sentindo durante cada momento das férias não irá prever perfeitamente sua avaliação geral delas. Sua memória será indevidamente marcada pelos momentos mais extremos (positivos ou negativos) e pelos momentos finais. Tais descobertas têm implicações críticas que vão muito além das férias. A soma de todas as suas horas não decide o quanto se sente (ou se sentirá) satisfeito com sua vida em geral. Os auges e o fim exercem uma poderosa influência nas histórias que conta a si mesmo sobre sua vida.

Sua Vez

Entender isso é essencial para elaborar uma vida que você experimenta e reflete com alegria. Essas percepções informam como transformar horas mais felizes em uma vida mais feliz.

Ao saber que apenas momentos particulares serão captados na lembrança de todo o tempo que gasta, você deve garantir que seus momentos mais felizes sejam realizados e desfrutados como auges. Junto com as maravilhas do extraordinário, não se esqueça da alegria potencial do comum.

Observe estas experiências.

Desfrute-as e celebre-as.

Transforme-as em rituais.

Reserve-as em sua agenda.

Fale sobre elas na mesa de jantar.

E não se distraia enquanto estiver passando esse tempo.

O que pode parecer pequenos momentos pode influenciar grandemente sua satisfação com a vida.

A outra percepção-chave é que os términos realmente importam. Portanto, crie mais términos ao longo de sua vida. Com o passar dos anos, os capítulos da vida chegarão ao fim.

Trate cada momento agradável como se fosse seu último, e conte o tempo que lhe resta para perceber que pode muito bem estar perto disso.

Lembre-se de como você quer ser lembrado.

Diga obrigado.

Termine sem arrependimentos.

Ao reconhecer a importância dos fins, ofereço a vocês um novo começo. Você tem muitas horas, dias e anos à frente, esperando para serem vividos. Gaste-os com o que lhe traz alegria. Invista no que lhe ajudará a cumprir seu propósito. Não perca por não dedicar o tempo nem por não prestar atenção durante esse tempo. Evite esse arrependimento de vida. Concentre-se no que é bom.

Minha pesquisa, e este livro, revelaram que a felicidade tem *agência*. A felicidade é uma escolha. A cada hora de cada dia. Com as estratégias aqui descritas, você agora sabe *como* fazer essas escolhas — e não apenas em geral, mas para você pessoalmente. Agradeço-lhe por seu tempo e lhe desejo muitas horas mais felizes.

LIÇÕES DO CAPÍTULO NOVE

- Ter uma visão panorâmica do tempo aumenta os sentimentos de felicidade, a satisfação e o sentido na vida, porque o motiva a gastar tempo com o que é importante e não apenas com o que é urgente.
- Essa visão mais ampla revela quais experiências o fazem mais feliz; e como você experimenta a felicidade muda com a idade: do extraordinário para o comum e da empolgação para a calma.
- O maior indicador de grande satisfação geral na vida é ter relações fortes e de apoio (família ou amigos que parecem uma família).
- Os arrependimentos de ação (isso é, fazer algo que você desejava não ter feito) tendem a ser severos, logo resolvidos e, portanto, são de curta duração.
- No entanto, os arrependimentos da inação (isso é, não fazer algo que gostaria de ter feito) surgem e ficam por perto para formar o maior dos arrependimentos da vida. Portanto, vá em frente e aja agora para evitar qualquer arrependimento maior mais tarde.
- Embora a felicidade e o significado da vida estejam intimamente ligados, a superação de eventos negativos também pode contribuir para o significado se você consegue dar sentido e aprender com essas experiências negativas.
- Somos mais afetados e lembramos com mais vivacidade os momentos de auge e de término das experiências. Sendo assim, elabore seu tempo para focar e celebrar suas horas mais felizes.

NOTAS

Capítulo Um

1   Cassie Mogilner, Sepandar D. Kamvar e Jennifer Aaker, "The Shifting Meaning of Happiness", *Social Psychological and Personality Science* 2, nº 4 (julho de 2011): 395-402, DOI: 10.1177/1948550610393987.

2   Silvia Bellezza, Neeru Paharia e Anat Keinan, "Conspicuous Consumption of Time: When Busyness and Lack of Leisure Time Become a Status Symbol", *Journal of Consumer Research* 44, nº 1 (dezembro de 2016): 118-38, DOI: 10.1093/jcr/ucw076; Anat Keinan, Silvia Bellezza e Neeru Paharia, "The Symbolic Value of Time", *Current Opinion in Psychology* 26 (abril de 2019): 58-61, DOI: 10.1016/j.copsyc.2018.05.001.

3   Maria Trupia, Cassie Mogilner e Isabelle Engeler, "What's Meant vs. Heard When Communicating Busyness" (documento técnico, 2021).

4   ATUS é conduzido pelo U.S. Bureau of Labor Statistics e os dados podem ser acessados aqui: https://www.bls.gov/tus/#database.

5   Marissa A. Sharif, Cassie Mogilner e Hal E. Hershfield, "Having Too Little or Too Much Time Is Linked to Lower Subjective Well-Being", *Journal of Personality and Social Psychology* 121, nº 4 (setembro de 2021): 933-47, DOI: 10.1037/pspp0000391.

Analisamos os dados de 21.736 norte-americanos que participaram da American Time Use Survey entre 2012 e 2013, os anos em que nossas variáveis-chave foram administradas (M_{idade} = 47,92; 44,5% homens; 79,3% caucasianos; 47,7% casados; 43,5% têm filhos; 33,5% com pelo menos um bacharelado; 57,8% empregados em tempo integral; M_{renda} = US$52.597,74). Ao responder à pesquisa, os participantes fazem um relato detalhado das atividades que preencheram suas 24 horas anteriores — indicando o período de tempo e a duração de cada atividade. Avaliamos o tempo discricionário calculando quanto tempo as pessoas gastaram em atividades discricionárias em um dia.

6   Pedimos a uma amostra separada de 500 norte-americanos que nos dissessem quais atividades consideram discricionárias. Apresentamos aos participantes uma lista de 139 atividades e para cada atividade os instruímos a indicar se era um tempo discricionário: "Tempo gasto em atividades de lazer ou outras atividades em que a função principal é o uso do tempo para o prazer ou algum outro propósito intrinsecamente valioso." Contamos qualquer atividade que a grande maioria (mais de 90%) indicou como sendo discricionária. O mesmo padrão de resultados manteve-se quando utilizamos um limite mais indulgente, no qual mais de 75% consideraram a atividade discricionária.

As categorias de atividades que ao menos 90% da amostra consideraram discricionárias foram relaxamento e lazer (por exemplo, não fazer nada, assistir à TV, ouvir rádio, jogar); socializar e se comunicar com os outros (por exemplo, sair com a família, com os amigos); artes e entretenimento que não sejam esportes (ir a um clube de comédia, visitar uma galeria de arte, assistir a um filme); viagens relacionadas com socialização, relaxamento e lazer; atividades pessoais (por exemplo, fazer sexo, dar uns amassos); participar de eventos esportivos/recreativos (por exemplo, assistir a esportes); praticar esportes com crianças dentro e fora de casa (por exemplo, andar de bicicleta com crianças, passear com crianças); e participar de esportes, exercícios ou recreação (como andar de bicicleta, jogar basquete, pescar, correr, jogar golfe, fazer ioga, malhar). Embora muitas pesquisas tenham agrupado o tempo com crianças como "cuidado infantil" para avaliar a felicidade (ou infelicidade) da paternidade, nossos resultados destacam mais precisamente que considerar o tempo com as crianças como divertido e gratificante depende da maneira particular de como esse tempo é gasto. Enquanto praticar esportes com seus filhos é visto como discricionário, "cuidar" deles não é. E vestir as crianças ou colocá-las na cama é visto como uma tarefa quase tão difícil quanto ficar na fila do Departamento de Trânsito!

7   Daniel S. Hamermesh e Jungmin Lee, "Stressed Out on Four Continents: Time Crunch or Yuppie Kvetch?" *Review of Economics and Statistics* 89, n° 2 (maio de 2007): 374-83, DOI: 10.1162/rest.89.2.374.

8   Frank Newport, ed., *The Gallup Poll: Public Opinion 2015* (Lanham, MD: Rowman & Littlefield, 2017).

9   John P. Robinson, "Americans Less Rushed but No Happier: 1965-2010 Trends in Subjective Time and Happiness", *Social Indicators Research* 113, n° 3 (setembro de 2013): 1091-104, DOI: 10.1007/s11205-012-0133-6.

10   Hielke Buddelmeyer, Daniel S. Hamermesh e Mark Wooden, "The Stress Cost of Children on Moms and Dads", *European Economic Review* 109 (outubro de 2018): 148-61, DOI: 10.1016/j.euroecorev.2016.12.012; Daniel S. Hamermesh, "Time Use-Economic Approaches", *Current Opinion in Psychology* 26 (abril de 2019): 1-4, DOI: 10.1016/j.copsyc.2018.03.010; Melanie Rudd, "Feeling Short on Time: Trends, Consequences, and Possible Remedies", *Current Opinion in Psychology* 26 (abril de 2019): 5-10, DOI: 10.1016/j.copsyc.2018.04.007.

11   Hamermesh, "Time Use", 1-4; Hamermesh e Lee, "Stressed Out on Four Continents", 374-83; Grant Bailey, "Millions of Brits Feel Overwhelmed by Life Pressures, Study Finds", *Independent*, 19 de janeiro de 2018, Indy/Life, https://www.independent.co.uk/life-style/stress-work-pressures-busy-social-calenders-financial-worries-survey-a8167446.html; Lilian Ribeiro e Emerson Marinho", Time Poverty in Brazil: Measurement and Analysis of its Determinants", *Estudos Econômicos* 42, n° 2 (junho de 2012): 285-306, DOI: 10.1590/S0101-41612012000200003; Elena Bardasi e Quentin Wodon, "Working Long Hours and Having No Choice: Time Poverty in Guinea", *Feminist Economics* 16, n° 3 (setembro de 2010): 45-78, DOI: 10.1080/13545 701.2010.508574; Liangshu Qi and Xiao-yuan Dong, "Gender, Low-Paid Status, and Time Poverty in

Urban China", *Feminist Economics* 24, nº 2 (dezembro de 2017): 171-93, DOI: 10.1080/13545701.2017.1404621.

12   Trupia, Mogilner e Engeler, "What's Meant vs. Heard"; Tim Kasser e Kenron M. Sheldon, "Time Afiluence as a Path toward Personal Happiness and Ethical Business Practice: Empirical Evidence from Four Studies", *Journal of Business Ethics* 84, nº 2 (janeiro de 2009): 243-55, DOI: 10.1007/s10551-008-9696-1; Susan Rox-burgh, "'There Just Aren't Enough Hours in the Day': The Mental Health Consequences of Time Pressure", *Journal of Health and Social Behavior* 45, nº 2 (junho de 2004): 115-31, DOI: 10.1177/002214650404500201; Katja Teuchmann, Peter Totterdell, e Sharon K. Parker, "Rushed, Unhappy, and Drained: An Experience Sampling Study of Relations between Time Pressure, Perceived Control, Mood, and Emotional Exhaustion in a Group of Accountants", *Journal of Occupational Health Psychology* 4, nº 1 (janeiro de 1999): 37-54, DOI: 10.1037/1076-8998.4.1.37.

13   Análises adicionais mostram que a queda de felicidade que observamos por termos muito tempo depende se essas horas são gastas em atividades discricionárias que parecem valer a pena. Em particular, nossos resultados indicam que, se as pessoas gastam seu tempo discricionário para cultivar uma conexão social (sair com amigos ou família) ou o utilizam produtivamente (hobbies, exercícios), elas não experimentam uma diminuição da felicidade com grandes quantidades de tempo.

14   Nesse estudo, designamos aleatoriamente pessoas para simular mentalmente ter pouquíssimo (15 minutos), uma quantidade moderada (3,5 horas) ou muito (7,5 horas) tempo discricionário todos os dias durante um período de sua vida. Em seguida, pedimos que relatassem o quanto se sentiriam felizes e produtivas em sua situação. Replicando o padrão em forma de U que observamos anteriormente, os resultados confirmaram que ter pouquíssimo ou muito tempo produz menos felicidade do que ter uma quantidade moderada. Esse estudo mostrou ainda que a *razão* por trás de existir tal coisa como ter muito tempo é a falta de senso de produtividade.

15   Christopher K. Hsee, Adelle X. Yang e Liao-yuan Wang, "Idleness Aversion and the Need for Justifiable Busyness", *Psychological Science*

21, nº 7 (julho de 2010): 926-30, DOI: 10.1177/0956797610374738; Adelle X. Yang e Christopher K. Hsee, "Idleness versus Busyness", *Current Opinion in Psychology* 26 (abril de 2019): 15-18, DOI: 10.1016/j.copsyc.2018.04.015.

16 Anat Keinan e Ran Kivetz, "Productivity Orientation and the Consumption of Collectable Experiences", *Journal of Consumer Research* 37, nº 6 (abril de 2011): 935-50, DOI: 10.1086/657163.

17 Mihaly Csikszentmihalyi, "The Costs and Benefits of Consuming", *Journal of Consumer Research* 27, nº 2 (setembro de 2000): 267-72, DOI: 10.1086/314324.

18 Isso provavelmente explica as pesquisas mostrando que os aposentados que passam tempo como voluntários são mais felizes do que aqueles que não o fazem. Nancy Morrow-Howell, "Volunteering in Later Life: Research Frontiers", *Journals of Gerontology: Series B* 65, nº 4 (julho de 2010): 461-69, DOI: 10.1093/geronb/gbq024.

19 Indira Hirway, *Mainstreaming Unpaid Work: Time-Use Data in Developing Policies* (Nova Delhi: Oxford University Press, 2017); Eve Rodsky, *Fair Play* (Nova York: G. P. Putnam's Sons, 2019); Christine Alksnis, Serge Desmarais e James Curtis, "Workforce Segregation and the Gender Wage Gap: Is 'Women's' Work Valued as Highly as 'Men's'?", *Journal of Applied Social Psychology* 38, nº 6 (maio de 2008): 1416-41, DOI: 10.1111/j.15591816.2008.00354.x.

20 Pedimos a uma amostra separada de 500 norte-americanos para nos dizer quais das atividades discricionárias identificadas em nosso outro estudo eram produtivas — em que o uso do tempo pareceria útil, concluído, proveitoso, proposital e compensador. Essas foram as atividades que mais de 90% indicavam ser produtivas e discricionárias: hobbies, exercícios físicos (incluindo corrida, aeróbica e musculação) e esportes individuais ou com crianças (incluindo hóquei, futebol, beisebol, tênis/raquetebol, boliche, vôlei, rúgbi, equitação, artes marciais, ciclismo, patinação, luta livre, esgrima e golfe).

21 Hal Hershfield, Cassie Mogilner e Uri Barnea, "People Who Choose Time over Money Are Happier", *Social Psychological and Personality Science* 7, nº 7 (setembro de 2016): 697-706, DOI:

10.1177/1948550616649239. Neste projeto, perguntamos a milhares de adultos: "O que você quer mais — tempo ou dinheiro?" Os participantes variavam de 18 a 82 anos; variavam em renda e profissões; havia pessoas solteiras, casadas, pessoas com e sem filhos. Dos quase 5 mil entrevistados, a maioria (64%) escolheu o dinheiro em vez do tempo. O maior foco no dinheiro não é algo particular de nossa amostra. Ele aparece nas buscas do Google e nas aspirações expressas por meus alunos. Fizemos uma pergunta adicional, entretanto. Era uma pergunta sobre felicidade, e os resultados foram surpreendentes: independentemente de quanto dinheiro nossos participantes do estudo ganhavam ou quantas horas trabalhavam por semana, aqueles que escolhiam o tempo em vez do dinheiro eram bem mais felizes. Mais especificamente, aqueles cujas respostas mostraram que valorizavam seu tempo em vez do dinheiro se sentiam mais felizes em suas vidas diárias e estavam mais satisfeitos com suas vidas em geral. Para aqueles que escolheram o tempo, não se tratava de querer mais só para tê-lo. Era para que pudessem gastar com experiências e pessoas que lhes trouxessem felicidade.

22 Cassie Mogilner, "The Pursuit of Happiness: Time, Money, and Social Connection", *PsychologicalScience* 21, nº 9 (agosto de 2010): 1348-54, DOI: 10.1177/0956797610380696; Cassie Mogilner e Jennifer Aaker, "The 'Time vs. Money Effect': Shifting Product Attitudes and Decisions through Personal Connection", *Journal of Consumer Research* 36, nº 2 (agosto de 2009): 277-91, DOI: 10.1086/597161; Francesca Gino e Cassie Mogilner, "Time, Money, and Morality", *Psychological Science* 25, nº 2 (fevereiro de 2014): 414-21, DOI: 10.1177/0956797613506438; Cassie Mogilner, "It's Time for Happiness", *Current Opinion in Psychology* 26 (abril de 2019): 80-84, DOI: 10.1016/j.copsyc.2018.07.002.

23 Ed Diener *et alii*, "National Differences in Reported Well-Being: Why Do They Occur?" *Social Indicators Research* 34 (janeiro de 1995), 7-32, DOI: 10.1111/j.0963-7214.2004.00501001.x.

24 Blaise Pascal, *Pascal's Pensées* (Nova York: E. P. Dutton, 1958), 113.

25 Ed Diener *et alii*, "Findings All Psychologists Should Know from the New Science on Subjective Well-Being", *Canadian Psychology* 58, nº 2 (maio de 2017): 87-104, DOI: 10.1037/cap0000063.

26 Sonja Lyubomirsky, Laura King e Ed Diener, "The Benefits of Frequent Positive Affect: Does Happiness Lead to Success?", *Psychological Bulletin* 131, nº 6 (novembro de 2005): 803-55, DOI: 10.1037/0033-2909.131.6.803.

27 Cassie Mogilner, "Staying Happy in Unhappy Times", *UCLA Anderson Blog*, 24 de março de 2020, https://www.anderson.ucla.edu/news-and-events/staying-happy-in-unhappy-times.

28 Psychology and the Good Life é o curso de graduação mais popular já ministrado em Yale.

29 Bill Burnett e Dave Evans deram esse curso na faculdade de design de Stanford e escreveram o livro *Designing Your Life: How to Build a Well-Lived, Joyful Life* (Nova York: Alfred A. Knopf, 2017).

30 Sempre que dou meu curso, faço com que meus alunos avaliem seu bem-estar antes da primeira aula e novamente antes da aula final. E, para cada categoria de alunos, observo um aumento estatisticamente significativo em sua felicidade, seu senso de significado e seus sentimentos de conexão interpessoal.

Capítulo Dois

31 Ullrich Wagner *et alii*, "Sleep Inspires Insight", *Nature* 427, nº 6972 (janeiro de 2004): 352-55, DOI: 10.1038/nature02223.

32 Brené Brown, *The Power of Vulnerability: Teachings of Authenticity, Connection, and Courage*, lido pela autora (Louisville, CO: Sounds True, 2012), ed. em áudio com 6min 30s.

33 Sendhil Mullainathan e Eldar Shafir, *Scarcity: Why Having Too Little Means So Much* (Nova York: Times Books, 2013).

34 Marissa A. Sharif, Cassie Mogilner e Hal E. Hershfield, "Having Too Little or Too Much Time Is Linked to Lower Subjective Well-Being", *Journal of Personality and Social Psychology* 121, nº 4 (setembro de 2021): 933-47, DOI: 10.1037/pspp0000391.

35 Patrick Callaghan, "Exercise: A Neglected Intervention in Mental Health Care?" *Journal of Psychiatric and Mental Health Nursing* 11, nº 4 (agosto de 2004): 476-83, DOI: 10.1111/j.1365-2850.2004.00751.x; Michael Babyak *et alii*, "Exercise Treatment for Major Depression: Maintenance of Therapeutic Benefit at Ten Months", *Psychosomatic Medicine* 62, nº 5 (2000): 633-38, DOI: 10.1097/00006842-200009000-00006; Justy Reed e Deniz S. Ones, "The Effect of Acute Aerobic Exercise on Positive Activated Affect: A Meta-Analysis", *Psychology of Sport and Exercise* 7, nº 5 (setembro de 2006): 477-514, DOI: 10.1016/j.psychsport.2005.11.003; Lyndall Strazdins *et alii*, "Time Scarcity: Another Health Inequality?" *Environment and Planning A: Economy and Space* 43, nº 3 (março de 2011): 545-59, DOI: 10.1068/a4360.

36 Cathy Banwell *et alii*, "Reflections on Expert Consensus: A Case Study of the Social Trends Contributing to Obesity", *European Journal of Public Health* 15, nº 6 (setembro de 2005): 564-68, DOI: 10.1093/eurpub/cki034.

37 Lijing L. Yan *et alii*, "Psychosocial Factors and Risk of Hypertension: The Coronary Artery Risk Development in Young Adults (CARDIA) Study", *JAMA* 290, nº 16 (outubro de 2003): 2138-48, DOI: 10.1001/jama.290.16.2138.

38 Strazdins *et alii*, "Time Scarcity", 545- 59.

39 John M. Darley e C. Daniel Batson, "From Jerusalem to Jericho: A Study of Situational and Dispositional Variables in Helping Behavior", *Journal of Personality and Social Psychology* 27, nº 1 (julho de 1973): 100-108, DOI: 10.1037/H0034449.

40 Cerca de 55% concordaram em ajudar na condição de ocupado contra 83% na condição de tempo livre. Zoë Chance, Cassie Mogilner e Michael I. Norton, "Giving Time Gives You More Time", *Advances in Consumer Research* 39 (2011): 263-64.

41 Tom Gilovich, Margaret Kerr e Victoria Medvec, "Effect of Temporal Perspective on Subjective Confidence", *Journal of Personality and Social Psychology* 64, nº 4 (1993): 552-60, DOI: 10.1037/0022-3514.64.4.552.

42 E. Tory Higgins, "Beyond Pleasure and Pain", *American Psychologist* 52, nº 12 (dezembro de 1997): 1280-300, DOI:

10.1037/0003-066X.52.12.1280; Joel Brockner e E. Tory Higgins, "Regulatory Focus Theory: Implications for the Study of Emotions at Work", *Organizational Behavior and Human Decision Processes* 86, nº 1 (setembro de 2001): 35–66, DOI: 10.1006/obhd.2001.2972.

43 Cassie Mogilner, Jennifer Aaker e Ginger Pennington, "Time Will Tell: The Distant Appeal of Promotion and Imminent Appeal of Prevention", *Journal of Consumer Research* 34, nº 5 (fevereiro de 2008): 670–81, DOI: 10.1086/521901; Ginger Pennington e Neal Roese, "Regulatory Focus and Temporal Distance", *Journal of Experimental Social Psychology* 39 (março de 2003): 563–76, DOI: 10.1016/S0022-1031(03)00058-1.

44 Aaron M. Sackett *et al.*, "You're Having Fun When Time Flies: The Hedonic Consequences of Subjective Time Progression", *Psychological Science* 21, nº 1 (janeiro de 2010): 111–17, DOI: 10.1177/0956797609354832.

45 Erin Vogel *et al.*, "Social Comparison, Social Media, and Self-Esteem", *Psychology of Popular Media Culture* 3, nº 4 (outubro de 2014): 206–22, DOI: 10.1037/ppm0000047; Jenna L. Clark, Sara B. Algoe e Melanie C. Green, "Social Network Sites and Well-Being: The Role of Social Connection", *Current Directions in Psychological Science* 27, nº 1 (fevereiro de 2018): 32–37, DOI: 10.1177/0963721417730833; Hunt Allcott *et al.*, "The Welfare Effects of Social Media", *American Economic Review* 110, nº 3 (março de 2020): 629–76, DOI: 10.1257/aer.20190658.

46 Hielke Buddelmeyer, Daniel S. Hamermesh e Mark Wooden, "The Stress Cost of Children on Moms and Dads", *European Economic Review* 109 (outubro de 2018): 148–61, DOI: 10.1016/j.euroecorev.2016.12.012.

47 Albert Bandura, "Self-Efficacy: Toward a Unifying Theory of Behavioral Change", *Psychological Review* 84, nº 2 (março de 1977): 191, DOI: 10.1037/0033-295X.84.2.191.

48 Cassie Mogilner, Zoë Chance e Michael I. Norton, "Giving Time Gives You Time", *Psychological Science* 23, nº 10 (outubro de 2012): 1233–38, DOI: 10.1177/0956797612442551.

49 Callaghan, "Exercise", 476–83.

50 Sonja Lyubomirsky e Kristin Layous, "How Do Simple Positive Activities Increase Well-Being?" *Current Directions in Psychological Science* 22, n° 1 (2013): 57-62, DOI: 10.1177/0963721412469809.

51 Mogilner, Chance e Norton, "Giving Time Gives You Time", 1233-38.

52 Richard Schulz, Paul Visintainer e Gail M. Williamson, "Psychiatric and Physical Morbidity Effects of Caregiving", *Journal of Gerontology* 45, n° 5 (setembro de 1990): 181-91, DOI: 10.1093/geronj/45.5.P181; Richard Schulz, Connie A. Tompkins e Marie T. Rau, "A Longitudinal Study of the Psychosocial Impact of Stroke on Primary Support Persons", *Psychology and Aging* 3, n° 2 (junho de 1988): 131, DOI: 10.1037/0882-7974.3.2.131; Richard Schulz e Gail M. Williamson, "A Two-Year Longitudinal Study of Depression among Alzheimer's Caregivers", *Psychology and Aging* 6, n° 4 (1991): 569-78, DOI: 10.1037/0882-7974.6.4.569.

53 Melanie Rudd, Kathleen Vohs e Jennifer Aaker, "Awe Expands People's Perception of Time, Alters Decision Making, and Enhances Well-Being", *Psychological Science* 23, n° 10 (2012): 1130-36, DOI: 10.1177/0956797612438731.

54 Dacher Keltner e Jonathan Haidt, "Approaching Awe, a Moral, Spiritual, and Aesthetic Emotion", *Cognition & Emotion* 17, n° 2 (março de 2003): 297-314, DOI: 10.1080/02699930302297.

55 George MacKerron e Susana Mourato, "Happiness Is Greater in Natural Environments", *Global Environmental Change* 23, n° 5 (outubro de 2013): 992-1000, DOI: 10.1016/j.gloenvcha.2013.03.010.

Capítulo Três

56 Sonja Lyubomirsky, *The How of Happiness: A Scientific Approach to Getting the Life You Want* (Nova York: Penguin Press, 2007).

57 As evidências dos efeitos da personalidade natural na felicidade de uma pessoa vêm de estudos com gêmeos que comparam gêmeos idênticos (que compartilham 100% de sua composição genética) e gêmeos fraternos (que compartilham 50% de sua composição genética). Esses estudos mostraram que a felicidade de um gêmeo

idêntico (mas não a de um gêmeo fraterno) prevê significativamente a felicidade do outro gêmeo — mesmo quando eles foram criados separados. David Lykken e Auke Tellegen, "Happiness Is a Stochastic Phenomenon", *Psychological Science* 7, n° 3 (maio de 1996): 186–89, DOI: 10.1111/j.1467-9280.1996.tb00355.x; Auke Tellegen *et al.*, "Personality Similarity in Twins Reared Apart and Together", *Journal of Personality and Social Psychology* 54, n° 6 (junho de 1988): 1031, DOI: 10.1037/0022-3514.54.6.1031.

58 Lara B. Aknin, Michael I. Norton e Elizabeth W. Dunn, "From Wealth to Well-Being? Money Matters, but Less than People Think", *Journal of Positive Psychology* 4, n° 6 (novembro de 2009): 523–27, DOI: 10.1080/17439760903271421; Daniel Kahneman e Angus Deaton, "High Income Improves Evaluation of Life but Not Emotional Well-Being", *Proceedings of the National Academy of Sciences of the United States of America* 107, n° 38 (setembro de 2010): 16489–93, DOI: 10.1073/pnas.1011492107; Ed Diener, Brian Wolsic e Frank Fujita, "Physical Attractiveness and Subjective Well-Being", *Journal of Personality and Social Psychology* 69, n° 1 (1995): 120–29, DOI: 10.1037/0022-3514.69.1.120; Richard E. Lucas *et al.*, "Reexamining Adaptation and the Set Point Model of Happiness: Reactions to Changes in Marital Status", *Journal of Personality and Social Psychology* 84, n° 3 (março de 2003): 527–39, DOI: 10.1037/0022-3514.84.3.527; Maike Luhmann *et al.*, "Subjective Well-Being and Adaptation to Life Events: A Meta-Analysis on Differences between Cognitive and Affective Well-Being", *Journal of Personality and Social Psychology* 102, n° 3 (março de 2012): 592–615, DOI: 10.1037/a0025948; S. K. Nelson-Coffey, "Married with Children: The Science of Well-Being in Marriage and Family Life", em *Handbook of Well-Being*, eds. E. Diener, S. Oishi e L. Tay (Salt Lake City: DEF Publishers, 2018), https://www.nobascholar.com/chapters/26.

59 Daniel Gilbert, *Stumbling on Happiness* (Nova York: Vintage Books, 2007); Daniel T. Gilbert *et al.*, "Immune Neglect: A Source of Durability Bias in Affective Forecasting", *Journal of Personality and Social Psychology* 75, n° 3 (1998): 617–38, DOI: 10.1037/0022-3514.75.3.617.

60 Lyubomirsky, *The How of Happiness*.

61 Minha pesquisa mostra que a felicidade pode ser vivida de duas maneiras — como empolgação ou serenidade. Cassie Mogilner, Jennifer Aaker e Sepandar D. Kamvar, "How Happiness Affects Choice", *Journal of Consumer Research* 39, n° 2 (agosto de 2012): 429-43, DOI: 10.1086/663774; Cassie Mogilner, Sepandar D. Kamvar e Jennifer Aaker, "The Shifting Meaning of Happiness", *Social Psychological and Personality Science* 2, n° 4 (julho de 2011): 395-402, DOI: 10.1177/1948550610393987.

62 Pai da psicologia positivista, Martin Seligman explica que os componentes da felicidade autêntica são a emoção positiva, o comprometimento, as relações, o significado e a realização. Martin Seligman, *Authentic Happiness: Using the New Positive Psychology to Realize Your Potential for Lasting Fulfillment* (Nova York: Atria Books, 2002); Martin Seligman, *Flourish: A Visionary New Understanding of Happiness and Well-Being* (Nova York: Simon & Schuster, 2011).

63 Daniel Kahneman et al., "A Survey Method for Characterizing Daily Life Experience: The Day Reconstruction Method", *Science* 306, n° 5702 (dezembro de 2004): 1776-80, DOI: 10.1126/science.1103572.

64 Richard E. Lucas *et al.*, "A Direct Comparison of the Day Reconstruction Method (DRM) and the Experience Sampling Method (ESM)", *Journal of Personality and Social Psychology* 120, n° 3 (março de 2021): 816-35, DOI: 10.1177/23780231211064009.

65 George Loewenstein, "Because It Is There: The Challenge of Mountaineering... for Utility Theory", *KYKLOS* 52, n° 3 (agosto de 1999): 315-44, DOI: 10.1111/j.1467-6435.1999.tb00221.x.

66 A teoria da autodeterminação afirma que o bem-estar requer a satisfação de três necessidades psicológicas fundamentais: autonomia, relacionamento e competência. A vontade de se sentir produtivo e realizado contribui para o sentimento de competência. Kennon M. Sheldon, Robert Cummins e Shanmukh Kamble, "Life Balance and Well-Being: Testing a Novel Conceptual and Measurement Approach", *Journal of Personality* 78, n° 4 (agosto de 2010): 1093-134, DOI: 10.1111/j.1467-6494.2010.00644.x; Kennon M. Sheldon e Christopher P. Niemiec, "It's Not Just the Amount that Counts: Balanced Need Satisfaction Also Affects Well-Being",

Journal of Personality and Social Psychology 91, n° 2 (agosto de 2006): 331-41, DOI: 10.1037/0022-3514.91.2.331.

67 A análise da felicidade e do significado relatados por minha equipe entre dezenas de milhares de indivíduos em todo o mundo revela que a felicidade e o significado são altamente correlacionados. Rhia Catapano *et al.*, "Financial Resources Impact the Relationship between Meaning and Happiness", *Emotion* 22 (em breve).

Há outra linha de pesquisa que parece desvencilhar significado e felicidade. Embora existam experiências que produzem significado, mas não felicidade, e experiências que produzem felicidade, mas não significado, a maioria das experiências que produzem felicidade também é significativa. Roy F. Baumeister *et al.*, "Some Key Differences between a Happy Life and a Meaningful Life", *Journal of Positive Psychology* 8, n° 6 (agosto de 2013): 505-16, DOI: 10.1080/17439760.2013. 830764; Ryan Dwyer, Elizabeth Dunn e Hal Hershfield, "Cousins or Conjoined Twins: How Different Are Meaning and Happiness in Everyday Life?" *Comprehensive Results in Social Psychology* 2, n° 2-3 (outubro de 2017): 199-215, DOI: 10.1080/23743603.2017.1376580; Laura A. King, Samantha J. Heintzelman e Sarah J. Ward, "Beyond the Search for Meaning: A Contemporary Science of the Experience of Meaning in Life", *Current Directions in Psychological Science* 25, n° 4 (agosto de 2016): 211-16, DOI: 10.1177/0963721416656354.

68 O prazer foi avaliado subtraindo a média das emoções negativas (ansiedade, tristeza, frustração e impaciência) da média das emoções positivas (felicidade, relaxamento). O significado foi avaliado como a média de seis itens: sentir-se focado, engajado e competente/capaz, e concordar com as afirmações "sinto que a atividade neste episódio valeu a pena e foi útil para outras pessoas/ajudou-me a atingir objetivos importantes". Mathew P. White e Paul Dolan, "Accounting for the Richness of Daily Activities", *Psychological Science* 20, n° 8 (agosto de 2009): 1000-1008, DOI: 10.1111/j.1467-9280.2009.02392.x.

69 Erin Vogel *et al.*, "Social Comparison, Social Media, and Self-Esteem", *Psychology of Popular Media Culture* 3, n° 4 (outubro de 2014): 206-22, DOI: 10.1037/ppm0000047; Jenna L. Clark, Sara B. Algoe e

Melanie C. Green, "Social Network Sites and Well-Being: The Role of Social Connection", *Current Directions in Psychological Science* 27, nº 1 (fevereiro de 2018): 32- 37, DOI: 10.1177/0963721417730833; Hunt Allcott *et al.*, "The Welfare Effects of Social Media", *American Economic Review* 110, nº 3 (março de 2020): 629-76, DOI: 10.1257/aer.20190658.

70 Lucas *et al.*, "Direct Comparison", 816-35.

71 Ed Diener e Martin E. P. Seligman, "Very Happy People", *Psychological Science* 13, nº 1 (janeiro de 2002): 81-84, DOI: 10.1111/1467-9280.00415.

72 Abraham H. Maslow, "A Theory of Human Motivation", *Psychological Review* 50, nº 4 (1943): 370-96, DOI: 10.1037/h0054346. Com base em seus anos de trabalho com indivíduos como terapeuta, Abraham Maslow desenvolveu a teoria do que impulsiona as pessoas, com base nas necessidades que as pessoas devem atender para se sentirem felizes e satisfeitas. A pirâmide — que vai das necessidades fisiológicas (comida, água, conforto, descanso) às necessidades de preservação (segurança, proteção), passando pelas necessidades de pertencimento e amor (relacionamentos íntimos, amigos) e pelas necessidades de estima (prestígio, sentimentos de realização) até a autorrealização (alcançar todo o seu potencial e objetivo) — descreve sua hierarquia de necessidades proposta. Ele argumenta que uma necessidade de nível inferior deve ser atendida antes de se passar para uma busca superior. Isso é útil como uma teoria subjacente para o bem-estar, pois prioriza os vários insumos para a felicidade. Mostra que uma vez atendidas as necessidades físicas básicas (comida, água, saúde — que é onde o sono entra em jogo — e abrigo), a conexão interpessoal/sentimento de pertencimento é a necessidade mais fundamental. E somente quando temos uma forte conexão social — de amar e ser amados — vale a pena buscar os esforços individuais em direção à realização pessoal e à autorrealização. Note que esse amor não precisa estar em um contexto romântico. Amizade e família também podem atender a essa necessidade.

73 David G. Myers, "The Funds, Friends, and Faith of Happy People", *American Psychologist* 55, nº 1 (janeiro de 2000): 56, DOI:

10.1037/0003-066X.55.1.56; Julianne Holt-Lunstad, Timothy B. Smith e J. Bradley Layton, "Social Relationships and Mortality Risk: A Meta-Analytic Review", *PLoS Medicine* 7, n° 7 (julho de 2010): DOI: 10.1371/journal. pmed.1000316; James S. House, Karl R. Landis e Debra Umberson, "Social Relationships and Health", *Science* 24, n° 4865 (julho de 1988): 540-45, DOI: 10.1126/science.3399889; Gregor Gonza e Anže Burger, "Subjective Well-Being during the 2008 Economic Crisis: Identification of Mediating and Moderating Factors", *Journal of Happiness Studies* 18, n° 6 (dezembro de 2017): 1763-97, DOI: 10.1007/s10902-016-9797-y.

74 Matthew Lieberman, *Social: Why Our Brains Are Wired to Connect* (Nova York: Crown, 2013).

75 B. Bradford Brown, "A Life-Span Approach to Friendship: Age-Related Dimensions of an Ageless Relationship", *Research in the Interweave of Social Roles* 2 (1981): 23-50, DOI: 10.15288/jsad.2012.73.99; Vasudha Gupta e Charles Korte, "The Effects of a Confidant and a Peer Group on the Well-Being of Single Elders", *International Journal of Aging and Human Development* 39, n° 4 (dezembro de 1994): 293-302, DOI: 10.2190/4YYH-9XAU-WQF9-APVT; Reed Larson, "Thirty Years of Research on the Subjective Well-Being of Older Americans", *Journals of Gerontology* 33, n° 1 (janeiro de 1978): 109-25, DOI: 10.1093/geronj/33.1.109; Catherine L. Bagwell, Andrew F. Newcomb e William M. Bukowski, "Preadolescent Friendship and Peer Rejection as Predictors of Adult Adjustment", *Child Development* 69, n° 1 (fevereiro de 1998): 140-53, DOI: 10.1111/j.1467-8624.1998.tb06139.x.

76 Kahneman *et al.*, "Survey Method", 1776-80.

77 Constantine Sedikides *et al.*, "The Relationship Closeness Induction Task", *Representative Research in Social Psychology* 23 (janeiro de 1999): 1-4.

78 George MacKerron e Susana Mourato","Happiness Is Greater in Natural Environments", *Global Environmental Change* 23, n° 5 (outubro de 2013): 992-1000, DOI: 10.1016/j.gloenvcha.2013.03.010.

79 A teoria da autodeterminação (TDA, uma teoria macro da motivação e da personalidade humana proposta por Edward Deci e

Richard Ryan), diz respeito às tendências inerentes ao crescimento das pessoas e às necessidades psicológicas inatas. Como parte da teoria, eles propõem três necessidades psicológicas básicas que devem ser satisfeitas para promover o bem-estar e a saúde que são universais (ou seja, se aplicam a todos os indivíduos e situações):

- Autonomia — um sentimento de liberdade psicológica geral e de liberdade de vontade interna. Em vez de se dizer a uma pessoa o que fazer (também conhecido como motivação de controle), quando uma pessoa é motivada autonomamente, seu desempenho, seu bem-estar e seu comprometimento são aumentados.

- Competência — a habilidade de controlar o resultado e o domínio da experiência. As pessoas gostam de receber feedbacks positivos em suas atividades.

- Relacionamento — pertencer, sentir-se conectado e cuidar dos outros.

Richard M. Ryan e Edward L. Deci, "SelfDetermination Theory and the Facilitation of Intrinsic Motivation, Social Development, and Well-Being", *American Psychologist* 55, nº 1 (janeiro de 2000): 68–78, DOI: 10.1037/0003-066X.55.1.68; Maarten Vansteenkiste, Richard M. Ryan e Bart Soenens, "Basic Psychological Need Theory: Advancements, Critical Themes, and Future Directions", *MotivationandEmotion*44, nº 1 (janeiro de 2020):1–31,DOI:10.1007/s11031-019-09818-1; Kennon M. Sheldon, "Integrating Behavioral-Motive and Experiential-Requirement Perspectives on Psychological Needs: A Two Process Model", *Psychological Review* 118, nº 4 (outubro de 2011): 552–69, DOI: 10.1037/a0024758.

80 Ao listar suas atividades menos felizes a partir de seus dados de monitoramento do tempo, um de meus alunos observou: "Minhas atividades mais negativas foram: 1) tarefas burocráticas chatas no trabalho que eu tenho que fazer sozinho; 2) preparar-se para a aula (não esta); 3) fazer compras sozinho. Eu estava sozinho em todas elas."

81 John T. Cacioppo e William Patrick, *Loneliness: Human Nature and the Need for Social Connection* (Nova York: W. W. Norton, 2008).

82 Nicholas Epley e Juliana Schroeder, "Mistakenly Seeking Solitude", *Journal of Experimental Psychology* 143, n° 5 (outubro de 2014): 1980-99, DOI: 10.1037/a0037323.

83 Kahneman *et al.*, "Survey Method", 1776-80.

84 France Leclerc, Bernd H. Schmitt e Laurette Dube, "Waiting Time and Decision Making: Is Time Like Money?" *Journal of Consumer Research* 22, n° 1 (junho de 1995): 110-19, DOI: 10.1086/209439.

85 Justy Reed e Deniz S. Ones, "The Effect of Acute Aerobic Exercise on Positive Activated Affect: A Meta-Analysis", *Psychology of Sport and Exercise* 7, n° 5 (setembro de 2006): 477-514, DOI: 10.1016/j.psychsport.2005.11.003; Patrick Callaghan, "Exercise: A Neglected Intervention in Mental Health Care?" *Journal of Psychiatric and Mental Health Nursing* 11, n° 4 (julho de 2004): 476-83, DOI: 10.1111/j.1365-2850.2004.00751.x.

86 Michael Babyak *et al.*, "Exercise Treatment for Major Depression: Maintenance of Therapeutic Benefit at Ten Months", *Psychosomatic Medicine* 62, n° 5 (setembro de 2000): 633-38, DOI: 10.1097/00006842-200009000-00006. Esses pesquisadores analisaram o efeito do exercício para tratar a depressão. Eles tiveram participantes com depressão grave submetidos a um dos três regimes de tratamento (Exercício: 3x semana por 30 minutos; Medicamento: antidepressivo Zoloft; ou Exercício + Medicamento) por 4 meses, então mediram o nível de depressão 6 meses depois.

Após quatro meses, os pacientes dos três grupos que apresentaram melhora significativa (ou seja, a proporção de participantes remissivos — aqueles que não preenchiam mais os critérios diagnósticos para grandes desordens depressivas) eram comparáveis entre as três condições de tratamento. Após dez meses, entretanto, os indivíduos do grupo de exercícios tiveram taxas de recidiva bem menores do que os indivíduos do grupo de medicamentos. Os participantes do grupo de exercícios apresentaram taxas mais baixas de depressão (30%) do que os participantes do grupo de medicação (52%) e dos grupos combinados (55%).

Os pesquisadores observaram: "Um dos benefícios psicológicos positivos do exercício sistemático é o desenvolvimento de um senso de domínio pessoal e autoestima positiva, o que acreditamos que provavelmente desempenhará algum papel nos efeitos redutores da depressão do exercício. É concebível que o uso simultâneo de medicamentos possa minar esse benefício ao priorizar uma atribuição alternativa, menos autoconfiante, para a melhoria da condição de uma pessoa. Em vez de incorporar a crença 'Eu me dediquei e trabalhei duro com o programa de exercícios; não foi fácil, mas eu venci essa depressão', os pacientes poderiam incorporar a crença de que 'eu tomei um antidepressivo e melhorei'."

87 Charles Hillman, Kirk I. Erickson e Arthur F. Kramer, "Be Smart, Exercise Your Heart: Exercise Effects on Brain and Cognition", *Nature Reviews Neuroscience* 9, n° 1 (janeiro de 2008): 58–65, DOI: 10.1038/nrn2298.

88 David F. Dinges *et al.*, "Cumulative Sleepiness, Mood Disturbance, and Psychomotor Vigilance Performance Decrements during a Week of Sleep Restricted to 4–5 Hours per Night", *Sleep: Journal of Sleep Research & Sleep Medicine* 20, n° 4 (abril de 1997): 267-77, DOI: 10.1093/ sleep/20.4.267.

89 Matthew P. Walker *et al.*, "Practice with Sleep Makes Perfect: Sleep-Dependent Motor Skill Learning", *Neuron* 35, n° 1 (julho de 2002): 205-11, DOI: 10.1016/S0896/-6273(02)00746-8; Ullrich Wagner *et al.*, "Sleep Inspires Insight", *Nature* 427, n° 6972 (janeiro de 2004): 352-55, DOI: 10.1038/nature02223.

90 Cassie Mogilner, "The Pursuit of Happiness: Time, Money, and Social Connection", *Psychological Science* 21, n° 9 (agosto de 2010): 1348-54, DOI: 10.1177/0956797610380696.

Capítulo Quatro

91 Ashley Whillans *et al.*, "Buying Time Promotes Happiness", *Proceedings of the National Academy of Sciences of the United States of America* 114, n° 32 (agosto de 2017): 8523-27, DOI: 10.1073/pnas.1706541114.

92 Leaf Van Boven e Thomas Gilovich, "To Do or to Have? That Is the Question", *Journal of Personality and Social Psychology* 85, n° 6

(janeiro de 2004): 1193-202, DOI: 10.1037/0022-3514.85.6.1193; Thomas Gilovich, Amit Kumar e Lily Jampol, "A Wonderful Life: Experiential Consumption and the Pursuit of Happiness", *Journal of Consumer Psychology* 25, n° 1 (setembro de 2014): 152-65, DOI: 10.1016/j.jcps.2014.08.004.

93 Marissa A. Sharif, Cassie Mogilner e Hal Hershfield, "Having Too Little or Too Much Time Is Linked to Lower Subjective Well-Being", *Journal of Personality and Social Psychology* 121, n° 4 (setembro de 2021): 933-47, DOI: 10.1037/pspp0000391.

94 Elizabeth Dunn et al., "Prosocial Spending and Buying Time: Money as a Tool for Increasing Subjective Well-Being", *Advances in Experimental Social Psychology* 61 (2020): 67-126, DOI: 10.1016/bs.aesp.2019.09.001.

95 Ashley V. Whillans, Elizabeth W. Dunn e Michael I. Norton, "Overcoming Barriers to Time-Saving: Reminders of Future Busyness Encourage Consumers to Buy Time", *Social Influence* 13, n° 2 (março de 2018): 117-24, DOI: 10.1080/15534510.2018.1453866.

96 Katherine Milkman, Julia Minson e Kevin Volpp, "Holding the Hunger Games Hostage at the Gym: An Evaluation of Temptation Bundling", *Management Science* 60, n° 2 (fevereiro de 2014): 283-99, DOI: 10.1287/ mnsc.2013.1784.

97 Daniel Kahneman et al., "A Survey Method for Characterizing Daily Life Experience: The Day Reconstruction Method", *Science* 306, n° 5702 (dezembro de 2004): 1776-80, DOI: 10.1126/science.1103572.

98 Gallup, "State of the American Workplace", 2017, https://www.gallup.com/workplace/238085/state-american-workplace-report-2017.aspx.

99 Kahneman et al., "Survey Method", 1776-80; Gallup, "State of the American Workplace".

100 Karyn Loscocco e Annie R. Roschelle, "Influences on the Quality of Work and Nonwork Life: Two Decades in Review", *Journal of Vocational Behavior* 39, n° 2 (outubro de 1991): 182-225, DOI: 10.1016/0001-8791(91)90009-B; Amy Wrzesniewski et al., "Jobs, Careers, and Callings: People's Relations to Their Work", *Journal of*

Research in Personality 31, nº 1 (março de 1997): 21–33, DOI: 10.1006/jrpe.1997.2162.

101 Amy Wrzesniewski e Jane Dutton, "Having a Calling and Crafting a Job: The Case of Candice Billups", WDI Publishing, 20 de abril de 2012, vídeo educativo com 11min 48s, www.tinyurl.com/CandiceBillups.

102 Amy Wrzesniewski, Justin M. Berg e Jane E. Dutton, "Managing Yourself: Turn the Job You Have into the Job You Want", *Harvard Business Review* 88, nº 6 (junho de 2010): 114–17; Justin M. Berg, Adam M. Grant e Victoria Johnson, "When Callings Are Calling: Crafting Work and Leisure in Pursuit of Unanswered Occupational Callings", *Organization Science* 21, nº 5 (outubro de 2010): 973–94, DOI: 10.1287/orsc.1090.0497.

103 Justin M. Berg, Jane E. Dutton e Amy Wrzesniewski, "Job Crafting Exercise", Center for Positive Organizations, 29 de abril de 2014, https://positiveorgs.bus.umich.edu/cpo-tools/job-crafting-exercise/; Justin M. Berg, Jane E. Dutton e Amy Wrzesniewski, *What Is Job Crafing and Why Does It Matter?* (Ann Arbor: Regents of the University of Michigan, 2008).

104 Wrzesniewski *et al.*, "Jobs, Careers, and Callings", 21–33.

105 Adam Grant *et al.*, "Impact and the Art of Motivation Maintenance: The Effects of Contact with Beneficiaries on Persistence Behavior", *Organizational Behavior and Human Decision Processes* 103, nº 1 (maio de 2007): 53–67, DOI: 10.1016/j.obhdp.2006.05.004; Adam Grant, "Leading with Meaning: Beneficiary Contact, Prosocial Impact, and the Performance Effects of Transformational Leadership", *Academy of Management Journal* 55, nº 2 (setembro de 2012): DOI: 10.5465/ amj.2010.0588; Christopher Michaelson *et al.*, "Meaningful Work: Connecting Business Ethics and Organizational Studies", *Journal of Business Ethics* 121 (março de 2013): 77–90, DOI: 10.1007/s10551-013-1675-5.

106 Tom Rath e Jim Harter, "Your Friends and Your Social Well-Being", Gallup, 19 de agosto de 2010, https://news.gallup.com/businessjournal/127043/friends-social-wellbeing.aspx; Annamarie Mann, "Why We Need Best Friends at Work", Gallup, 15 de janeiro de

2018, https://www.gallup.com/workplace/236213/why-need-best-friends-work.aspx.

107 Jennifer Aaker e Naomi Bagdonas, *Humor, Seriously: Why Humor Is a Secret Weapon in Business and Life* (Nova York: Currency, 2021).

108 Kahneman *et al.*, "Survey Method", 1776–80.

109 Gabriela Saldivia, "Stuck in Traffic? You're Not Alone. New Data Show American Commute Times Are Longer", NPR, 20 de setembro de 2018, https://www.npr.org/2018/09/20/650061560/stuck-in-traffic-youre-not-alone-new-data-show-american-commute-times-are-longer; Felix Richter, "Cars Still Dominate the American Commute", *Statista*, 29 de maio de 2019, https://www.statista.com/chart/18208/means-of-transportation-used-by-us-commuters/.

110 "Statistics on Remote Workers that Will Surprise You (2021)", Apollo Technical LLC, 4 de janeiro de 2021, https://www.apollotechnical.com/statistics-on-remote-workers/. Uma pesquisa da Owl Labs descobriu que durante a COVID-19, cerca de 70% dos trabalhadores em tempo integral estavam trabalhando em casa. Os funcionários remotos economizaram em média quarenta minutos diários do trajeto de ida e volta.

111 Courtney Conley, "Why Many Employees Are Hoping to Work from Home Even after the Pandemic Is Over", CNBC, 4 de maio de 2020, https://www.cnbc.com/2020/05/04/why-many-employees-are-hoping-to-work-from-home-even-after-the-pandemic-is-over.html.

Capítulo Cinco

112 Leif D. Nelson e Tom Meyvis, "Interrupted Consumption: Adaptation and the Disruption of Hedonic Experience", *Journal of Marketing Research* 45, nº 6 (dezembro de 2008): 654–64.

112 Peter Suedfeld *et al.*, "Reactions and Attributes of Prisoners in Solitary Confinement", *Criminal Justice and Behavior* 9, nº 3 (setembro de 1982): 303–40, DOI: 10.1177/0093854882009003004.

114 Philip Brickman, Dan Coates e Ronnie Janoff-Bulman, "Lottery Winners and Accident Victims: Is Happiness Relative?" *Journal of*

Personality and Social Psychology 36, nº 8 (setembro de 1978): 917-27, DOI: 10.1037/0022-3514.36.8.917.

115 Rafael Di Tella, John H. New e Robert MacCulloch, "Happiness Adaptation to Income and to Status in an Individual Panel", *Journal of Economic Behavior & Organization* 76, nº 3 (dezembro de 2010): 834-52, DOI: 10.1016/j.jebo.2010.09.016.

116 Richard E. Lucas *et al.*, "Reexamining Adaptation and the Set Point Model of Happiness: Reactions to Changesin Marital Status", *Journal of Personality and Social Psychology* 84, nº 3 (março de 2003): 527-39, DOI: 10.1037/0022-3514.84.3.527; Maike Luhmann *et al.*, "Subjective Well-Being and Adaptation to Life Events: A Meta-Analysis on Differences between Cognitive and Affective Well-Being", *Journal of Personality and Social Psychology* 102, nº 3 (março de 2012): 592-615, DOI: 10.1037/a0025948.

117 Daniel T. Gilbert *et al.*, "Immune Neglect: A Source of Durability Bias in Affective Forecasting", *Journal of Personality and Social Psychology* 75, nº 3 (setembro de 1998): 617-38, DOI: 10.1037/0022-3514.75.3.617.

118 Amit Bhattacharjee e Cassie Mogilner, "Happiness from Ordinary and Extraordinary Experiences", *Journal of Consumer Research* 41, nº 1 (junho de 2014): 1-17, DOI: 10.1086/674724.

119 Helene Fung e Laura Carstensen, "Goals Change When Life's Fragility Is Primed: Lessons Learned from Older Adults, the September 11 Attacks, and SARS", *Social Cognition* 24, nº 3 (junho de 2006): 248-78, DOI: 10.1521/soco.2006.24.3.248.

120 Jaime Kurtz, "Looking to the Future to Appreciate the Present: The Benefits of Perceived Temporal Scarcity", *Psychological Science* 19, nº 12 (dezembro de 2008): 1238-41, DOI: 10.1111/j.1467-9280.2008.02231.x.

121 Ed O'Brien e Phoebe Ellsworth, "Saving the Last for Best: A Positivity Bias for End Experiences", *Psychological Science* 23, nº 2 (janeiro de 2012): 163-65, DOI: 10.1177/0956797611427408.

122 Tim Urban, "The Tail End", *Wait but Why* (blog), 11 de dezembro de 2015, https://waitbutwhy.com/2015/12/the-tail-end.html.

123 Ed O'Brien e Robert W. Smith, "Unconventional Consumption Methods and Enjoying Things Consumed: Recapturing the

'First-Time' Experience", *Personality and Social Psychology Bulletin* 45, nº 1 (janeiro de 2019): 67-80, DOI: 10.1177/0146167218779823.

124   Ximena Garcia-Rada, Ovul Sezer e Michael I. Norton, "Rituals and Nuptials: The Emotional and Relational Consequences of Relationship Rituals", *Journal of the Association for Consumer Research* 4, nº 2 (abril de 2019): 185-97, DOI: 10.1086/702761.

125   Michael I. Norton e Francesca Gino, "Rituals Alleviate Grieving for Loved Ones, Lovers, and Lotteries", *Journal of Experimental Psychology: General* 143, nº 1 (fevereiro de 2014): 266-72, DOI: 10.1037/a0031772.

126   Ovul Sezer *et al.*, "Family Rituals Improve the Holidays", *Journal of the Association for Consumer Research* 1, nº 4 (setembro de 2016): 509-26, DOI: 10.1086/699674.

127   Nelson e Meyvis, "Interrupted Consumption", 654-64; Leif D. Nelson, Tom Meyvis e Jeff Galak, "Enhancing the Television-Viewing Experience through Commercial Interruptions", *Journal of Consumer Research* 36, nº 2 (agosto de 2009): 160-72, DOI: 10.1086/597030.

128   Jordi Quoidbach e Elizabeth W. Dunn, "Give It Up: A Strategy for Combating Hedonic Adaptation", *Social Psychological and Personality Science* 4, nº 5 (setembro de 2013): 563-68, DOI: 10.1177/1948550612473489.

129   Jordan Etkin e Cassie Mogilner, "Does Variety among Activities Increase Happiness?" *Journal of Consumer Research* 43, nº 2 (agosto de 2016): 210-29, DOI: 10.1093/jcr/ucw021.

130   Arthur Aron *et al.*, "Couples' Shared Participation in Novel and Arousing Activities and Experienced Relationship Quality", *Journal of Personality and Social Psychology* 78, nº 2 (março de 2000): 273-84, DOI: 10.1037/0022-3514.78.2.273.

Capítulo Seis

131   Paul Atchley, "Fooling Ourselves: Why Do We Drive Distracted Even Though We Know It's Dangerous?" (seminário acadêmico, Behavioral Decision Making Group Colloquium Series, UCLA

Anderson School of Management, Los Angeles, CA, 7 de abril de 2017).

132 Anat Keinan e Ran Kivetz, "Productivity Orientation and the Consumption of Collectable Experiences", *Journal of Consumer Research* 37, n° 6 (abril de 2011): 935-50, DOI: 10.1086/657163.

133 Matthew A. Killingsworth e Daniel T. Gilbert, "A Wandering Mind Is an Unhappy Mind", *Science* 330, n° 6006 (novembro de 2010): 932, DOI: 10.1126/ science.1192439.

134 Jessica de Bloom, "Making Holidays Work", *Psychologist* 28, n° 8 (agosto de 2015): 632-36; Jessica de Bloom *et al.*, "Do We Recover from Vacation? Meta-Analysis of Vacation Effects on Health and Well-Being", *Journal of Occupational Health* 51, n° 1 (janeiro de 2009): 13-25, DOI: 10.1539/joh.K8004; Jessica de Bloom *et al.*, "Vacation from Work: A 'Ticket to Creativity'? The Effects of Recreational Travel on Cognitive Flexibility and Originality", *Tourism Management* 44 (outubro de 2014): 164-71, DOI: 10.1016/j.tourman.2014.03.013.

135 Colin West, Cassie Mogilner e Sanford DeVoe, "Happiness from Treating the Weekend Like a Vacation", *Social Psychology and Personality Science* 12, n° 3 (abril de 2021): 346-56, DOI: 10.1177% 2F1948550620916080.

136 Alexander E. M. Hess, "On Holiday: Countries with the Most Vacation Days", *USA Today*, 8 de junho de 2013, https://www.usatoday.com/story/money/business/2013/06/08/countries-most-vacation-days/ 2400193/.

137 Abigail Johnson Hess, "Here's How Many Paid Vacation Days the Typical American Worker Gets", CNBC, 6 de julho de 2018, https://www.cnbc.com/2018/07/05/heres-how-many-paid-vacation-days--the-typical-american-worker-gets-.html; US Travel Association, "State of American Vacation 2018", 8 de maio de 2018, https://projecttimeoff.com/reports/state-of-american-vacation-2018/.

138 NPR, Robert Wood Johnson Foundation e Harvard T. H. Chan School of Public Health, "The Workplace and Health", RWJF, 11 de julho de 2016, http://www.rwjf.org/content/dam/farm/reports/surveys_and_polls/ 2016/rwjf430330.

139 West, Mogilner e DeVoe, "Happiness from Treating the Weekend", 346-56.

140 Observei que "tratar o fim de semana como férias" foi um dos conselhos mais úteis que dei sobre como permanecer feliz durante os tempos infelizes da pandemia da Covid. Os dias, as semanas e as estações começaram a nos afetar, e todos ficamos presos em casa para trabalhar, estudar e tudo mais. Tornou-se mais importante do que nunca fazer pausas. Eu mesma coloquei em prática esse conselho para manter meu ânimo em pé.

Tratar o fim de semana como férias nos lembrou de desconectar nas tardes de sexta-feira, o que ajudou a dividir os fins de semana dos dias úteis. Porém, mais importante ainda, nos autorizou a relaxar por alguns dias. Encorajou-nos a dar a nós mesmos uma pausa no trabalho tão dedicado e ansioso para "superar isso". E nos permitiu tomar fôlego e estar no momento, para que pudéssemos desfrutar dos cafés da manhã de domingo e mais uns dos outros. Com voos cancelados, museus fechados, portões de parques temáticos trancados, ainda podíamos desfrutar daqueles dias de "férias" de verão: as crianças dormiam na barraca montada no quintal, os marshmallows eram assados por cima do churrasco, e horas lentas eram passadas ouvindo música, jogando cartas e bebericando rosé ao meio-dia — como se fossem férias.

141 Kirk W. Brown e Richard M. Ryan, "The Benefits of Being Present: Mindfulness and Its Role in Psychological Well-Being", *Journal of Personality and Social Psychology* 84, n° 4 (abril de 2003): 822, DOI: 10.1037/0022-3514.84.4.822.

142 Kirk W. Brown, Richard M. Ryan e J. David Creswell, "Mindfulness: Theoretical Foundations and Evidence for its Salutary Effects", *Psychological Inquiry* 18, n° 4 (dezembro de 2007): 211-37, DOI: 10.1080/10478400701598298.

143 Hedy Kober, "How Can Mindfulness Help Us", TEDx Talk, 13 de maio de 13, 2017, vídeo no YouTube com 17min 48s, https://www.youtube.com/watch?v=4hKf XyZGeJY; Judson A. Brewer et al., "Meditation Experience Is Associated with Differences in Default Mode Network Activity and Connectivity", *Proceedings of*

the National Academy of Sciences of the United States of America 108, n° 50 (outubro de 2011): 20254-59, DOI: 10.1073/pnas.1112029108; Barbara L. Fredrickson *et al.*","Open Hearts Build Lives: Positive Emotions, Induced through Loving-Kindness Meditation, Build Consequential Personal Resources", *Journal of Personality and Social Psychology* 95, n° 5 (novembro de 2008): 1045-62, DOI: 10.1037/a0013262; Michael D. Mrazek *et al.*, "Mindfulness Training Improves Working Memory Capacity and GRE Performance while Reducing Mind Wandering", *Psychological Science* 24, n° 5 (maio de 2013): 776-81, DOI: 10.1177/0956797612459659; Britta K. Hölzel *et al.*, "Mindfulness Practice Leads to Increases in Regional Brain Gray Matter Density", *Psychiatry Research: Neuroimaging* 191, n° 1 (janeiro de 2011): 36--43, DOI: 10.1016/j.pscychresns.2010.08.006; Cendri A. Hutcherson, Emma M. Seppala e James J. Gross, "Loving-Kindness Meditation Increases Social Connectedness", *Emotion* 8, n° 5 (novembro de 2008): 720, DOI: 10.1037/a0013237; Brown, Ryan, and Creswell, "Mindfulness", 211-37.

144   Um sentimento de preocupação ou nervosismo sobre eventos futuros e resultados incertos.

145   Quando a ansiedade é sentida persistentemente e se torna debilitante, interferindo nas atividades diárias.

146   National Alliance on Mental Illness, "Mental Health by the Numbers", setembro de 2019, https://www.nami.org/mhstats.

147   Hannah Ritchie e Max Roser, "Mental Health", Our World in Data, abril de 2018, https://ourworldin data.org/mental-health.

148   Olivia Remes *et al.*, "A Systematic Review of Reviews on the Prevalence of Anxiety Disorders in Adult Populations", *Brain and Behavior* 6, n° 7 (junho de 2016): 1-33, DOI: 10.1002/brb3.497.

149   Jean M. Twenge e Thomas E. Joiner, "US Census Bureau-Assessed Prevalence of Anxiety and Depressive Symptoms in 2019 and during the 2020 Covid-19 Pandemic", *Depression and Anxiety* 37, n° 10 (outubro de 2020): 954-56, DOI: 10.1002/da.23077; Min Luo *et al.*, "The Psychological and Mental Impact of Coronavirus Disease 2019 (Covid-19) on Medical Staff and General Public: A Systematic

Review and Meta-Analysis", *Psychiatry Research* 291, n° 113190 (setembro de 2020): DOI: 10.1016/j.psychres.2020.113190.

150 UCLA Mindful Awareness Research Center, "Free Guided Meditations", UCLA Health, https://www.uclahealth.org/marc/audio. Diana Winston, diretora do centro, tem vídeos que explicam o que é a atenção plena e oferece meditações guiadas em https://www.uclahealth.org/ marc/getting-started.

151 Mihaly Csikszentmihalyi e Judith LeFevre, "Optimal Experience in Work and Leisure", *Journal of Personality and Social Psychology* 56, n° 5 (junho de 1989): 815-22, DOI: 10.1037/0022-3514.56.5.815. Esse artigo conclui que a maioria das experiências de estado de fluxo é relatada quando se trabalha, e não durante o lazer.

152 Meng Zhu, Yang Yang e Christopher Hsee, "The Mere Urgency Effect", *Journal of Consumer Research* 45, n° 3 (outubro de 2018): 673-90, DOI: 10.1093/ jcr/ucy008.

153 Bradley R. Staats e Francesca Gino, "Specialization and Variety in Repetitive Tasks: Evidence from a Japanese Bank", *Management Science* 58, n° 6 (junho de 2012): 1141-59, DOI: 10.1287/mnsc.1110.1482.

154 O Capítulo 3 cobre perspectivas adicionais compartilhadas pelo Dr. Alon Y. Avidan, diretor do Centro de Distúrbios do Sono da UCLA, sobre as virtudes do sono.

155 Shalena Srna, Rom Y. Schrift e Gal Zauberman, "The Illusion of Multitasking and Its Positive Effect on Performance", *Psychological Science* 29, n° 12 (outubro de 2018): 1942-55, DOI: 10.1177/0956797618801013.

156 Helene Hembrooke e Geri Gay, "The Laptop and the Lecture: The Effects of Multitasking in Learning Environments", *Journal of Computing in Higher Education* 15, n° 1 (setembro de 2003): 46-64, DOI: 10.1007/ BF02940852; Laura L. Bowman *et al.*, "Can Students Really Multitask? An Experimental Study of Instant Messaging while Reading", *Computers & Education* 54, n° 4 (2010): 927-31, DOI: 10.1016/j.compedu.2009.09.024.

157 Asurion, "Americans Check Their Phones 96 Times a Day", 21 de novembro de 2019, https://www.asurion.com/about/press-releases/americans-check-their-phones-96-times-a-day/.

158 Harris Interactive, "2013 Mobile Consumer Habits Study", Jumio, 2013, http://pages.jumio.com/rs/jumio/images/Jumio%20-%20Mobile%20 Consumer%20Habits%20Study-2.pdf.

159 Ryan Dwyer, Kostadin Kushlev e Elizabeth Dunn, "Smartphone Use Undermines Enjoyment of Face-to-Face Social Interaction", *Journal of Experimental Social Psychology* 78 (setembro de 2018): 233-39, DOI: 10.1016/j.jesp.2017.10.007.

160 Nicholas Epley e Juliana Schroeder, "Mistakenly Seeking Solitude", *Journal of Experimental Psychology* 143, n° 5 (outubro de 2014): 1980-99, DOI: 10.1037/a0037323.

161 Hal E. Hershfield e Adam L. Alter, "On the Naturalistic Relationship between Mood and Entertainment Choice", *Journal of Experimental Psychology: Applied* 25, n° 3 (maio de 2019): 458-76, DOI: 10.1037/xap0000220.

162 Catherine K. Ettman *et al.*, "Prevalence of Depression Symptoms in US Adults before and during the Covid-19 Pandemic", *JAMA Network Open* 3, n° 9 (setembro de 2020): DOI: 10.1001/jamanetworkopen.2020.19686; Stacy Francis", Op-Ed: Uptick in Domestic Violence amid Covid-19 Isolation", CNBC, 30 de outubro de 2020, https://www.cnbc.com/2020/10/30/uptick-in-domestic-violence-amid-covid-19-isolation.html.

Capítulo Sete

163 Meir Kalmanson, "A Valuable Lesson for a Happier Life", 4 de maio de 2016, vídeo no YouTube com 3min 5s, https://youtu.be/SqGRnlXplx0.

164 Sherin Shibu, "Which Generation Is Most Dependent on Smartphones? (Hint: They're Young.)", *News and Trends* (blog), 20 de novembro de 2020, https://www.entrepreneur.com/article/360098.

165 Nielsen Media Research, "Nielsen Total Audience Report: September 2019", setembro de 2019, https://www.nielsen.com/us/en/insights/report/2019/the-nielsen-total-audience-report-september-2019/.

166 Gal Zauberman e John G. Lynch Jr., "Resource Slack and Propensity to Discount Delayed Investments of Time versus Money", *Journal of Experimental Psychology* 134, n° 1 (março de 2005): 23–37, DOI: 10.1037/0096-3445.134.1.23.

167 Alia E. Dastagir, "The One Word Women Need to Be Saying More Often", *USA Today*, 25 de abril de 2021, https://www.usatoday.com/story/life/health-wellness/2021/04/20/why-its-so-hard-for-women-to-say-no/7302181002/.

168 Sara McLaughlin Mitchell e Vicki L. Hesli, "Women Don't Ask? Women Don't Say No? Bargaining and Service in the Political Science Profession", *PS: Political Science & Politics* 46, n° 2 (abril de 2013): 355–69, DOI: 10.1017/S1049096513000073. As mulheres são bem mais propensas a servir em comitês departamentais, comitês de nível escolar e comitês para suas áreas do que os homens, mas elas são muito menos propensas a ser convidadas a presidir esses comitês. Enquanto isso, membros masculinos do corpo docente são mais propensos a ser solicitados e a servir como presidentes de departamento ou diretores de programas acadêmicos.

169 Marie Kondo, *The Life-Changing Magic of Tidying Up: The Japanese Art of Decluttering and Organizing* (Berkeley, CA: Ten Speed Press, 2014).

170 Ran Kivetz e Anat Keinan, "Repenting Hyperopia: An Analysis of Self-Control Regrets", *Journal of Consumer Research* 33, n° 2 (setembro de 2006): 273–82, DOI: 10.1086/506308.

Capítulo Oito

171 Barack Obama e Bruce Springsteen, "Fatherhood", 29 de março de 2021, em *Renegades: Born in the USA*, produzido pelo Spotify, podcast, https://open.spotify.com/episode/6yFtWJDdwZdUDrH5M0lVZf.

172 Martin Seligman *et al.*, "Positive Psychology Progress: Empirical Validation of Interventions", *American Psychologist* 60, n° 5 (julho de

2005): 410-21, DOI: 10.1037/0003-066X.60.5.410; Robert A. Emmons e Michael E. McCullough, "Counting Blessings versus Burdens: An Experimental Investigation of Gratitude and Subjective Well-Being in Daily Life", *Journal of Personality and Social Psychology* 84, n° 2 (fevereiro de 2003): 377, DOI:10.1037/0022-3514.84.2.377.

173 Hielke Buddelmeyer, Daniel S. Hamermesh e Mark Wooden, "The Stress Cost of Children on Moms and Dads", *European Economic Review* 109 (outubro de 2018): 148-61, DOI: 10.1016/j.euroecorev.2016.12.012.

174 Laura M. Giurge, Ashley V. Whillans e Colin West, "Why Time Poverty Matters for Individuals, Organisations and Nations", *Nature Human Behaviour* 4, n° 10 (outubro de 2020): 993-1003, DOI: 10.1038/s41562-020-0920-z; Jerry A. Jacobs e Kathleen Gerson, *The Time Divide: Work, Family, and Gender Inequality* (Cambridge: Harvard University Press, 2004); Marybeth J. Mattingly e Liana C. Sayer, "Under Pressure: Gender Differences in the Relationship between Free Time and Feeling Rushed", *Journal of Marriage and Family* 68, n° 1 (fevereiro de 2006): 205-21, DOI: 10.1111/j.1741-3737.2006.00242.x; Daniel S. Hamermesh e Jungmin Lee, "Stressed Out on Four Continents: Time Crunch or Yuppie Kvetch?", *Review of Economics and Statistics* 89, n° 2 (maio de 2007): 374-83, DOI: 10.1162/rest.89.2.374.

175 David Leonhardt, "Not Enough to Sort of Open", *The New York Times*, 3 de maio de 2021.

176 Laura M. Giurge, Ashley V. Whillans e Ayse Yemiscigil, "A Multicountry Perspective on Gender Differences in Time Use during Covid-19", *Proceedings of the National Academy of Sciences of the United States of America* 118, n° 12 (março de 2021): DOI: 10.1073/pnas.2018494118.

177 Sheryl Sandberg, *Lean In: Women, Work, and the Will to Lead* (Nova York: Alfred A. Knopf, 2013).

178 Eve Rodsky, *Fair Play: A Game-Changing Solution for When You Have Too Much to Do (and More Life to Live)* (Nova York: G. P. Putnam's Sons, 2019). Eve demonstra um caso convincente para todos nós que ainda temos muito a fazer para aspirar mais da vida. Ela

aconselha que ter uma divisão clara dos afazeres domésticos efetivamente diminui o ressentimento individual e aumenta a felicidade no relacionamento e em geral. Rob e eu descobrimos que isso pode ser alcançado com uma programação inteligente.

179 Leif D. Nelson, Tom Meyvis e Jeff Galak, "Enhancing the Television-Viewing Experience through Commercial Interruptions", *Journal of Consumer Research* 36, n° 2 (agosto de 2009): 160-72, DOI: 10.1086/597030.

180 Jordan Etkin e Cassie Mogilner, "Does Variety among Activities Increase Happiness?" *Journal of Consumer Research* 43, n° 2 (agosto de 2016): 210-29, DOI: 10.1093/jcr/ucw021.

181 Como mencionei no Capítulo 7, responder a e-mails parece-me uma tarefa difícil. Tenho medo de abrir minha caixa imaginando que pedidos me esperam, sabendo que serei sugada e perderei horas que poderia ter passado melhor de outra forma. Se eu verificasse intermitentemente meu e-mail durante todo o dia, isso ofuscaria minha semana inteira com ansiedade antecipada e continuada. Em vez disso, reservei duas horas para o final de cada dia de trabalho para, de uma só vez, resolver meu e-mail e o trabalho administrativo que recai sobre eles.

Consolido minhas reuniões em determinadas tardes. Não desgosto de reuniões, mas sei que elas requerem uma forma diferente de energia mental. Tenho notado que a transição entre o pensamento tranquilo e as interações sociais leva tempo; portanto, ao agendar reuniões seguidas, reduzo o tempo que perco com a transição, e também asseguro meu tempo individual de trabalho para ser mais produtivo.

Não é porque eu não gosto de ensinar, mas, como as apresentações exigem uma quantidade significativa de preparação (sem mencionar o tempo que levo para secar meu cabelo e arrumar uma roupa bonita), tento consolidar meu tempo na frente do público dentro da semana. Dessa forma, posso aproveitar em minhas apresentações o tempo que passo ensaiando e a adrenalina que inevitavelmente começa a circular antes de me colocar na frente da turma.

182 Leaf Van Boven e Thomas Gilovich, "To Do or to Have? That Is the Question", *Journal of Personality and Social Psychology* 85, n° 6 (janeiro de 2004): 1193-1202, DOI: 10.1037/0022-3514.85.6.1193; Thomas Gilovich, Amit Kumar e Lily Jampol, "A Wonderful Life: Experiential Consumption and the Pursuit of Happiness", *Journal of Consumer Psychology* 25, n° 1 (setembro de 2014): 152-65, DOI: 10.1016/j.jcps.2014.08.004; Cindy Chan e Cassie Mogilner, "Experiential Gifts Foster Stronger Social Relationships than Material Gifts", *Journal of Consumer Research* 43, n° 6 (abril de 2017): 913-31, DOI: 10.1093/jcr/ucw067.

Capítulo Nove

183 Henry van Dyke, "Katrina's Sun-dial", em *Music and Other Poems* (Nova York: Charles Scribner's Sons, 1904), 105.

184 Cassie Mogilner, Hal Hershfield e Jennifer Aaker, "Rethinking Time: Implications for Well-Being", *Consumer Psychology Review* 1, n° 1 (janeiro de 2018): 41-53, DOI: 10.1002/arcp.1003; Tayler Bergstrom *et al.* (documento técnico, 2021). Concordar com esses quatro itens está associado a maior prosperidade, significado na vida, satisfação na vida e efeito positivo, e menos efeito negativo. Esses resultados levam em consideração as variáveis demográficas, incluindo a idade da pessoa e sua condição parental.

185 Jennifer Aaker, "Jennifer Aaker: The Happiness Narrative", Future of StoryTelling, 31 de agosto de 2015, vídeo da Vimeo com 4min 59s, https://vimeo.com/137841197.

186 Sep Kamvar e Jonathan Harris, *We Feel Fine: An Almanac of Human Emotion* (Nova York: Scribner, 2009), http://www.wefeelfine.org/.

187 Cassie Mogilner, Sepandar D. Kamvar e Jennifer Aaker, "The Shifting Meaning of Happiness", *Social Psychological and Personality Science* 2, n° 4 (julho de 2011): 395-402, DOI: 10.1177/1948550610393987; Cassie Mogilner, Jennifer Aaker e Sepandar D. Kamvar, "How Happiness Affects Choice", *Journal of Consumer Research* 39, n° 2 (agosto de 2012): 429-43, DOI: 10.1086/663774.

188 Amit Bhattacharjee e Cassie Mogilner, "Happiness from Ordinary and Extraordinary Experiences", *Journal of Consumer Research* 41, n° 1 (junho de 2014): 1-17, DOI: 10.1086/674724.

189 Bergstrom *et al.* (documento técnico). Dissemos aos participantes: "Às vezes fazemos tarefas porque elas são importantes para nós (ou seja, as consequências são grandes) e outras vezes fazemos tarefas porque são urgentes (ou seja, elas devem ser concluídas logo). As tarefas podem ser importantes e urgentes, nem importantes nem urgentes, mas também há tarefas que são urgentes, mas não importantes e tarefas que são importantes, mas não urgentes." Foi-lhes perguntado então em uma escala de 1 (nunca) a 7 (o tempo todo): "Na semana passada, até que ponto você dedicou seu tempo a tarefas que são importantes?" e "Na semana passada, até que ponto você dedicou seu tempo a tarefas que são urgentes?" Descobrimos que, concordando com os quatro itens da escala panorâmica, prevemos o tempo gasto em tarefas importantes ao controlar o tempo gasto em tarefas urgentes. A escala não previa o tempo gasto em tarefas urgentes quando se controlava o tempo gasto em tarefas importantes. Isso sugere que as pessoas com panorama amplo gastam mais tempo em tarefas importantes, mas não urgentes.

190 Meng Zhu, Yang Yang e Christopher Hsee, "The Mere Urgency Effect", *Journal of Consumer Research* 45, n° 3 (outubro de 2018): 673-90, DOI: 10.1093/jcr/ucy008.

191 Robert Waldinger, "What Makes a Good Life? Lessons from the Longest Study on Happiness", TEDx BeaconStreet, novembro de 2015, vídeo TED com 12min 38s, https://www.ted.com/talks/robert_waldinger_what_makes_a_good_life_lessons_from_the_longest_study_on_happiness?language=en.

192 Mike Morrison e Neale Roese, "Regrets of the Typical American: Findings from a Nationally Representative Sample", *Social Psychological and Personality Science* 2, n° 6 (novembro de 2011): 576-83, DOI: 10.1177/1948550611401756.

193 Thomas Gilovich e Victoria Husted Medvec, "The Experience of Regret: What, When, and Why", *Psychological Review* 102, n° 2 (maio de 1995): 379-95, DOI:10.1037/0033-295X.102.2.379.

194 Rhia Catapano *et al.*, "Financial Resources Impact the Relationship between Meaning and Happiness", *Emotion* 22 (em breve).

195 Laura A. King, Samantha J. Heintzelman e Sarah J. Ward, "Beyond the Search for Meaning: A Contemporary Science of the Experience of Meaning in Life", *Current Directions in Psychological Science* 25 n° 4 (agosto de 2016): 211-16, DOI: 10.1177/0963721416656354.

196 Kathleen Vohs, Jennifer Aaker e Rhia Catapano, "It's Not Going to Be that Fun: Negative Experiences Can Add Meaning to Life", *Current Opinion in Psychology* 26 (abril de 2019): 11-14, DOI: 10.1016/j.copsyc.2018.04.014.

197 Cassie Mogilner e Michael Norton, "Preferences for Experienced versus Remembered Happiness", *Journal of Positive Psychology* 14, n° 2 (abril de 2018): 244-51, DOI: 10.1080/17439760.2018.1460688.

Como parte desse projeto, realizei o estudo no qual perguntei a 600 adultos: "Se você tivesse o objetivo de experimentar a felicidade ou voltar imediatamente [em 1 ano/10 anos] e se sentir feliz, como passaria a próxima hora?" Em seguida, foram apresentadas 22 atividades da Pesquisa de Reconstrução do Dia, de Kahneman e outros, e lhes foi pedido que classificassem em uma escala de 7 pontos até que ponto passariam seu tempo fazendo o que se segue. Uma análise fatorial sobre como as pessoas passariam seu tempo revelou seis fatores para formas felizes de passar o tempo: lazer passivo (TV, internet, leitura), lazer ativo (exercício, esportes, ficar ao ar livre), convívio com amigos ou colegas, interação com parceiros românticos, passar tempo com a família e trabalhar versus relaxar (essa era uma dimensão bipolar). A felicidade experimentada versus a lembrada só impactou a tendência a trabalhar versus relaxar. Todos os outros fatores eram igualmente prováveis para a felicidade vivenciada versus a lembrada. Isso quer dizer que a única diferença que surgiu foi que os maximizadores de memória eram mais propensos do que os maximizadores de experiência a mencionar a realização do trabalho; enquanto os maximizadores de experiência mencionaram ser mais propensos a relaxar.

198 Ed Diener, Derrick Wirtz e Shigehiro Oishi, "End Effects of Rated Life Quality: The James Dean Effect", *American Psychological Society* 12, n° 2 (março de 2001): 124–48, DOI: 10.1111/1467-9280.00321; Barbara L. Fredrickson e Daniel Kahneman, "Duration Neglect in Retrospective Evaluations of Affective Episodes", *Journal of Personality and Social Psychology* 65, n° 1 (julho de 1993): 45– 55, DOI: 10.1037/0022-3514.65.1.45; Daniel Kahneman *et al.*, "When More Pain Is Preferred to Less: Adding a Better End", *Psychological Science* 4, n° 6 (novembro de 1993): 401– 405, DOI: 10.1111/j.1467-9280.1993.tb00589.x; Donald A. Redelmeier e Daniel Kahneman, "Patients' Memories of Painful Medical Treatments: Real-Time and Retrospective Evaluations of Two Minimally Invasive Procedures", *Pain* 66, n° 1 (julho de 1996): 3–8, DOI: 10.1016/0304-3959(96)02994-6; Derrick Wirtz *et al.*, "What to Do on Spring Break?: The Role of Predicted, On-Line, and Remembered Experience in Future Choice", *Psychological Science* 14, n° 5 (setembro de 2003): 520–24, DOI: 10.1111/1467-9280.03455.

ÍNDICE

A

Abraham Maslow 58
Ação intencional 72, 97, 164, 183
Adaptação hedônica 101, 116, 123, 167, 179, 194
Agravamento de culpa 50
Agrupamento
  da tentação 82
  de atividades 182
Alon Avidan 71
Amy Wrzesniewski 85
Análise de dados 4
Anat Keinan 162
Ansiedade 69, 135
Ar livre 62
Arrependimento 163, 202, 222, 224
  de ação 224
  de inação 224
Arthur Aron 124
Ashley Whillans 79, 189
Atenção redobrada 133
Atividades
  de conexão social 64
  discricionárias 4
  não discricionárias 4
  solitárias 64
Autocontrole 162
  excessivo 162

Autoeficácia 26, 31, 36
Autoestima 27, 38, 69

B

Barack Obama 177
Bem-estar
  emocional 20, 25, 156
  físico 20
  subjetivo 12
Blaise Pascal 12
Brené Brown 19

C

Cadência emocional vivenciada 47
Capacidade de adaptação 101
  emocional 101
Cinco elementos da felicidade autêntica 46
  engajamento 46
  realização 46
  relacionamentos 46
  sentimentos positivos 46
  significado 46
Colin West 130
Comportamento organizacional 85
Compras
  experienciais 80

materiais 80
Compreensão emocional 214
Conexão social 47, 57, 75, 91, 141, 175
   qualidade da 60
Confiança 26
Consumo
   experimental 106
   hedônico 106
Contar histórias 228
Criatividade 12, 130
Cuidador de longo prazo 33
Cultura de escassez 19
Custo emocional 6

D

Dan Gilbert 128
Daniel Batson 21
Daniel Kahneman 47, 228
Depressão 40, 64, 69, 145
Desperdício de tempo 66
Detox digital 142
Diário de gratidão 179
Diminuir a velocidade 3
Disposição positiva 42
Dispositivo de compromisso 163
Distração 128, 144, 167, 215
Divagação mental 129
Doação de tempo 33
Dor
   física 59
   social 59

E

Efeito do Sim e Droga! 154
Elaboração do tempo 203
Eldar Shafir 19
Elizabeth Dunn 141

Energia
   emocional 181
   mental 185
Escapar mentalmente 145
Escassez de tempo 22
Espontaneidade 192
Estado de fluxo 137, 141, 160, 185, 195
Estratégia de agrupamento 82, 94, 197
Estresse 198
Estressores fisiológicos 12
Eve Rodsky 189
Excesso de tempo disponível 8
Exercícios 27, 69
Expansividade 35
Experiência emocional 44, 101
Experiências
   comuns 212
   extraordinárias 106, 212

F

Falta de propósito 16
Felicidade 12, 37, 40, 62, 155, 218
   circunstâncias situacionais 41
   declínio gradual da 103
   influência da idade na 212
   lembrada 229
   pensamentos e comportamentos intencionais 42
   personalidade 40
   potencial 14, 102
   proveniente da variedade 195
   vivida 229
Foco
   de prevenção 22
   de promoção 22
   no dinheiro 11
   no tempo 11
Fontes subjacentes de negatividade 46

G

Gal Zauberman 153
Gerenciar expectativas 25

H

Hábitos 120
Hal Hershfield 209
Henry Ford 11
Hipermetropia 162
Hora Shultz 191
Humor negativo 69

I

Identificar
   o propósito no trabalho 84
   tendências 4
Impacto emocional 41
Impulsionadores de humor 69
Impulso
   de confiança 22
   por realização 8
Infelicidade 64, 197, 226
   evitar a 226
   no trabalho 83
   solidão 64
Inspiração 34
Intencionalidade 11
Investimento em caminhos melhores 11
Investir tempo 10

J

Jane Dutton 85
Jennifer Aaker 33, 91, 212
Job crafting 85, 87
Joey Reiff 209

John Cacioppo 64
John Darley 21
John Lynch 153
Jonathan Harris 211
Jordan Etkin 123, 195
Justin Berg 85

K

Kathleen Vohs 33
Katy Milkman 82, 162

L

Laços sociais 59
Limitações temporais 18
Lista mental 188, 215

M

Marie Kondo 157
Martin Seligman 45
Maternal gatekeeping 189
Mathew White 49
Matt Killingsworth 128
Meditação 134
Meir Kay 149
Melanie Rudd 33
Mentalidade de escassez 14
Métrica para o sucesso 89
Mihaly Csikszentmihalyi 137
Mindfullness 134
Momentos comuns 106
Mortalidade 109
Motivação 12
Mudança de mentalidade 133

N

Naomi Bagdonas 91

Necessidade psicológica 58
  amor como 53
Nível médio de felicidade 51

O

Ociosidade 7

P

Parábola do Bom Samaritano 21
Paul Dolan 49
Percepção do tempo 24
Planejar o prazer 43
Pobreza de tempo 5, 16, 19, 91, 135, 149, 215
  depressão 6
  estresse 6, 16
  exaustão emocional 6
Prazer imediato 162
Pressão constante 6
Priorização 149, 164
Privação do sono 70
Proatividade 15
Procrastinação 143
Produtividade 3, 8, 128
Propósito 155

R

Raiva 198
Ran Kivetz 162
Reatividade 15
Recursos escassos 19
Redes sociais 25, 177
  X autoestima 50
Reflexão 160, 179, 190
Rejeição interpessoal 59
Relações
  interpessoais 34
  íntimas 60
Resiliência 16, 101, 228
Resolução adaptativa de problemas 12
Resposta emocional 194
Ressignificação 120
Riqueza de tempo 22, 37
Rituais compartilhados 121
Robert Waldinger 222
Ruth Bader Ginsburg 23

S

Sabedoria empírica 15
Sanford DeVoe 130
Sara Mitchell 154
Satisfação
  das pessoas 4
  prazerosa das realizações 49
Saúde mental 135
Semana ideal 168, 184
Sendhil Mullainathan 19
Sensação
  de controle 65
  de isolamento 64
Senso
  de conexão 45, 180, 203
  de pertencimento 120, 218
  de produtividade 8
  de propósito 8, 80, 184
  de realização 8
  de significado 49
  de tempo 33
  geral de conexão 34
Sentimento
  de abundância 36
  de admiração 33
  de conexão 134, 218
  de confiança 36
  de escassez 36

de pertencimento 58, 64, 75
Sentimentos negativos 46
   ansiedade 46
   baixa autoestima 46
   culpa 46
   esgotamento 46
   frustração 46
   tristeza 46
Sep Kamvar 211
Sir Francis Bacon 59
Sonja Lyubomirsky 40
Sono 70

T

Tayler Bergstrom 209
Tédio 194
Tempo
   de tela 151
   discricionário 16
   elaboração do 167
   escasso 19
   perspectiva ampla do 210, 214

   recuperado 80
Tempo livre 6
Terceirizar tarefas 79
Ter tempo demais 6
   a infelicidade de 6
Tory Higgins 22
Tradições 120, 180
Três classes do tempo 50
   perda de tempo 50
   tempo feliz 50
   tempo indiferente 50
Tributo emocional 156
Tristeza 198

V

Vicki Hesli 154
Viés de impacto 103
Visão panorâmica 15, 211, 232

Z

Zona sem celular 177, 192

Este livro foi impresso nas oficinas gráficas da Editora Vozes Ltda.,
Rua Frei Luís, 100 – Petrópolis, RJ.